AF130389

Bernhard Bess

Frankreichs Kirchenpolitik und der Prozess des Jean Petit

über die Lehre vom Tyrannenmord bis zur Reise König Sigismunds

Bernhard Bess

Frankreichs Kirchenpolitik und der Prozess des Jean Petit
über die Lehre vom Tyrannenmord bis zur Reise König Sigismunds

ISBN/EAN: 9783743327603

Hergestellt in Europa, USA, Kanada, Australien, Japan

Cover: Foto ©ninafisch / pixelio.de

Manufactured and distributed by brebook publishing software
(www.brebook.com)

Bernhard Bess

Frankreichs Kirchenpolitik und der Prozess des Jean Petit

Zur Geschichte

des

Konstanzer Konzils

Studien

von

Lic. Bernhard Bess

Privatdocent u. Repetent a. d. kgl. Universität Marburg

Erster Band

**Frankreichs Kirchenpolitik und der Prozess des Jean Petit
über die Lehre vom Tyrannenmord bis zur Reise
König Sigismunds**

MARBURG

Druck und Verlag von Oscar Ehrhardt

Universitäts-Buchhändler

Frankreichs Kirchenpolitik

und

der Prozess des Jean Petit über die Lehre vom Tyrannenmord

bis zur Reise König Sigismunds

Von ·

Lic. Bernhard Bess

MARBURG

Druck und Verlag von Oscar Ehrhardt

Universitäts-Buchhändler

1891

Meinem Vater

dem Pfarrer und Metropolitan

Bernhard Bess

zu Niederzwehren

Vorwort.

Diese Untersuchung hat — abgesehen von nicht unbedeutenden Erweiterungen und Umarbeitungen — der hochwürdigen theologischen Fakultät zu Marburg zwecks meiner Habilitation vorgelegen. · Das zustimmende Urteil, welches dieselbe gefällt hat, würde mich einer Rechtfertigung meines Unternehmens überheben, wenn nicht die an und für sich berechtigte Forderung einer Scheidung theologischer und historischer Arbeit noch immer auf dem Gebiet der grossen kirchlichen Unions- und Reformbewegung des ausgehenden Mittelalters das Urteil der Theologen irre leitete. Hier handelte es sich um die Sprengung des internationalen kirchlichen Rechtsverbandes: gegen eine wesentlich politische Macht werden auch politische Kräfte aufgeboten. Einst hatten Kelten und Germanen die Grenzen des römischen Reiches überschritten und hier Staaten gegründet; das römische Imperium liessen sie bestehen. Jetzt lehnten ihre Nachkommen, die abendländischen Nationen, sich auf gegen das sie alle umfassende Verwaltungs- und Steuerwesen der römischen Kirche; den päpstlichen Primat liessen sie bestehen. Der Analogien zwischen beiden Bewegungen sind noch mehr. Weil die letztere, ebenso wie die erstere ein universalgeschichtlicher Kampf war, deshalb kann der Theologe nicht darauf verzichten, diesen zum Gegenstand seiner Untersuchung zu machen. Aber er darf nicht die Wirkung kirchlicher Ideale und theologischer Gedanken da aufdecken wollen, wo immer nur äussere Machtfragen den Ausschlag gegeben haben. Und hat nicht der protestantische Kirchenhistoriker ein unmittelbares Interesse an der damals aufblühenden Religion des Patriotismus, mit deren Kraft sich weder die Bildung der Theologen, noch die Kirchlichkeit der Laien messen

konnte? — Schliesslich aber wird man sich gerade hier, wo
politische Interessen den unbedingten Vortritt haben, von der
Macht einer religiösen Idee überzeugen können, denn es ist
wahrhaftig nicht nur menschliche Trägheit gewesen, welche
die abendländischen Völker von dem römischen Primat nicht
los liess. Was aber in dem Ganzen der Bewegung und in ihrem
Resultat zum Ausdruck kommt, das hat auch in den einzelnen
Trägern derselben gewirkt. —

Ich bin daher bei meiner Untersuchung absichtlich von
der politischen Frage ausgegangen; ich habe auch die dogmatische Seite jenes Prozesses ganz liegen lassen. Das theologische Interesse daran ist sehr gering; es könnte nur im
Rahmen einer grössern Untersuchung zur Geltung kommen.
Meine Verhältnisse legten mir die Beschränkung auf gedrucktes
Material nahe; und ich habe diese auch durchgeführt in der
Einsicht, nur so eine relative Vollständigkeit erreichen zu
können. Wenn ich genötigt war oft nur an unscheinbare
Daten meine Kombination zu heften, so hat mich darüber be-
ruhigt das Bewusstsein, dass der Historiker für alles eine Er-
klärung zu suchen die Pflicht hat. Und auch bei reicherm
Material wird man dessen nicht überhoben, eine Rechnung
anzustellen; das Aufgehen des Exempels aber ist dann in allen
Fällen der höchste Beweis.

Dass es lohnend ist einmal eine so komplizierte Bewegung,
wie die, welche zum Konzil von Konstanz führte, von einem
Gesichtspunkt aus zu betrachten, werden — das hoffe ich —
die Resultate dieser Untersuchung zeigen. Man wird mir vor-
werfen können, dass ich vieles in den Kreis meiner Betrachtungen hineingezogen habe, was nicht unmittelbar gefordert
war. Indessen da ich bestrebt gewesen bin, auch hier selbstständige Bahnen zu wandeln, so darf ich auf Nachsicht rechnen.
Ein historisches Thema kann nie in der geschlossenen Form
auftreten, wie ein systematisches. Wenn ich gelegentlich auch
in mir an und für sich fremde Gebiete einen Schritt versucht
habe, so bestimmte mich dazu der Wunsch, denen, welche
hier einmal wieder einsetzen, Anknüpfungspunkte darzubieten.

Ich bin mir bewusst, dass jederzeit die archivalische
Forschung einen Strich durch meine Rechnung machen kann.
Vorläufig habe ich freilich auch durch sie nur Ermutigung er-
fahren. Ich hatte meine Arbeit in ihrer ersten Gestalt schon
der theologischen Fakultät in Marburg eingereicht, als Finkes
»Forschungen und Quellen zur Geschichte des Konstanzer
Konzils« erschienen. Die hier publizierten neuen Quellen haben

mich in den Stand gesetzt, meine Resultate besser zu begründen; nur Nebensächliches musste ich modifizieren. Wer
auf diesem Gebiet gearbeitet hat, der weiss, dass hier die
Forschung über die ersten Ansätze noch nicht hinaus ist. Ich
bin befriedigt, wenn ich einen solchen geleistet habe, und die
weitere Forschung ihn zu benutzen sich entschliesst. Leider
war es mir nicht möglich den zweiten Teil, welcher die Untersuchung bis zum Ende des Konzils fortführen soll und zu
welchem das Material schon grössten Teils gesammelt ist, jetzt
folgen zu lassen. Sobald mir meine akademischen Pflichten
die dazu nötige Zeit lassen, werde ich diese Schuld einlösen.
Die nicht unbeträchtliche Literatur, welche ich durchsuchen
musste, ist nur so weit zitiert worden, als sie Verwendung
fand. Ich möchte nicht verschweigen, dass mir wesentliche
Dienste geleistet haben die Arbeiten von Johann Baptist
Schwab, Paul Tschackert, Max Lenz, Karl Müller und
Heinrich Finke. Die ersten drei Bogen sind schon im März
1890 gedruckt worden. Leider war mir damals die Kritik
Froissarts von Franz Ehrle (Archiv für Kirchen- und Literatur-
geschichte des Mittelalters V) noch nicht bekannt. Danach
ist die Mission Aillis nach der Pariser Synode von 1398, welche
ich S. 3 noch vorausgesetzt habe, zu streichen. S. 43, Z. 14
v. u. ist statt 1408 zu lesen 1406. S. 99 Z. 14 v. u. tritt
nach dem Anonymus von S. Denys Cramaut neben Ailli als
Kardinal auf; da derselbe erst am 13. April 1413 den Purpur
erhielt, so hat der Chronist wahrscheinlich eine Verwechselung
mit Fillastre begangen.

Schliesslich seien mir noch einige Bemerkungen über die
Entstehung dieser Schrift erlaubt. Auf dieses Arbeitsfeld hat
mich hingewiesen mein Lehrer Theodor Brieger in Leipzig;
möchte er einige Früchte seines mir unvergesslichen Seminars
hier erkennen können. Dann wurde mir in liebenswürdigster
Weise eine reiche Anregung dargeboten von Professor Dr. Max
Lenz in Berlin. Endlich haben mich auf mancherlei Literatur
aufmerksam gemacht die Professoren Dr. Konrad Varren-
trapp in Strassburg und Dr. Georg von Below in Münster.

Marburg i. H., im September 1891.

Bernhard Bess.

Inhaltsverzeichnis.

Einleitung.

Burgund und Orleans.

L'histoire du schisme est en grande partie celle de la
France; et l'histoire de la France à cette époque se résume
dans l'antagonisme des partis orléanais et bourguignon; les
luttes à la cour et dans l'Université, les mouvements dé-
mocratiques des masses et les efforts de l'un ou de l'autre
des partis pour s'emparer du gouvernement, le meurtre des
chefs des partis et les révolutions parisiennes n'en sont que
les manifestations ou les conséquences.» [1])
Diese Worte eines deutschen Historikers charakterisieren
wie keine anderen die Epoche, in welche wir eintreten wollen.
Aber, indem sie das Facit ziehen, werden sie der geschichtlichen Entwickelung nicht gerecht. Der Parteigegensatz der
Häuser Burgund und Orleans ist erwachsen auf einem Boden,
der schon durchwühlt war von Hofintriguen und demokratischen
Evolutionen. Die kirchliche Frage war schon brennend geworden, als der Herzog von Orleans sie zum Operationsfeld
wählte. Die Bedeutung einer geschichtlichen Macht ersten
Ranges hat der Hass zweier Hofparteien nur erlangt, weil er,
in den Zeitverhältnissen erwachsen, mit ihren grossen Faktoren
eine unlösbare Verbindung einging.

Karl V hatte die Herzöge von Berri, Burgund und Bourbon,
seine Brüder, aus dem Feldlager zu seinem Sterbebett beschieden und ihnen hier die Sorge für das Reich und seine
Erben übertragen. Aber Ludwig von Anjou, der älteste
Bruder, liess sich nicht verdrängen. Noch hatte Karl den
letzten Atemzug nicht gethan, da waren die Hauptkleinodien

---

[1]) M. Lenz, Anzeige von P. Tschackert, Peter von Ailli, in der Revue
historique IX, 468 ff.

seiner Hinterlassenschaft von dem habgierigen Anjou schon bei Seite geschafft. In dem Parlament, welches die Brüder sofort beriefen, platzten die Gegensätze heftig auf einander. »Facta est votorum dissonancia et diliberacionum quasi desiderium bipartitum«, berichtet der Mönch von St. Denys. Anjou und Burgund standen sich mit ihren Interessen gegenüber. Ersteren trieb nicht sowohl der Ehrgeiz, die Regentschaft an sich zu reissen, als die Aussicht, aus dieser Stellung für sein langgeplantes Unternehmen Vorteile zu ziehen, »car déjà s'écrivoit-il roi de Sicile, de Pouille, de Calabre et de Jérusalem.« [1]) Und in der That er hat durch rücksichtslose Frechheit und Grausamkeit es fertig gebracht, in kurzer Zeit ungeheuere Summen für diesen Zweck aufzuspeichern.

Philipps, des zweiten Bruders, Besitzungen lagen im Norden und Osten Frankreichs. Flandern mit seinen Handelsverbindungen nach England hin hatte er als Erbteil zu erwarten. Für ihn kam es darauf an, den Schwerpunkt des Reiches nach Norden zu verlegen und Paris, dank der Entwickelung vergangener Zeiten schon die Metropole Frankreichs, noch mehr an den Norden zu knüpfen.

Indem er nun der Politik des Anjou entgegentritt, ist er in der glücklichen Lage, das nationale Interesse mit dem seines Hauses verbinden zu können. Und die Entfernung des älteren Bruders, das Scheitern der italienischen Unternehmung giebt ihm völlig freie Hand. Als er aber den jungen ehrgeizigen König in einen Krieg gegen Geldern hineinzieht, welcher lediglich burgundischen Interessen dient und Frankreich viele Opfer kostet, ohne auch nur seiner Ehre etwas einzubringen, kommt eine Opposition in den Kreisen des alten Beamtenadels auf. Dank der selbstständigen Entscheidung des Königs, an dessen Ehrgefühl man appeliert, erlangt sie die Herrschaft und behauptet dieselbe, bis auf einem Zug gegen den Herzog der Bretagne die Krankheit des jungen Königs ausbricht, welche ihn anfangs zeitweise untauglich, bald völlig unfähig und zum Spielball der Parteien macht.

Während der Regierung der »Marmousets« ist der jüngere Bruder des Königs, Louis, Herzog von Touraine, selbstständig geworden. Er tritt nun mit dem Anspruch auf, an der Regierung des Landes, welche die beiden Herzöge von Burgund und von Berri wieder an sich gerissen haben, teilzunehmen. Zu dem italienischen Erbe, das ihm seine Frau, die Tochter

---

[1]) J. H. Martin, histoire de France V, 839 aus Froissart.

Galeazzo Viscontis, eingebracht hatte, fügte er jetzt noch das Herzogtum Orleans. Schon mit jener Heirat war der Gegensatz gegen Burgund gegeben. Denn die Verbindung des Königs mit Isabella von Bayern, der Enkelin des von Galeazzo gestürzten Bernabo, hatte Philipp von Burgund zustande gebracht. Während Philipp nach dem Sturz der Marmousets die Königin in Beschlag nimmt, übt Orleans fort und fort einen bedeutenden Einfluss auf den König aus, der in den Gesundheitsperioden desselben jedesmal zu bemerken ist.

Seit dem Tode Clemens' VII war es die kirchliche Frage, welche das Operationsfeld für den Kampf zwischen Oheim und Neffe abgab. Burgund schlug hier eine radikale Politik ein. In der Entziehung des Gehorsams (substractio obedientiae) glaubte er das beste Mittel gegen die Saumseligkeit der beiden Häupter und den kürzesten Weg zur Herstellung der für seine Erblande so notwendigen kirchlichen Einheit gefunden zu haben.

Unter den Doktoren der Pariser Universität, welche seit dem Beginn des Schisma die Unionsbestrebungen gehegt hatten, wurde der burgundische Einfluss immer mächtiger. Orleans wusste zwar radikale Massregeln noch eine Zeit lang hinzuhalten, besonders nachdem die Niederlage von Nikopolis die burgundische Partei schwer getroffen hatte. Allein nachdem noch die Reimser Zusammenkunft zwischen Wenzel und Karl VI von Orleans geleitet worden war, sinkt sein Einfluss wieder. Karl war in den letzten Tagen der Verhandlung krank geworden. Auch die italienischen Verhältnisse hatten eine für Orleans ungünstige Wendung genommen. [1]) Unter der Leitung des Patriarchen Simon Cramaut von Antiochien, des Kanzlers Berris, tagt nun im Mai und Juni 1398 eine Prälatenversammlung. Hier wird am 11. Juni die Substraktion mit 247 Stimmen gegen 20 beschlossen. Zwar setzt Louis von Orleans durch, dass vor Ausführung des Beschlusses noch einmal mit Benedict verhandelt wird. Dieser Versuch scheiterte an der Hartnäckigkeit des Papstes. Und so musste Orleans der burgundischen Kirchenpolitik nachgeben. Aber er wartete nur auf einen günstigen Moment, um ihren Sieg wieder rückgängig zu machen.

Die allgemeine Unzufriedenheit mit den durch die Substraktion begründeten Zuständen kam ihm entgegen. Auch die steigende Macht seines Schwiegervaters und das unsichere Verhältnis zu England mögen hier mitgewirkt haben. Nachdem

---

[1]) Th. Lindner, Geschichte des deutschen Reiches unter König Wenzel. Bd. II, 351.

1*

zuvor die Einschliessung, welche man über den Papst verhängt hatte, erleichtert worden war, verhalf ihm Orleans am 12. März 1403 zur Flucht. Man berief darauf die Prälaten des Reiches nach Paris. Aber noch ehe dieselben sich schlüssig geworden waren, hatte der Herzog eine geheime Abstimmung durch die Erzbischöfe veranlasst. Dieselbe fiel angeblich zu Gunsten seiner Kirchenpolitik aus. Der König, welcher gerade gesund war, wurde rasch umgestimmt; und ehe die Herzöge von Berri und von Burgund einschreiten konnten, wurde die Aufhebung der Substraktion verkündet.

Inzwischen war der Antagonismus Orleans' und Burgunds zu erbitterter Feindschaft geworden. 1401 hatten sich Neffe und Onkel kampfgerüstet gegenüber gestanden. Man hatte sich verglichen. Aber immer anspruchsvoller und massloser trat der junge, hochbegabte, jedoch leichtsinnige Bruder des Königs auf. Der Tod Philipps von Burgund am 27. April 1404 gab ihm vorerst freie Hand. Eine Verständigung mit der Königin, welche der burgundischen Bevormundung müde war, verstärkte seine Macht.

Er entfaltet ein Regiment, welches allgemein als Tyrannis empfunden wird. Allein in Johann, dem Sohne Philipps, tritt ihm bald ein gefährlicherer Gegner in den Weg. Von leidenschaftlichem Ehrgeiz und Stolz beseelt, war dieser dazu bestimmt, weiter an der Gründung eines selbstständigen burgundischen Reiches zu arbeiten. Und er thut dies, indem er die populäre Politik, welche sein Vater in den letzten Jahren eingeschlagen hatte, mit Entschiedenheit fortsetzt. Auch auf kirchlichem Gebiet ist er der Erbe seines Vaters. Gleichheit des Alters steigert die Nebenbuhlerschaft zwischen den beiden Vettern. Verschiedenheit der Charaktere erschwert die Verständigung. Es kommt hinzu, dass allgemeine Gegensätze mit diesen individuellen Verhältnissen sich verbinden. Orleans und Burgund werden Losungsworte für den Kampf zweier Klassen der Gesellschaft, für die Eifersucht der Pariser Zünfte und für den Hader der Gelehrten. Das Bürgertum mischt sich in den Kampf, strebend nach selbstständiger Entfaltung gegenüber den Standesprärogativen des Adels und der Geistlichkeit. Zünftige Freiheit und municipale Selbstverwaltung verfechten hier ihr Recht gegen den Absolutismus des König- und Fürstentums. Staatliches Recht setzt sich auseinander mit kirchlichem. Die Nebenbuhlerschaft von Theologen und Dekretisten, von theologi saeculares und regulares wird hier ausgesponnen. Die Theologie endlich findet in diesen Kämpfen Gelegenheit, auf selbstständige Principien sich zu besinnen gegenüber von Philosophie und Recht.

Die beiden Vettern hatten sich schon gerüstet gegenüber gestanden. Paris hatte eine bunte Menge fremden Kriegsvolks um seine Mauern versammelt gesehen. Allein dem Herzog von Berri im Verein mit anderen Fürsten gelang es, den Ausbruch des Bürgerkrieges zu verhindern und eine Verständigung zu erzielen. Man versuchte ein gemeinsames Regiment. Auswärtige Unternehmungen sollten zerstreuen. Aber vergebens. Die Gegensätze, welche hier versöhnt werden sollten, wurzelten zu tief. Aufs neue stand ein offener Bruch bevor. Durch die Bemühungen der übrigen Fürsten kam wiederum eine Annäherung zustande, diesmal vollständiger als je. Am 8. November 1407 hörten die beiden Vettern zusammen die Messe, schwuren sich unverbrüchliche Treue und genossen zur Bekräftigung das Sakrament. Am 23. November fiel der Herzog von Orleans in den Strassen von Paris durch Meuchelmord. — Er war auf einem seiner häufigen Besuche bei der Königin, als ihn ein Bote zu dem König beschied. Sofort machte er sich dahin, von wenigen Dienern begleitet, auf. In der Nähe des Thores Barbette — es war schon dunkel — stürzte eine Schaar Bewaffneter auf ihn ein, und in wenigen Augenblicken lag der Herzog entsetzlich verstümmelt als Leiche auf dem Pflaster.

Johann von Burgund hatte schon seit längerer Zeit die Mörder gedungen. Der Verdacht fiel zunächst auf einen andern. Unter den Zeichen tiefster Trauer stand der Urheber des Mordes an dem Sarge seines Opfers. Erst als die gerichtliche Untersuchung den Thätern auf die Spur zu kommen drohte, offenbarte er den Sachverhalt: der Teufel habe ihm diesen Gedanken eingegeben. Aber dieser Anflug von Reue weicht bald einem trotzigen Stolz. Eilig verlässt er Paris, versichert sich der Unterstützung seiner Erblande und kehrt, nachdem Verhandlungen, welche Berri und Louis von Sicilien zu Amiens mit ihm angeknüpft hatten, ohne den erwünschten Erfolg geblieben waren, [1]) an der Spitze eines zahlreichen, wohlgerüsteten Gefolges nach Paris zurück. Das Volk jubelte

---

[1]) Plancher, histoire de Bourgogne, S. 254 berichtet von einem günstigen Verlauf der Verhandlungen. Der Mönch von St. Denys (Le Religieux de St. Denys, ed. Bellaguet. II, 742) lässt dies ungewiss. Monstrelet (ed. Buchon, Paris 1826 dans Collection des Chroniques, I, 232) erzählt dagegen, dass Burgund alle Vorschläge ausgeschlagen habe, und die beiden Herzöge von ihm geschieden seien, mit der Ankündigung des königlichen Verbotes, jemals unaufgefordert nach Paris zu kommen. Vgl. II. Martin, Histoire de France, t. V, 487.

ihm zu als einem Befreier. Gegen den Wunsch des Hofes besteht Johann auf öffentlicher Verteidigung. Und so tritt am 8. März 1408 in Gegenwart des Königs von Sicilien, des Dauphin, des Herzogs von Berri und anderer Fürsten der Professor der Theologie Jean Petit [1]) auf und hält jene Rede, welche durch die in ihr vertretene Lehre vom Tyrannenmord der Ausgangspunkt eines bedeutungsvollen Streites wird. Jean Petit gehörte der normannischen Nation der Universität an. Schon hierdurch ist seine Haltung bestimmt. Seit dem Beginn des Schisma hat diese Nation eine höchst wichtige Rolle gespielt. Nächst der englischen Nation zögerte sie am längsten mit der Anerkennung Clemens' VII. Bei den mannigfachen Streitigkeiten innerhalb der Universität, welche aus der kirchlichen Frage erwuchsen, stand sie immer mit der englischen und pikardischen Nation zusammen gegen die französische. 1403 schloss sie sich erst spät der Restitution an, nachdem sie durch ihre Opposition lange einen Universitätsbeschluss über diese Frage verhindert hatte. — So hatte denn auch Jean Petit auf der berühmten Synode, welche vom 1. No-

---

[1]) Vgl. den sehr anschaulichen Bericht, welchen Kervyn de Lettenhove nach Thierri le Roy, einem burgundischen Advokaten, von diesem Auftritt entwirft in Bulletins de l'académie royale de Belgique, 30. année 2. ser. t. XI Brux. 1861. S. 558—571. — An die Person Jean Petits knüpft sich die Streitfrage, ob er einem Orden angehörte, und welchem. Nach du Boulay, historia universitatis Paris. t. V, catalogus illustrium academicorum war er Franziskaner. Dies nehmen auch Kervyn de Lettenhove (a. a. O. S. 559), Michelet (histoire de France IV, 169) und Hefele (Conciliengeschichte, Bd. 7 Freiburg i. B. 1874, S. 176) an, letzterer, obgleich er im 6. Bd. Jean Petit nur als Doctor der Theologie anführt. Dies letztere thut unausgesetzt der Mönch von St. Denys. Die Bezeichnung »natione normannus« (XXVII. cp. I) schliesst die Ordensangehörigkeit gewöhnlich aus, denn Ordensglieder werden nicht mehr nach ihrer Nationalität von ihm bestimmt. Ueberdies bezieht sich diese Bemerkung wahrscheinlich auf die Angehörigkeit Petits zu der normannischen Nation der Universität. Juvenal des Ursins aber in seiner histoire de Charles VI (ed. Th. Godefroy, Paris 1614 S. 226) fügt ausdrücklich hinzu »docteur en Theologie séculier». Am Schluss der Einleitung zu seiner Rede sagt Petit (Opera Joh. Gersonii, ed. Du Pin, Antwerpen 1706, t V, 18): man könne ihm einwenden, dass eine Verteidigung des Herzogs besser für einen Juristen passe. Er antwortet: »Nullatenus mea interest, qui non sum Theologus, sed si ego essem Theologus, bene posset mea interesse». Da er sich unmittelbar darauf zu den Doktoren der Theologie rechnet, so muss diese Stelle verderbt sein. Da nun Jean Petit 1398 und 1406 als Redner der Universität auftritt und besonders in seinem Streit mit Pierre d'Ailli im December 1406 (vgl. Bul. hist. univ. Paris. V, 198) die Interessen der Universität vertritt, so halte ich es für gesichert, dass Jean Petit Weltgeistlicher war und zu der Zahl der theologi saeculares gehörte. Woraufhin Tschackert (Peter von Ailli, Gotha 1877, S. 264) ihn zu den Predigermönchen rechnet, ist mir nicht ersichtlich.

vember 1406 bis zum Februar 1407 in Paris tagte, in einer leidenschaftlichen, mit aller Rücksichtslosigkeit eines Pariser Dialektikers ausgestatteten Rede für totale Substraktion gesprochen und eine Scheidung der Parteien herbeigeführt. Petit war, wie er selbst in jener justificatio ducis Burgundiae [1]) er zählt, ein Pflegling des burgundischen Hauses. Von Johann bezog er eine jährliche Pension. Drei Jahre vorher hatte er sich eidlich verpflichtet, dem Brotherrn zu dienen. Die moralische Begründung, welche er für seine Advokatur giebt [2]), ist folgende: es sei die Pflicht der Magister und Doktoren der Theologie die Wahrheit zu sagen, auch wenn sie dabei ihr Leben hingeben müssten. Hier gelte es, die Ehre und den guten Ruf seines Herrn zu verteidigen, und dies falle besonders unter jene Pflicht, »quando dictus dominus suus est bonus et fidelis et ille oberravit«.

Das Thema der Rede ist aus 1. Tim. 6, 10 entnommen: Die Begierde ist die Wurzel aller Uebel. Die Rede ist aufgebaut in der Form eines Syllogismus. Der Obersatz besteht in einer Beschreibung und Exemplifizierung des crimen laesae majestatis als der verderblichsten Frucht der cupiditas. Dasselbe kann ebensowohl gegen Gott und seine Kirche gerichtet sein, als gegen die Obrigkeit. Das gegen Gott gerichtete crimen umfasst Häresie, Idololatrie und Schisma. Es wird erläutert durch die Beispiele des Julian Apostata, des Mönches Sergius und des Israeliten Zambri. Auf das Verbrechen gegen die Obrigkeit beziehen sich die Beispiele von Lucifer, Absalon und Athalia. Der Redner geht nach dieser Grundlegung näher auf den Zweck seiner Rede ein, indem zunächst in sieben veritates die Pflicht des Unterthanen dargelegt und begründet wird, unter allen Umständen König und Staat gegen das Attentat eines Empörers (Tyrannen) zu verteidigen. Es heisst in der dritten veritas: »In solchem Fall ist es jedem Untergebenen nach dem natürlichen, moralischen und göttlichen Gesetz erlaubt, ohne irgend einen Auftrag einen solchen Verräter und treulosen Tyrannen zu töten, ja es ist sogar verdienstlich, besonders wenn der Verräter so hoch steht, dass die Gerechtigkeit ihn nicht erreichen kann.« Der Tyrannenmord ist, von theologischem Standpunkt aus betrachtet, kein homicidium, von juristischem ein justum homicidium. Denn der Zweck des Gesetzes steht über dem Gesetz und giebt eine feststehende Norm

---

[1]) G. Op. V, 17.
[2]) G. Op. V, 18.

für die Handhabung desselben ab. In einem Falle also, wo die buchstäbliche Anwendung des Gesetzes den Zweck verletzen würde, erleidet das Gesetz eine Ausnahme; in höherem Sinn wird es thatsächlich erfüllt. Ein solcher Fall liegt vor, wenn die Person des Königs so gefährdet ist, dass keine gesetzliche Hülfe möglich ist. Wie Moses, Phineas und Michael so handelt, wer den »Tyrannen« tötet, gegen den Buchstaben des Gesetzes kraft der Autorität der lex divina, ohne dass ein specieller Auftrag vorzuliegen braucht. Eid und Vertrag sind keine Hinderungsgründe, denn das Wohl des Fürsten nicht nur, sondern schon das eigene bildet eine höhere Instanz. Daran schliesst sich die achte veritas nebst neun Korollarien: der Hochverrat kann bestehen in allerlei Zauberei, welche gegen die Person des Königs gerichtet ist, in der Begünstigung solcher Versuche, in staatsverräterischen Bündnissen mit den Feinden des Reiches, in kirchenpolitischen Unternehmungen, welche der Reichspolitik entgegen sind, in Brandschatzung des Landes u. s. w. Der Untersatz wird dann so ausgeführt, dass diese einzelnen Momente auf den vorliegenden Fall von Tyrannis angewendet und an der Person des Herzogs von Orleans nachgewiesen werden. Es folgt mit Uebergehung selbstverständlicher Zwischengedanken der Schlussatz, dass die That, als deren Urheber der Herzog von Burgund sich bekannt hat, eine That für das Wohl von König und Reich war und deshalb nicht nur erlaubt, sondern auch geboten war und öffentliche Belohnung verdient. [1]) — Die Rede war ganz im Geschmack der Zeit und nach den Grundsätzen der geltenden Lehre gehalten. Die ethischen Principien, welche der Redner anwandte, waren nichts Neues. Seitdem die Unionsfrage in Fluss gekommen war, hatten die Pariser Theologen im Anschluss namentlich an Heinrich von Langenstein aristotelische Gedanken flüssig gemacht und zu einer Theorie gestaltet, welche die Geltung einer höheren Instanz, als das kanonische Recht war, beanspruchte. Diese Theorie wurde auch hier verwertet; sogar die einzelnen Beispiele, welche Jean Petit zur Illustration seiner Gedanken heranzog, waren auf dem Gebiet der kirchenpolitischen Erörterung schon im Gebrauch. [2]) Neu war nur

---

[1]) Vgl. Schwab, Johannes Gerson, Würzburg 1858, S. 430, 613 f., G. Op. V, 15—42, ferner die geistreichen, aber ungenauen Bemerkungen Michelets (Hist. de France, t. IV, Paris 1852 S. 167—175.)

[2]) In einer Rede des Magisters Pierre Plaoul (Bul. IV, 837) aus dem Jahre 1398 treten mehrere derselben auf.

die radikale Durchführung und die Anwendung derselben auf den besonderen Fall eines Staatsverräters. Der Mönch berichtet: »Quosdam presentes circumspectos et eminentis scientie niemini perorata in multis reprehensibilia censuisse«. Und Juvenal des Ursins [1]: »Paroles s'esmeurent fort en la ville, touchant la proposition de maistre Jean Petit des conditions du feu Duc d'Orleans, et plusieurs notables gens en estoient tres mal contents«. Indeessen dieser Widerspruch verhallte vorerst. Es fehlte ihm der Nachdruck einer kräftigen Partei. Das Volk hatte unter der Finanzwirtschaft Orleans' geseufzt. Es sah in Burgund den Befreier von einem tyrannischen Joch. Die Universität war zum grössten Teil mit ihm in Verfolgung der Substraktion eng verbündet. Fanatiker sahen in dem Mord die Strafe für die Begünstigung des Schisma. Bei dem jetzt alles beherrschenden Einfluss Burgunds wäre an die Durchführung einer Zensur der Rede gar nicht zu denken gewesen. Die Wittwe des Ermordeten hatte nichts erreichen können. Der König war infolge der heftigen Gemütsbewegung, welche ihr Auftreten mit sich brachte, wieder in Wahnsinn verfallen. Die Fürsten des Staatsrates aber wagten dem mächtigen Herzog nicht entgegenzutreten, zumal sie untereinander nicht einig waren. So konnte Burgund ungehindert seine Absicht durchführen. Die Fürsten selbst und der Dauphin, ein Knabe von 12 Jahren, mussten die Rede Petits mit anhören. Als nach dem 8. März 1408 der König wieder gesund wurde, blieb ihm nichts anderes übrig, als das Bestehende zu sanktionieren und dem Mörder seines Bruders zu verzeihen. Es geschah dies durch einen öffentlichen Erlass in der von Petit vorgeschlagenen Weise. Indessen das Jahr 1408 brachte eine vorübergehende Aenderung. Burgund musste Paris verlassen, um dem erwählten Bischof von Lüttich, Johann von Bayern, Hülfe zu leisten gegen die aufständische Stadt. Diese Zeit benutzte die Königin, welche sich nach Melun zurückgezogen hatte, um jenem Akt nicht beiwohnen zu müssen. Ende August kehrte sie zurück. Sie fand Unterstützung bei den zu Paris weilenden Fürsten. Die Herzogin von Orleans kam auf ihre Einladung hin mit ihren Söhnen nach Paris. Am 11. September hielt der Benedictinerabt Serisy eine Verteidigungsrede gegen die Anklagen Jean Petits. Ohne auf die Lehre vom Tyrannenmord einzugehen, sucht er nur nachzuweisen, dass der Begriff

---

[1] A. a. O. S. 239.

des Tyrannen, wie ihn Aristoteles bestimmt habe, auf Orleans gar nicht angewendet werden könne. Auch die aus dem alten Testament entlehnten Beispiele Petits seien nicht beweiskräftig. Schliesslich fordert er auch die Theologen auf, gegen den Wahn, als sei Zauberei wirksam, einzuschreiten. Die Forderungen der Klägerin werden anerkannt. Ein Parlamentsbeschluss verbietet die Lehre Petits. Die königliche Verzeihung vom März des Jahres wird kassiert. [1]) Bevor man sich aber endgültig entscheidet, geht eine Gesandtschaft an Burgund ab, um ihn von dem gegen ihn eingeleiteten Prozess zu benachrichtigen und die Entscheidung des Lütticher Streites an sich zu ziehen. Burgund giebt eine ausweichende Antwort. Die Gesandtschaft entschliesst sich, den Erfolg des Kampfes abzuwarten. Inzwischen setzt man Paris in Verteidigungszustand. Allein der Sieg über die Lütticher am 23. September macht einen Strich durch die Rechnung der Gegner. Sofort wird der kranke König nach Tours gebracht. Hier verschanzt man sich, so gut es in der Eile geht. Johann aber kehrt an der Spitze seiner siegreichen Armee nach Paris zurück. Nach längeren Unterhandlungen kommt der für das Königshaus so schimpfliche Vertrag von Chartres (8. März 1409) zustande. Ein beinahe komischer Akt der Versöhnung schliesst sich an. War so im Innern das Uebergewicht Burgunds wiederhergestellt, so verstärkt nun auch nach aussen ein Bündniss mit dem König von Navarra einerseits und mit dem römischen König anderseits seine Macht. Elisabeth, die Nichte Wenzels, die Prätendentin von Brabant und Linburg, welche einst zu Reims dem Sohne Orleans verlobt war, wird mit Anton von Brabant, dem Bruder Johanns, vermählt. Auch auf Luxemburg, welches gemäss dem Reimser Vertrag 1402 in den Besitz Orleans' gekommen war, erhielt kraft dieser Heirat der Bruder Johanns ein Anrecht. Im Oktober des Jahres wurde Montaigu, dem Haushofmeister des Königs, einem Anhänger des Hauses Orleans, der Prozess gemacht. Reformen in der Verwaltung der Finanzen werden eingeführt; und nachdem am 11. November eine Verständigung mit der Königin zustande gekommen war, wird im Dezember eine neue Regentschafts-

---

[1]) Die Bemerkung Hefeles (Conciliengesch. VII, 176), dass der Herzog vom Parlament des Mordes schuldig erklärt und proskribiert worden sei, ist der Synopsis chronolog. Dupins (G. Op. V, 1) entnommen. Der Mönch berichtet nichts davon. Sowohl die Forderungen, welche die Wittwe stellen liess, als die Verhandlungen, welche man daraufhin mit Burgund anknüpfte, sprechen dagegen. Relig. IV, 130—136.

ordnung eingeführt, wonach dem Herzog von Burgund die
besondere Leitung und Ausbildung des Dauphin, seines
Schwiegersohnes, übertragen, die Regierung aber von der
Königin im Einverständnis mit mindestens zwei der Fürsten
geführt wird.

Inzwischen hatte auch die kirchliche Frage eine der burgundischen Politik entsprechende Wendung genommen. Nachdem in der zweiten Hälfte des Jahres 1405 der junge Herzog
von Burgund an die Spitze der gegen Orleans' Tyrannei gerichteten Opposition getreten war und vorübergehend in Paris
dominiert hatte, wurden schon im Mai 1406 die Substraktions-
bestrebungen wieder aufgenommen. Eine Nationalsynode beschliesst im Januar 1407 aufs neue eine teilweise Substraktion.
Zwei königliche Erlasse restituieren ihren Beschlüssen entsprechend die gallikanischen Freiheiten. Aber Orleans und
sein aus Prälaten bestehender Anhang verhindert noch einmal
ihre, Ausführung. Es werden Verhandlungen mit den beiden
Päpsten angeknüpft. Erst als Orleans gefallen, und Burgund
Alleinherrscher war, drangen die radikalen Bestrebungen durch.
Im Mai 1408 wird totale Substraktion gegen Benedict beschlossen, nachdem die Verhandlungen zu Avignon und Rom
fruchtlos verlaufen waren. Eine aufs neue einberufene Nationalsynode giebt der gallikanischen Kirche ihre freiheitliche Verfassung. Unter burgundischem Protektorat tritt nun das Konzil
zu Pisa zusammen. Der Patriarch von Antiochien, schon seit
1395 der unermüdliche Agitator für die burgundische Substraktionspolitik, setzt hier, insbesondere gegen französische
Prälaten [1]), die allseitige Anerkennung der Substraktion durch,
hierin unterstützt von den Engländern unter dem Bischof von
Salisbury. Gregor und Benedict werden als Schismatiker und
Häretiker abgesetzt. Das Wahlrecht der vereinigten Kardinäle,
ebenfalls von Seiten französischer Prälaten angefochten, wird
nun festgestellt. Sie betreten am 15. Juni das Konklave. In
Peter Philargi von Candia, einem siebzigjährigen Kardinal, glaubt
man den geeigneten Mann gefunden zu haben. Balthasar Cossa
hatte hauptsächlich seine Wahl betrieben. In Paris, wo man
lieber einen Franzosen als Papst begrüsst hätte, wurde er
wirksam empfohlen mit dem Hinweis auf sein daselbst mit
Auszeichnung absolviertes Studium der Theologie. Alexander V
war nur der Vorläufer für Balthasar Cossa, den Führer der

---

[1]) Schwab, a. a. O. 240.

Gregorianischen Kardinäle. Das französische Papsttum, welches mit Orleans verbündet war, musste unterliegen. Auch mit seiner kirchlichen Politik, für welche ebenfalls die Anlehnung an England charakteristisch ist, hatte Burgund gesiegt. Johann war auf dem Weg, in kirchlicher wie in politischer Hinsicht die Geschicke Frankreichs in seiner Hand zu vereinigen. Allein durch seine Rücksichtslosigkeit machte er sich den Herzog von Berri, der bisher immer zu ihm gehalten hatte, zum Feind. Dieser stellt sich an die Spitze der Opposition. Unter gegenseitigen Rüstungen vergeht der Sommer (1410). Der hereinbrechende Winter nötigt beiderseits zum Abrüsten. Durch Vermittelung der Universität kommt ein Vertrag zustande, nach welchem beide Parteien direkt von der Regierung ausgeschlossen werden, und diese durch Vertrauensmänner geführt werden soll. Plancher teilt in den Preuves zu seiner Geschichte Burgunds S. 270 f. die Urkunde über einen besonderen Vertrag Berris mit Burgund vom 7. November 1410 mit. Hiernach ist eine definitive Regelung der Regentschaft in Aussicht genommen, so dass Burgund wiederum allein die Leitung des Dauphin behält. Allein weder dieser Specialvertrag, noch jene Abmachung bewähren sich. Die Feindseligkeiten nehmen wieder zu. Alle Verhandlungen sind erfolglos. Die burgundische Partei in Paris, besonders der Graf von S. Pol, weiss die Misstimmung der Bürgerschaft über Berris Hartnäckigkeit zu benutzen und etabliert, gestützt auf die Metzgerzunft, ein demokratisches Regiment, dem die bisherigen Beamten der Stadt weichen müssen. Johann wird herbeigerufen. Mit englischer Hülfe wird im November die Armee Orleans' geschlagen und zum Abzug von Paris gezwungen. Im folgenden Jahr zieht der König selbst unter Leitung des Burgunders ins Feld gegen seine »rebellischen« Verwandten. Berri wird in Bourges belagert. Allein bald machen sich im königlichen Lager gegen Burgunnd Elemente geltend, welche zum Abschluss eines Waffenstillstandes drängen. Im Anschluss an sie tritt der Dauphin Ludwig, Herzog von Guienne, zum ersten Mal selbstständig auf. Verhandlungen werden angeknüpft; und zu Auxerre wird der Friede geschlossen. Ein feierlicher Akt in der Kathedrale zu Melun bekräftigt ihn.

Burgund zieht nach Paris zurück, bald folgt Berri nach. Allein der Zwist ist durch diesen Frieden so wenig geschlichtet, als durch die vorhergehenden. Während in Paris eine radikalrevolutionäre Partei in der Universität und der Bürgerschaft immer mehr die Herrschaft erlangt, rüsten die Gegner Johanns, unzufrieden mit der Ausführung des letzten Vertrages, aufs neue. Sie wenden sich an den Dauphin; dieser aber, allein ohnmächtig gegen die burgundische Vormundschaft, verschiebt die Entscheidung auf die Wiedergenesung des Königs. Ein Versuch desselben, sich zum Herrn der Situation zu machen, bringt am 27. April 1413 die Revolution in Paris zum Ausbruch. [1]) Metzgergesellen bemächtigen sich der Herrschaft und terrorisieren Hof und Bürgerschaft. An ihrer Spitze steht ein alter Demagoge, der Arzt Jean de Troyes. Ihr officieller Redner ist ein Karmeliter, der Magister Eustache de Pavilly. Neben Excessen, wie sie die Herrschaft des Pöbels mit sich bringt, finden wir hier, was uns Bewunderung abnötigt, ein selbstbewusstes, energisches Streben nach Ordnung des Staatswesens und Aufbesserung der öffentlichen Verhältnisse. Unter diesem Regiment wird eine Reformakte publiziert, der Schlusstein von Bestrebungen, welche seit einiger Zeit auch an der Universität eine Stütze gefunden hatten, jenes Dokument, von welchem Michelet (hist. de Fr. IV, 248) sagt: »c'est la sagesse de la France alors, son grand monument, qu'on a pu condamner un moment avec la révolution qui l'-avait élevé, mais qui n'en est pas moins resté un fonds où la legislation venait puiser, comme un point de départ pour les améliorations nouvelles«.

Burgund hatte bei diesem allem seine Hand mit im Spiel. Die Revolutionäre waren seine Partei. An jener Reformakte war er freilich unschuldig. Unvermögend mit den Einkünften seiner Lande, seine Stellung im Reich zu behaupten, war er vorzugsweise auf die Unterstützung der Stadt Paris und der hier herrschenden Kreise angewiesen. Jene Reformen hatten für ihn nur die Bedeutung von Konzessionen, welche ihm als Gegenleistung die Mittel verschafften, von der Metropole Frankreichs aus den Krieg gegen seine Gegner zu führen.

Indessen bald sollte es sich zeigen, dass diese Bundesgenossenschaft eine unheilvolle war. Die Revolutionäre wuchsen ihm über den Kopf; und durch ihre Excesse riefen sie eine Opposition wach, welche die Besten des französischen Volkes an sich zog und dem Haus Burgund, dem sie bisher viele

---

[1]) Der Prevôt Pierre des Essarts besetzte im Auftrag des Dauphin die Bastille S. Antoine, nachdem schon seit einiger Zeit eine Annäherung an den Dauphin und damit zusammenhängend eine Entfremdung zwischen ihm und Johann von Burgund eingetreten war. Relig. de S. D. XXXIV, cp. II. (A V., 6—14).

Sympathien entgegengebracht hatten, gänzlich entfremdete. Das bessere Bürgertum, besonders die Kaufmannsgilde von Paris, das Parlament und ein Teil der Universität schliessen sich zusammen. Sie stellen den Dauphin an ihre Spitze und stürzen die Herrschaft der Metzger. Nachdem schon vorher mit den Orleans zu Pontoise verhandelt worden war, kommt nun ein neuer Friede zu Stande. Aber mit dem Frieden ist naturgemäss eine tiefgehende Reaktion verbunden, welche die ganze burgundische Partei betrifft. Schliesslich löst eine Parteiherrschaft die andere ab. Der vierte Vertrag innerhalb von 5 Jahren ist ebenfalls nur der Anfang neuer erbitterter Kämpfe unter veränderten Machtverhältnissen. Johann von Burgund hatte am 23. August Paris verlassen. Am 31. zogen auf Einladung des Königs seine Gegner ein, an der Spitze Bernard Graf von Armagnac, der Schwiegervater des jungen Herzogs von Orleans. Die Armagnac'sche Schärpe verdrängte das burgundische Andreaskreuz. Der Dauphin, zu unselbstständig und haltlos, um ein kräftiges Regiment über den Parteien führen zu können, wird nun von den Orleans ins Schlepptau genommen. Paris muss sich unter ihr Regiment beugen. Der Besitz von Paris aber schliesst die Herrschaft über Frankreich ein.

Blicken wir noch einmal zurück: die Jahre 1410—1413 haben für Frankreichs Geschichte eine tiefgehende Bedeutung. Sie haben die Parteigruppierung geschaffen, welche für die nächste Zeit bis zur Vertreibung der Engländer hin die massgebende geblieben ist. Wenn ich nicht irre, so vollzieht sich in diesen Jahren der Uebergang der Patrioten in das orleanistisch-armagnacsche Lager. Selbst Simon Cramaut, seit 1409 Erzbischof von Reims, zieht sich von den politischen Geschäften zurück. Männer, welche bisher, besonders auf kirchlichem Gebiet, mit Burgund zusammengewirkt haben, sehen wir bald nach· der Katastrophe des Jahres 1413 als Anhänger der Orleans wieder.

Fünf Tage nach dem Einzug der Orleans wurde von dem Kanzler der Universität, Jean Charlier de Gerson, in einer öffentlichen Rede der Antrag gestellt, von Staats wegen gegen die Irrlehre Jean Petits vorzugehen, welche die staatliche Ordnung und die öffentliche Sitte untergrabe. Im Jahr 1408 hatte man vor dem Parlament über diese Lehre verhandelt. Jetzt wurden die kirchlichen Instanzen angerufen. Ein Glaubenskollegium der Universität unter Leitung des Pariser Bischofs und des Inquisitor, vorzugsweise aus Theologen be-

stehend, sollte das Urteil fällen. Der politische Streit war
zum kirchlich-theologischen geworden, — war doch der
kirchliche Streit von Anfang an ein politischer gewesen.
Aber es fragt sich nun, ob die Komplikation von politischem
und kirchlichem Interesse, welche die ganze Zeit des Schisma
bis zum Pisanum beherrscht und in der That durch die
inneren Machtverhältnisse Frankreichs jedesmal bestimmt ist,
fortwirkt. Denn das Jahr 1413 bringt nicht nur in Frankreich
einen Umschwung mit sich. Es tritt jetzt auf kirchlichem
Gebiet eine andere Macht hervor, welche Frankreich mit
Erfolg den bisher behaupteten kirchlichen Prinzipat streitig
macht. Das römische Kaisertum deutscher Nation besinnt
sich in Sigismund auf sein altes Recht. Von ihm geht an
alle Nationen der abendländischen Christenheit die Ladung
zu einer neuen Kirchenversammlung, wo die schmähliche
Zerrissenheit der Kirche, welche das burgundische Pisanum
nicht hatte beseitigen können, abgestellt und eine Reform an
Haupt und Gliedern beraten werden soll. Der Streit über die
Lehre Jean Petits, welcher in Paris eine vorläufige Entscheidung
fand, wird hierher übertragen. Orleans und Burgund setzen in
Konstanz, zum Teil unter der Hülle scholastischer Deduk-
tionen, ihren Kampf fort; und die ganze Versammlung wird
in denselben hineingezogen. Vier Jahre vorher zu Pisa wäre
dieser Prozess ohne Zweifel von unmittelbarem Einfluss auf
die kirchliche Entwickelung als solche gewesen. Aber Frankreichs Prinzipat hatte jetzt aufgehört.

Welche Bedeutung hatte unter den veränderten Verhältnissen dieser Streit für die kirchliche Unions- und Reformbewegung? — In dieser Frage spitzt sich unsere Aufgabe
zu. Ihre Lösung soll den Anteil, welchen Frankreich an
jener Bewegung hatte, klarlegen, die Fäden der französischen
Politik aufdecken und ihre Einwirkung auf die bedeutsame
kirchliche Entwickelung dieser Zeit feststellen.

Mehr als in jener ersten Periode des Schisma kommt es
jetzt auf den persönlichen Einfluss einzelner Männer an. Auf
dem erweiterten Schauplatz wirken die politischen Machtverhältnisse Frankreichs nur noch indirekt. Bevor wir dem
Schicksal des von Gerson am 4. September 1413 gestellten
Antrages uns zuwenden, müssen wir noch in die Vergangenheit dieses Mannes einen Blick thun.

Erster Teil.

Die Vorbereitung und die erste Phase des Konstanzer Konzils.

I. Abschnitt.

Johannes Gerson und das Pariser Urteil.

Max Lenz [1]) hat in seiner bedeutenden Rezension von
Tschackerts »Peter von Ailli« die Forderung aufgestellt, dass
man die Männer des 15. Jahrhunderts auf dem Boden der
praktischen kirchlichen wie politischen Bestrebungen ihrer Zeit
aufzufassen habe und nicht nach den Spekulationen, welche sie
mit ihrer scholastischen Methode in Traktaten und Sermonen
aufgetürmt haben. Karl Müller [2]) hat dann, ebenfalls gelegentlich einer Besprechung jenes Buches, in glänzender Weise
die Berechtigung dieser Auffassung an Aillis Wirksamkeit dar-
gethan. Indem er ein Wort Fichtes auf diese Zeit anwendet,
sagt er: »Niemals hat die Theorie das Handeln weniger bestimmt als damals, gerade weil man alles mit abstrakten De-
duktionen umspann, die sich gar nicht am wirklichen Leben
gebildet hatten und darum auch nicht die Möglichkeit boten,
die Richtschnur des Handelns abzugeben.« Es ist demnach
für die Forschung auf diesem Gebiet eine der ersten Forderungen, »die wirklich treibenden praktischen Motive« aufzu-
decken.

Schon ein Blick in die Chronik des Unbekannten von
St. Denys zeigt, wie der orleanistisch-burgundische Kampf
ausschlaggebend in die kirchliche Bewegung eingegriffen hat.
Für die Beurteilung einzelner in dieser Bewegung handelnden
Männer wird es daher vor allem darauf ankommen, das Mass
dieser Einwirkung auf ihre Haltung zu bestimmen. Dann erst

---

[1]) Revue hist. IX., 466 f.
[2]) Zeitschrift für Kirchengeschichte, VIII, 227 ff.

wird es möglich sein, andere Einflüsse und ihre Ausdehnung festzustellen, in die persönliche Eigenart einen Blick zu thun. Das gilt auch für Johannes Gerson. Die Rolle, welche er in dem Streit über Jean Petits Irrlehre gespielt hat, werden wir erst vollständig würdigen können, wenn uns ein klares Bild über seine Stellung in den kirchlichen und politischen Streitigkeiten der früheren Jahre vorliegt.

In weitem Rahmen hat ein solches Johann Baptist S c h w a b entworfen. So vortrefflich diese Leistung im einzelnen ist, so sehr sie neben ausgedehnter Quellenkenntnis einen klaren Blick für die Verflechtung von Personen und Thatsachen bekundet, so leidet sie doch gerade in den Partien, welche Gerson speziell behandeln, an einer bedauerlichen Unklarheit. Dieselbe ist veranlasst durch die Anordnung des Materials, nach welcher Gersons politische Thätigkeit getrennt von seiner sonstigen Wirksamkeit betrachtet wird. Diese Teilung, welche bei einem Manne, wie Ailli, dem Lehrer und Freund Gersons, ganz unmöglich ist, wirkt auch für Gersons Beurteilung durchaus nachteilig. Da beide Männer in ihren Anschauungen wenig von einander abweichen, so bekommt man den Eindruck, als sei Gersons Haltung in der kirchlich-politischen Bewegung der Zeit ganz mit dem Mass des älteren Ailli zu messen. Und wiederum scheint es, als spreche Gerson in seinen Traktaten nur entschiedener aus, was der vorsichtige, mehr den praktischen Aufgaben zugewendete Ailli denke. Ein nahes Verhältnis hatte den Schüler mit dem Lehrer während Aillis Universitätsjahren verbunden. Aber dann war ihre Entwickelung eine verschiedene, wie auch ihre Charaktere durchaus verschieden waren.

Ich habe im folgenden versucht, Gersons Entwickelung in kurzen Zügen so zu zeichnen, wie sie im Unterschied von der Aillis auf dem gemeinsamen Boden der kirchlichen Unionsbewegung und des politischen Parteikampfes verläuft. Dazu musste in den Anfängen weiter ausgeholt werden, weil ich nicht in der Lage war, für diese zum Verständnis des Späteren überaus wichtige Zeit auf eine ausreichende Darstellung mich berufen zu können.

Erstes Kapitel.

Die Parteien am französischen Hof und ihre Haltung zur Union 1389—1395.

I. Die Unionsdoktrin.

In der Universität Paris, welcher Gerson und Ailli angehorten, herrschte seit Beginn des Schisma ein lebhaftes Interesse für die Herstellung der kirchlichen Einheit. Sie wurde in ihrem Organismus sowohl, als in ihrer universalen Stellung am schwersten von diesem Ereignis getroffen. So musste sie schon zur Anerkennung Clemens' VII gezwungen werden [1]. Ein nicht unbeträchtlicher Teil der Magister und Studenten, besonders Angehörige der englischen und pikardischen Nation, entzogen sich diesem Zwang durch die Flucht nach Rom [2]. Seitdem kam die Universität nicht zur Ruhe. Die Streitigkeiten zwischen den einzelnen Nationen, welche immer mit dem Schisma zusammenhängen, nehmen kein Ende [3]. Schon 1381 war Heinrich von Langenstein mit seinem Consilium pacis hervorgetreten. Die Kirche war hier als die Quelle des in ihr geltenden Rechtes dargestellt, und somit der Versammlung der Bischöfe oder dem Generalkonzil in zweifelhaften Fällen die Prüfung der Papstwahl vindiziert [4]. Seit dem Jahre 1390 beginnen diese Bestrebungen energischer aufzutreten. Unter der Regentschaft des Herzogs von Burgund, welche

---

[1] Bulaeus IV, 566—571.
[2] Relig. A. I,388, lib. II, Cp. I. Schwab 117 f. Ztschr. f. Kircheng. VIII, 240.
[3] Bul. IV, 581 ff.
[4] Schwab 121—124.

1392 wieder beginnt, erlangen sie politische Bedeutung. Der Zessionsgedanke wird in dieser Zeit flüssig. »Cessio« bleibt fortan das Losungswort in den Beratungen der Prälatenversammlungen und den Verhandlungen der Gesandten, wie in den Elaboraten der Theologen und Juristen. Die praktischen wie theoretischen Schwierigkeiten eines allgemeinen Konzils hatten diesen Vorschlag empfohlen, und nun wurden alle Mittel der Theorie in Bewegung gesetzt, um denselben zu rechtfertigen. Aristoteles' Epikie war das Zauberwort, welches alle Schwierigkeiten lösen sollte, der Schlüssel für die Schlösser des kanonischen Rechtes. Langenstein ist die Quelle, aus der alle schöpfen. Die Verschiedenheiten, welche bei den einzelnen Vertretern dieser Lehre sich konstatieren lassen, verschwinden vor dem gemeinsamen Grundgedanken, welcher überall durchleuchtet. Letzthin können wir nur zwei Lager unterscheiden, die Vertreter des kanonischen Rechtes und seines Buchstabens und die spekulativen Aristoteliker. Die verschiedenen unionistischen Richtungen, welche Hübler [1] nachweist, treffen doch alle in einem Punkt zusammen, der Korrektur der positiven Satzung durch das jus naturale et divinum. Sie gehen auseinander, indem die einen von dem Begriff des Gesetzes, die anderen von der Idee der Kirche ausgehen. So bleiben sie teils bei blossen Notstandstheorien stehen, teils schreiten sie zu positiven dauernden Reformvorschlägen fort. Zu den letzteren gehört vor allem Gerson, und auch Ailli, während Juristen wie Simon Cramaut auf der ersteren Linie sich halten. Auch die Theologen Pierre Plaoul und Jean Petit gehen nicht darüber hinaus. Immerhin aber stehen alle auf einem Boden, sind Vertreter einer Richtung. Die Gedanken, welche zur Begründung des Unionswerkes von ihnen gebraucht werden, stimmen oft bis zum Wortlaut überein; sind sie doch auch mehr oder weniger alle aus einer Quelle geschöpft. Die Mannigfaltigkeit der Gedanken und Anschauungen, deren wir uns erfreuen, darf uns nicht verleiten, dieselbe auch für das 15. Jahrhundert vorauszusetzen. Es ist aber wichtig, diese verhältnismässige Einstimmigkeit zu konstatieren. Denn um so mehr werden wir die Motive zu den Thaten jener Männer in anderen Verhältnissen zu suchen haben.

---

[1] Hübler, Konstanzer Reformation. Leipzig 1864, S. 370—388.

II. Orleans' Politik und die Bestrebungen der Universität bis zum Tode Clemens' VII.

Mit Recht hat K a r l M ü l l e r [1]) auf die Bedeutung der französischen Hofparteien für die Unionsversuche der Universität hingewiesen. Die Verhältnisse am Hof waren seit dem ersten Ausbruch der Krankheit des Königs höchst verwickelte. In scharfem Gegensatz standen hier einander gegenüber der Herzog Philipp von Burgund und sein Neffe, der junge Herzog von Orleans, welcher unter der Regierung der Marmousets seine Hausmacht wesentlich verstärkt hatte und einen bedeutenden Einfluss auf den König besass. Zwischen beiden stand der Herzog von Berri, ehemals Rivale seines burgundischen Bruders, jetzt durch die gemeinsamen Feinde, die Marmousets, unter deren Regentschaft ihm die Verwaltung der Languedoc genommen war, mit diesem verbündet. Ihn interessierte vor allem die kirchliche Frage, denn mit Clemens VII war er auf das engste verbunden. Den Unionsbestrebungen der Universität setzte er daher heftigen Widerstand entgegen, während Burgund dieselben zu begünstigen geneigt war. Der Gegner, der ihm in dem Neffen erwachsen war, legte aber Philipp in der Verfolgung seiner Unionspolitik zunächst Zurückhaltung auf. Er durfte sich Berri nicht entfremden.

Der junge Herzog von Orleans hatte sich während der Regentschaft der Marmousets eine Partei am Hofe gebildet. Wir dürfen in erster Linie den Beichtvater des Königs und Kanzler der Univêrsität, Pierre d'Ailli, zu seinen Anhängern und Ratgebern rechnen. Damit gewinnen wir eine Handhabe zur Beurteilung von Orleans' Stellung zur kirchlichen Frage in den letzten Jahren Clemens' VII, über welche bis jetzt noch Dunkel herrscht. Die unionsfreundliche Haltung Aillis — er gehört noch mit zu den Urhebern jener Denkschrift der Universität aus dem Jahre 1394 [2]) — lässt darauf schliessen, dass Orleans diesen Bestrebungen nicht abhold war. Ja, wir dürfen weitergehen: die Verbindung Orleans' mit dem Hause Visconti, welche ebenfalls unter der Regentschaft der Marmousets zustande gekommen war, scheint eine zeitweise Annäherung zwischen ihm und dem am 2. November 1389 erwählten römischen Papst vermittelt zu haben [3]). Wenigstens ist es nicht

---

[1]) Zeitschr. f. Kirchengesch. VIII, 230 f.
[2]) Rel. II, 130. Schwab. 129.
[3]) Der Versuch des Papstes, durch den Vater der französischen Königin, den Herzog Stephan von Bayern, Verbindungen mit Frankreich anzuknüpfen, war fehlgeschlagen. Vielleicht war schon die Verbindung zwischen Orleans und Galeazzo

zufällig, dass ein Prior der Karthause von Asti, jenem italienischen Erbe des Orleans, ein Schreiben des römischen Papstes nach Paris brachte, worin dieser seinen Eifer für die Union beteuert und den König zu thätigem Eingreifen auffordert. (1392.) Der Gesandte ging zuerst nach Avignon, wurde aber hier von dem Herzog von Berri, der gerade dort weilte, verhaftet. Als der König gegen Ende des Jahres von seinem ersten Anfall sich wieder erholt hatte, wurde der Bote auf Vorstellungen der Universität hin freigelassen und kam nun nach Paris [1]). Warum hatte nicht schon der Herzog von Burgund, dem doch die Union vor allem am Herzen liegen musste [2]) und der damals die Regentschaft in Händen hatte, diese Freilassung bewirkt? Erst der mit der Genesung des Königs wieder erstarkende Einfluss Ludwigs von Orleans hat im Einverständnis mit der Universität ein Entgegenkommen gegen Bonifatius zur Folge. Die schriftliche Antwort war »möglichst wenig höflich«. Mündlich aber äusserte man sich freundlicher. Aber Bonifaz' Eifer war inzwischen wieder erkaltet. In dem Brief vom 21. Mai 1393 macht er die unio von der Abdankung des Gegenpapstes abhängig: Gott möge den König erleuchten, dass er sich von jenem lossage. Der Brief kam in die Hände der beiden Herzöge von Berri und von Burgund, da der König wieder krank geworden war, und wurde unbeantwortet gelassen. Die Beziehungen zwischen Paris und Rom waren damit vorläufig abgebrochen [3]).

Gleichzeitig mit der Ankunft jener Botschaft des römischen Papstes in Paris hatte man Clemens einen Plan vorgelegt, welcher die Gründung eines mittelitalienischen Reiches unter Orleans zum Gegenstand hatte.' Galeazzo Visconti hatte demselben seine Unterstützung zugesagt [4]).

Schon im Jahre 1391 hatte man in Frankreich einen italienischen Feldzug geplant. Der Graf Johann von Armagnac und seine Brüder (unter ihnen der später so berühmte Bernard von Armagnac) waren die Führer dieser Unternehmung, von Berri und Clemens unterstützt. Die Republiken von Florenz

---

hierbei wirksam. Denn Stephan, der Schwiegersohn des von Galeazzo gestürzten Bernabo, war bei seiner Anwesenheit in Italien mit Galeazzos Feinden, den Republiken Florenz und Bologna, in Verbindung getreten. Vgl. Hefele VI, 695. Lindner II, 315 f. Ueber Bonifatius' Verhältnis zu Galeazzo im Jahre 1392 s. a. a. O. 327.

1) Relig. II, 46—66. Schwab 119 f. Hefele VI, 696 ff.
2) Wegen seiner Erblande.
3) Relig. II, 104—112; Hefele VI, 899.
4) Lindner II, 327.

und Bologna hatten den Anstoss dazu gegeben. Sie war gegen
Galeazzo gerichtet. Sie sollte letzthin auch den römischen
Papst treffen und Ludwig von Anjou in Unteritalien die Hand
reichen. Auch der König scheint sich für dieselbe interessiert
zu haben [1]). Sicher ist, dass Orleans, damals noch Herzog
von Touraine, derselben entgegenwirkte und seinem Schwiegervater Hülfe leistete. Auch der Herzog von Burgund scheint
dieselbe nicht unterstützt zu haben. Der Graf von Armagnac
rückte erst im Sommer des folgenden Jahres aus. Vor
Alessandria verlor er am 25. Juli das Leben. Sein Heer wurde
vernichtet.

Jetzt aber lag die Sache anders: Galeazzo war Bundesgenosse. Der Bruder des Königs selbst wollte sich an die
Spitze der Unternehmung stellen. Ausgesprochenermassen war
auch sie gegen den römischen Papst gemünzt. Konnte es
etwas Verlockenderes geben für Clemens? — Und doch zögerte
er. Erst nach einem Jahr gab er eine zweifelhafte Antwort.
Die Veranlassung liegt auf der Hand: seine Zustimmung zu
diesem Plan bedeutete eine direkte Unterstützung Orleans'.
Diese musste eine Entfremdung Berris nach sich ziehen. Am
wenigsten konnte Burgund damit zufrieden sein. Trotzdem bedurfte es einer Pression, ehe Clemens jenen Plan ganz fallen
liess. Als Mitte Januar 1394 die Universität die Genesung
des Königs zu erneuten Vorstellungen über die kirchliche Not
benutzte, erhielt sie unerwarteter Weise von dem Herzog von
Berri eine günstige Antwort [2]). Es wurde damals eine Abstimmung angeordnet, aus welcher dann jene Denkschrift hervor-
ging, in welcher drei Wege zur unio vorgeschlagen waren.
Allein diese Begünstigung seitens der am Hofe massgebenden
Partei dauerte nicht lange. Clemens und Berri traten wieder
in völliges Einvernehmen. Die Verhandlungen über den
italienischen Feldzug, welche noch fortgesetzt worden waren,
wurden abgebrochen. Die Einwirkung auf die Unionsbestrebungen blieb nicht lange aus [3]).

Zunächst erhielt die Universität wiederum eine schroffe
Abweisung. Sie fand zwar bei Burgund mehr Entgegenkommen,
allein die Audienz, um welche sie nachsuchte, wurde ihr nicht
gewährt. Erst »circumspectorum virorum persuasionibus et

---

[1]) Lindner II. 317 f.; 323 f. Der Mönch berichtet nichts von einer
Beteiligung des Königs. Dagegen erzählt er, dass G. von seinem Schwiegersohn Hülfe bekam. Releg. I, 712.
[2]) Relig. II, 96 ff, Schwab 127. Hefele VI, 699 f.
[3]) Relig. II, 182 ff.; Schwab 130—133. Hefele VI, 700 ff.

importunitate petencium« kam dieselbe am letzten Juni zu stande.
Der König liess die Denkschrift in das Französische übersetzen und bestimmte einen Tag zur Antwort. Allein diese
fiel anders aus, als man erwartet hatte. Es hiess: der König
wolle sich nicht weiter mit der Angelegenheit befassen. Auch
die Universität solle davon abstehen. Ihre Korrespondenz
sollte fortan überwacht werden. Burgund war abwesend. Er verhielt sich gleichgültig bei dieser Gelegenheit [1]. Berri, ebenfalls abwesend, war der Urheber jenes Umschlages. Man
vertröstete die Universität auf seine Rückkehr. Allein sie war
mit Recht unwillig über die Behandlung, die man ihr hatte zu
teil werden lassen, und drohte mit Einstellung der Vorlesungen
und Predigten.

Es fragt sich, ob die Universität hier ganz aus eigenem
Antrieb handelte. Wir durften vermuten, dass Louis von
Orleans ihren Bestrebungen nicht fern stand. Seine Verbindung
mit Italien hatte ihn auf diesen Weg geführt. Aber entsprechend der schwankenden Haltung seines Schwiegervaters
hatte er nach einander mit beiden Päpsten angeknüpft. Als
Clemens auf seine Pläne einzugehen zögerte, wurden die
Unionsbestrebungen wieder mit Energie aufgenommen. Ailli
und Nikolaus Clemanges leiteten dieselben. Sie wurden später
von Clemens nach Avignon beschieden, hatten aber Ursache
genug, diese Einladung abzulehnen. Das Programm, welches
sie auf Grund vorheriger Abstimmung entwarfen, darf in gewissem Sinne als das Unionsprogramm Orleans' angesehen
werden. Die Zession wurde hier als der sicherste und einfachste Weg empfohlen, aber doch so, dass man die beiden
anderen Wege, den Kompromiss und das Generalkonzil, auch
gelten liess und überhaupt jeden Weg, der zur unio führe,
anzuerkennen sich bereit erklärte. Man fügte hinzu, dass, wenn
keiner dieser Vorschläge angenommen und auch kein besserer
von den Päpsten gemacht würde, dieselben als Schismatiker
und Häretiker zu betrachten seien, und man ihnen den Gehorsam aufkündigen müsse [2].

[1] Burg. weilte gerade in der Bretagne, um einen Streit zwischen dem
Herzog der Bretagne und dem ehemaligen Konnetable Olivier de Clisson beizulegen, bei welchem Orleans, auf Seiten des Konnetable stehend, ebenfalls
beteiligt war. Es gelang ihm dies vollständig. Der Herzog der Bretagne
wurde vermittelst einer Heirat aufs neue mit dem französischen Königshause verbunden. — Gütersloher Programm 1881 (Th. Müller) S. 9. Relig.
II, 114 ff.
[2] Relig. II, 136—182.

Dass dieses Programm in feierlicher Audienz vor dem König am 30. Juni 1394 veröffentlicht werden konnte, darf man wohl in Zusammenhang bringen mit Verhandlungen, welche um diese Zeit zwischen Mailand und dem französischen Hof gepflogen wurden. Dieselben erlangten erst im August ihren Abschluss in einem Bündnis, welches Galeazzo verpflichtete, in der seit einiger Zeit schwebenden Genueser Frage Frankreich nicht entgegen zu sein [1]). Wenn man nun beachtet, wie einerseits Orleans in dem Sommer 1394 Savona gegen Genua in Schutz nimmt und so im Bunde mit seinem Schwiegervater seinen italienischen Besitz erweitert [2]), und andererseits wie Genua seit Galeazzos siegreichem Vordringen bestrebt ist, sich unter französischen Schutz zu stellen, und dies schliesslich unter burgundischem Einfluss erreicht [3]), so wird man leicht erraten, was jenes Bündnis bedeutete. Es war ein Kompromiss zwischen Orleans und Galeazzo auf der einen Seite und den beiden Oheimen des Königs, welche die Regentschaft führten, auf der anderen.

Diese Verhandlungen mögen auf die kirchliche Frage insofern eingewirkt haben, als die Verschiedenheit der Obedienz das Haupthindernis für ein Bündnis bildete und daher, solange das Bündnis nicht definitiv war, die Begünstigung der Unionsbestrebungen für die Regenten zweckmässig schien.

III. Der Umschwung.

Unter dem Einfluss Berris und bei der Abwesenheit Philipps von Burgund hatte, wie wir sahen, diese Begünstigung keinen Bestand. Ebensowenig der Kompromiss.

Galeazzo dachte nicht daran, sein Versprechen zu halten [4]). Er war vielmehr bestrebt, Genua in seine Macht zu bekommen. Allein als Gegenschlag erfolgte im Sommer 1396 der Anschluss Genuas an Frankreich unter burgundischer Leitung, nachdem seit einem Jahre die Verhandlungen darüber geführt worden waren. Und in demselben Jahre bildete sich unter demselben Einfluss jene oberitalienisch-französische Liga, mit Florenz an der Spitze, die zunächst gegen Galeazzo gerichtet, auch Orleans traf. Der Einfluss dieser Ereignisse auf die

---

[1]) Lindner II, 328.
[2]) Gütersloher Progr. 13.
[3]) Relig. II. 401 ff., 436—442.
[4]) Lindner II, 348 f.

Unionsbewegung war um so unmittelbarer, als inzwischen in
Frankreich auf diesem Gebiete eine völlige Verschiebung der
Parteien eingetreten war. Am 16. September 1394 war Clemens gestorben. Erst
am 22. September hatte man die Nachricht in Paris. Sofort
fand eine Beratung statt [1]). Der Kanzler Berris, Simon
Cramaut, Patriarch von Antiochien, riet durch einen Kurier
den Kardinälen die Weisung zu geben, sie möchten mit der
Neuwahl warten, bis sie den Rat des Königs empfangen hätten.
Dies geschah, da die Abwesenheit Burgunds und eine Krankheit Berris sofortige Entschliessung verhinderten. Inzwischen
trat auch die Universität wieder hervor. Ihr Vorschag enthielt neben Billigung der bisherigen Massregeln eine neue
Empfehlung der Zession: eine Versammlung aus Vertretern
der Geistlichkeit, des Adels, der Universitäten und des dritten
Standes, habe sich vorher über die Durchführung dieses Weges
schlüssig zu machen. Auch mit Bonifaz und seiner Audienz
möge man wieder in Verbindung treten. Zugleich bat die
Universität um Aufhebung jener über sie verhängten Kontrole [2]).
Ihr Vorschlag ist in mehrfacher Beziehung interessant. Die
Zusammensetzung der geplanten Versammlung war auf kirchlichem Gebiet etwas durchaus Neues. In dieser Weise ist die
Versammlung nicht zustande gekommen, und auch nachher
keine andere der zahlreichen Synoden während des Schisma.
Ein besonderes Interesse muss hei diesem Vorschlage obge-
waltet haben. Auf orleanistischer Seite galt es jetzt, dem
vorwiegenden Einfluss Berris und seines Rates, des Patriarchen,
der sich zum Oberhaupt der französischen Geistlichkeit aufwarf, selbstständige Elemente gegenüber zu stellen. Die Universität erlangte, was sie für sich gebeten hatte, und noch
mehr: ihr Kanzler, Pierre d'Ailli, bisher Führer der Unionsbestrebungen, sollte mit dem Patriarchen [3]) zusammen nach
Avignon gehen. So sehr aber Berri die Beteiligung seines
Kanzlers an dieser Gesandtschaft wünschen mochte, so war
ihm doch Ailli nicht angenehm. Unter dem Vorwande, dass
dieser den Kardinälen verhasst sei, setzte er durch, dass man
zwei Laien absandte [4]). Die Gesandtschaft war fruchtlos, denn
inzwischen war Benedict gewählt worden. Allein nun ging der

---

[1]) Relig. II, 188—190; 194—196.
[2]) Relig. II, 192 f.
[3]) Es ist nicht richtig, diesen schon jetzt als Vertrauensperson des Herzogs
von Burgund anzusehen. Gegen K. Müller, Ztschr. f. Kirchengesch. VIII, 233.
[4]) Relig. II, 194. Hefele VI, 104. Tschackert 91. Zeitschr. f.
Kircheng. VIII, 233.

königliche Beichtvater, Pierre d'Ailli, mit besonderem Auftrag nach Avignon. Seine Instruktion ist uns nicht bekannt. Wir wissen nur, dass er kurz vor der im Februar tagenden Prälatenversammlung zurückkehrte und am 1. Februar in einer öffentlichen Rede vor dem König die Zession als den einfachsten Weg empfahl.

Kurz vor Beginn der Synode hatte man einen Kurier an Benedict geschickt mit der Bitte um eine Abschrift des Zessionsversprechens, welches die Kardinäle vor dem Eintritt in das Konklave ausgestellt hatten. Der Papst liess den Boten 14 Tage auf Antwort warten und schrieb dann am 3. Februar, dass er das Original der königlichen Gesandtschaft zeigen werde, um welche er gebeten hatte [1]). Eine Abschrift verweigerte er. Die Synode tagte unter dem Vorsitze Cramauts. Nun reichte die Universität ein neues Gutachten ein, welches, wahrscheinlich unter dem Eindruck des von Ailli erstatteten Berichtes abgefasst, auf energische Durchführung der Zession drang [2]). »Attenta deliberacione religiosorum ordinis Carthusiensis et Celestinorum et Universitatis Parisiensis« [3]), berichtet der Mönch, entschied man sich eben dahin. Ist diese Angabe richtig, so fand der Beschluss durchaus im Sinne Orleans' statt. Denn es gab keine eifrigern Anhänger des Prinzen, als gerade diese beiden Orden. Auch Ailli stand in vertraulichem Verhältnis zu ihnen [4]). Auf Grund der eingelaufenen Gutachten wurde nun eine Instruktion für die Gesandtschaft ausgearbeitet. Um Ostern ging dieselbe ab; an ihrer Spitze die beiden Oheime des Königs und Ludwig von Orleans. Während der Verhandlungen zu Avignon ist es nun gewesen, dass ein völliger Umschlag in der Stellung der Parteien zu der kirchlichen Frage eintrat.

Der Herzog von Burgund hatte ja schon immer sich lebhaft für die Union interessiert. In einem Privatgespräch mit Peter de Luna, als dieser Legat in Paris war, hatte er schon davon gesprochen, dass man den Papst unter Umständen zur Abdankung zwingen müsse [5]). Allein die Bundesgenossenschaft Berris hatte ihm Zurückhaltung auferlegt. Berris Verhältnis zum Papstum in Avignon war ein rein persönliches. Mit dem Tode Clemens' VII war dasselbe gelöst. Nun warf sich Bur-

---

1) Gütersl. Progr. 11.
2) Schwab 136. Relig. II, 218; 224.
3) Relig. II, 236.
4) Tschackert 264 g.
5) Gütersl. Progr. 7 f. 9. Relig. II, 282.

gund mit voller Energie auf das Unionswerk. Berri schloss sich ihm an; und so schien es, als seien die drei ersten Würdenträger des Reiches wenigstens in der kirchlichen Frage einig. Allein das politische Interesse war und blieb mächtiger, als das kirchliche. Orleans, der bisher die Unionsbestrebungen der Universität unterstützt und ausgenutzt hatte, wurde nun unwillkürlich durch die energische Politik, welche Burgund auf diesem Gebiet einschlug, in die Opposition gedrängt und näherte sich dem neuen Papst.

Ob schon durch Ailli eine Verständigung stattfand, möchte ich bezweifeln [1]). Aber in den Verhandlungen der ersten Synode trat bereits der Gegensatz hervor, welcher weiterhin massgebend blieb. Während man über die Notwendigkeit der Zession einig war, gingen die Meinungen auseinander über die Art, wie man den Vorschlag dem Papst unterbreiten solle. Eine Minorität von 22 Mitgliedern war für möglichste Schonung des Papstes, von dem man zunächst Vorschläge entgegen zu nehmen habe [2]). Das war später die Politik Orleans'. Wie weit die Vertreter jener Meinung sich schon jetzt mit seiner Partei deckten, bleibt uns unbekannt. Sicher aber ist, dass während der Verhandlungen zu Avignon, die vom Mai bis in den August 1395 hinein dauerten, ein Bündnis zwischen Benedict und Ludwig von Orleans zustande kam [3]). Wie stellte sich dazu nun die Universität?

Sie hatte bisher das Unionsprogramm Orleans' vertreten, wie es in jener Denkschrift niedergelegt war. Auf der Synode war sie mit einem energischen Votum für die Durchführung der Zession aufgetreten. Nun schickte sie eine besondere Deputation mit nach Avignon. Aber diese trat hier mit einem Programm auf, welches hinter dem der königlichen Gesandtschaft nicht unwesentlich zurückblieb. Sie wurde veranlasst, dasselbe aufzugeben und sich ganz der Gesandtschaft anzuschliessen [4]). Erst daraufhin kommen sie zur Geltung. Schon Theodor Müller ist dieser Umstand aufgefallen. Er führt ihn auf unbekannte Parteiverhältnisse an der Universität zurück. Indessen erklärt sich derselbe einfach aus der dargelegten Entwickelung der Unionsparteien am Pariser Hof. Das bisherige Programm der Universität, wie es durch Ailli und Nicolaus von Clemanges festgestellt war, wurde durch das

---

[1]) Vgl. auch Th. Müller, Gütersl. Progr. 11, Anm. 4.
[2]) Hefele VI, 710 f.
[3]) Gütersl. Progr. 12 f.
[4]) Relig. II, 312 ff. vgl. 248; Gütersl. Progr. 12.

Eingreifen des Burgunders in die Unionsbewegung überholt. Gegenüber den radikalen Instruktionen der königl. Gesandtschaft, welche von Simon Cramaut ausgearbeitet waren [1]), liess die Instruktion der Universitätsgesandten dem Papste die Wahl zwischen verschiedenen Wegen zur unio, hielt sich also ganz auf der Linie der Denkschrift vom Sommer 1394 und ist deshalb auch auf den Einfluss derselben Männer zurückzuführen, welche bis dahin in der Universität die Führer der Unionsbewegung gewesen waren. Ob die Universitätsgesandten in Avignon dieses Programm eigenmächtig aufgaben, muss dahingestellt bleiben. Aber dieser Schritt entsprach einer Wandlung, welche jetzt in der Universität stattfand. Unter dem vorwiegenden Einfluss Burgunds, der nun auch auf kirchlichem Gebiete sich geltend machte, wurden die bisherigen Leiter der Universität zurückgedrängt. Es gelangte jetzt eine Partei zur Herrschaft, in welcher vorzugsweise Dekretisten [2]) vertreten waren, welche ihren Rückhalt an der normannischen und pikardischen Nation fand und fortan mit dem burgundischen Hause immer enger sich verbündete, während in der französischen Nation der Universität starke Sympathien für Orleans sich erhielten.

Orleans' Name war von jetzt an mit dem Benedicts verknüpft. Nicht als ob der Herzog seine bisherige Unionspolitik ganz aufgegeben hätte: an der Zession hielt er prinzipiell fest, aber unter burgundischem Einfluss sollte sie nicht zur Ausführung kommen. Benedict sollte freie Hand behalten. Deshalb versuchte er immer wieder durch Verhandlungen mit ihm, das Ungestüm der burgundischen Unionisten abzulenken und ihnen den Vorwand zu ihren Massregeln zu nehmen. Auch jetzt hängt seine Politik auf das engste mit der Entwickelung der italienischen Verhältnisse zusammen. Sie spielt nach Deutschland hinüber und zieht Wenzel in ihre Netze [3]).

---

[1]) Die verschiedenen Redaktionen derselben in Relig. II, 226—244 und Martène et Durand, Amplissima Collectio VII, 437—458 sind wohl dadurch entstanden, dass das Résumé des Patriarchen, welches der Mönch giebt, zu einer vollständigen Instruktion umgearbeitet ·wurde. Diese Gestalt der Beschlüsse findet sich bei Mart. et Dur.

[2]) Ein Symptom des Gegensatzes zwischen Theologen und Dekretisten, der in der Geschichte des Schisma eine so bedeutende Rolle spielt, dürfte auch jene Kritik sein, welche gelegentlich der Beratung der königlichen Gesandten vor der ersten Audienz in Avignon (24. Mai) der Kanzler Burgunds, Bischof Martin von Arras, an der Rede des Professors Gilles des Champs übte. Er will alle theologischen Spekulationen aus der Rede getilgt wissen. Relig. II, 252 f.

[3]) Die Berücksichtigung des Gegensatzes zwischen Orleans und Burgund würde m. E. das widerspruchsvolle Verhalten Wenzels Frankreich gegenüber

Hier müssen wir abbrechen. Ein ausreichendes Verständnis für die kirchliche und politische Haltung Gersons dürfte mit diesen Darlegungen vorbereitet sein[1]).

---

genügend aufklären. Auch die italienischen Verhältnisse würden auf Grund dieser Thatsache sich weit klarer darstellen lassen, als dies bei Lindner (Bd. 2, vgl. die Kapitel 29 bis 34, 39) geschieht. Sein wertvolles Buch leidet überall, wo er auf französische Verhältnisse zu sprechen kommt, an dem Mangel, dass dieser Gegensatz nicht berücksichtigt ist. Th. Müller (Gütersloher Programm 1881) hat dieses nur an zwei Punkten gethan: S. 13 und 20 f. An beiden hat sich ein chronologischer Irrtum eingeschlichen. Nicht »ein Jahr darauf« kam die oberitalienische Liga und der Anschluss Genuas an Frankreich zustande, sondern erst 1396. Und die Reimser Zusammenkunft fand nicht »Ende März 1397« statt, sondern März 1398.

[1]) Dieses Kapitel, welches in wesentlichen Punkten von den bisherigen Darstellungen abweicht, macht nicht den Anspruch, eine abschliessende Untersuchung der Entstehung der Unionsbewegung zu sein. Dieselbe erscheint hier in einem Bilde, welches entstanden ist auf Grund einer Orientierung, die bei dem Verhältnis dieser Fragen zu dem Hauptzweck meiner Untersuchung nur eine oberflächliche sein konnte. Ich glaube aber mit dem Hinweis auf die italienischen Verhältnisse und auf die anfängliche unionistische Haltung des Herzogs von Orleans die Punkte bezeichnet zu haben, welche einer gründlichen Untersuchung bedürfen, denn diese Haltung Orleans', welche ich vorzugsweise aus der Haltung Aillis schliesse, macht m. E. erst ein klares Bild der Entwickelung jener Bewegung in den Jahren 1389—1395 möglich. Bisher ist der burgundische Einfluss, welcher von 1395 an vorherrscht, ohne genügenden Grund zurückdatiert worden. Man wird aber berücksichtigen müssen, dass Philipp von Burgund auf das Einvernehmen mit seinem Bruder, dem Herzog von Berri, angewiesen war.

Zweites Kapitel.

Johannes Gerson und die burgundische Substraktionspolitik

I. Schwierigkeit der Situation und Rückzug.

Am 2. April 1395 wurde Ailli von Benedict auf den Bischofsstuhl von Puy en Velay erhoben. Die neue Constellation äusserte sich wahrscheinlich schon hierin [1]. Ailli war bisher Kanzler der Universität und Beichtvater des Königs gewesen. Wer sollte sein Nachfolger werden? Schwab [2] sagt, Ailli habe seinem Schüler Gerson die Kanzlerstelle samt der theologischen Professur zu verschaffen gewusst. Dies gründet sich auf eine Aeusserung G.'s selbst [3]. Aus späteren Nachrichten aber dürfen wir schliessen, dass der Herzog von Burgund bei dieser Besetzung auch nicht unbeteiligt war. G. war ein Pflegling des burgundischen Hauses [4]. Der Herzog hatte ihm, so scheint es, die Mittel zum Studium gegeben. Ihm verdanke er nächst Gott seine ganze Existenz, schreibt G. c. 1400 aus Brügge an Pariser Freunde. Der Herzog veranlasste ihn, die Kanzlerstelle, welche er 1397 wieder niederlegen wollte, zu behalten. Diese Beziehung G.'s zu dem burgundischen Hause darf man nicht aus dem Auge lassen. Sie ist wichtig für das Verständnis seiner späteren Haltung.

---

[1] Insofern, als Ailli bei seinem letzten Aufenthalt in Avignon schon persönlich in ein näheres Verhältnis zu Benedict getreten sein muss und nun ein solches auch zwischen ihm und Orleans eingeleitet haben mag. Durch persönliche Aussprache kam dann erst ein wirkliches Bündnis zustande. Die Prämissen waren durch den Zusammenschluss Berris und Burgunds in der kirchlichen Frage und die Führung, welche Simon Cramaut hierbei übernommen hatte, schon geschaffen.

[2] Schwab. a. a. O. 96 f.

[3] G. Op. III, 3 f.

[4] G. Op. IV, 723. Schwab. 267.

Das Verhältnis zu Ailli, dessen politische Bedeutung immer mehr hervortrat, musste G. mit der Zeit in eine eigentümliche Lage bringen. Zunächst hatte freilich der politische Gegensatz der kirchlichen Frage sich noch nicht in dem Grade bemächtigt, dass nicht ein völliges Zusammengehen beider Männer möglich gewesen wäre. Auch Burgund war ja den Unionsbestrebungen der Universität nicht abhold. Hier nahmen Theologen, wie Ailli, eine unbestrittene Führerschaft ein. Im Anschluss an sie trat auch G. energisch für dieses Programm auf[1]).

Als die Universität gegen Ostern 1394 eine schroffe Abweisung durch Berri erhielt, zog G. am Osterfest in einer flammenden Rede gegen die Feinde der Union los, gegen das Bündnis des Ehrgeizes mit Prälaten und Fürsten, welches die Kirche niederdrücke: es verfalle in Todsünde, wer die Bestrebungen der Universität hindere[2]).

Seit dem Tode Clemens' VII war nun jener Umschwung eingetreten. Auch in der Universität musste er sich geltend machen. G. lehnte die Stelle eines königlichen Beichtvaters und Aumoniers, welche ihm Herzog Philipp übertragen wollte, ab[3]). Die Verwickelung in das Getriebe der Hofparteien wollte er vermeiden. Hatte er vielleicht an seinem Lehrer in dieser Beziehung schon unangenehme Erfahrungen gemacht? — Ein Normanne, der Professor der Theologie, Jean Courtecuisse[4]), demnächst ein eifriger Verteidiger der burgundischen Substraktionspolitik, dem wir später noch mehr begegnen werden, trat in diese Stellung ein. — Die Gegensätze in der Universität verschärften sich immer mehr. Dem ungestümen Drängen der burgundischen Partei gegenüber sah Gerson zum Einhalten sich genötigt.

Man hatte hier, nachdem die Verhandlungen in Avignon fruchtlos verlaufen waren, neun Fragen über die Verpflichtung des Papstes zur Zession aufgestellt: ob er im Weigerungsfalle in Todsünde verfalle, ob und wie man ihn zwingen könne, ob er durch ein Generalkonzil der Obedienz könne abgesetzt werden[5]). G. wandte sich in einem Gutachten an die theologische Fakultät[6]), in welcher, wie es scheint, der aus jenen

---

[1]) Schwab 126.
[2]) Schwab 129 f.
[3]) Schwab 97.
[4]) Schwab 742.
[5]) Schwab 140. Hefele VI, 720 f.
[6]) G. Op. II, 7—9.

Fragen sprechende Radikalismus Boden gefunden hatte. Er befürchtet mit Recht, dass durch eine voreilige Entscheidung solcher Fragen die kirchlichen Gegensätze derartig verschärft werden möchten, dass die Einigung unnötig erschwert, wenn nicht unmöglich würde. Die theologische Fakultät aber trage hierbei die ganze Verantwortung, während sie doch nicht allein zu entscheiden habe, sondern mit den übrigen Fakultäten konkurriere. G. legte zugleich eine Lanze für das Recht der theologischen Fakultät ein, welcher die Entscheidung über solche Fragen eigentlich allein zukomme. Denselben Gesichtspunkt stellt er in einem wenig späteren Traktat auf, wo er die Substraktion bekämpfte[1]). Es war die Rivalität zwischen Theologen und Dekretisten, welche hier zur Geltung kam.

Die Theologen, bisher die Führer der Unionsbewegung, sahen sich durch die weit radikaleren Dekretisten, welche jetzt unter burgundischem Einfluss und besonders unter Simon Cramaut nach der Führerschaft strebten, zurückgedrängt. Es war also vorzugsweise das Standesinteresse, welches G. zu jener Warnung bestimmte. Andererseits konnte er auf seine bisherige Thätigkeit für die unio sich berufen, um die Aufrichtigkeit seines Eifers ausser Frage zu stellen. Er scheute sich auch nicht in einer gleichzeitigen Schrift, wo er von juristischem Standpunkte aus die Anklagen gegen Benedict prüfte, offen auszusprechen, dass Benedict betrügerisch gehandelt habe[2]).

Allein hinter jenen Differenzen innerhalb der Universität und hinter den scheinbar unbedeutenden Meinungsverschiedenheiten verbargen sich schliesslich unversöhnliche politische Gegensätze. Und G. konnte sich ihnen auf die Dauer nicht entziehen. In dem Mass, wie Philipp von Burgund die Substraktion immer offener vertrat, wurde Gersons Stellung immer schwieriger. Er kam in einen drückenden Zwiespalt zwischen der Pflicht der Dankbarkeit, welche ihn gegen Burgund erfüllte, und dem gemässigten Unionismus, in welchem Ueberzeugung und Standesinteresse zusammentrafen. Noch im Jahre 1396 oder Anfang 1397 verliess er Paris und ging nach Brügge, wo der Herzog von Burgund ihm eine Dechantenstelle verschafft hatte[3]). Bei dieser Gelegenheit wollte er, um sich ganz jener peinlichen Lage zu entziehen, die Kanzler-

---

[1]) G. Op. II, 14—17.
[2]) G. Op. II, 8—14.
[3]) Schwab 97.

stelle niederlegen. In einem längeren Schreiben, welches er von Brügge aus nach Paris sandte, legte er die Gründe dar [1]). Schwab sagt gelegentlich der Besprechung dieser Schrift: der Hauptgrund ist hier (nämlich im 2. Teil des Schreibens), dass seine Individualität sich mehr für das kontemplative als thätige Leben eigene. G. hatte dies allerdings angeführt, und seine Selbstbeurteilung ist bis zu einem gewissen Grade richtig. G. war viel zu sehr Idealist, als dass er mit Erfolg auf einem Boden hätte wirken können, wo die politischen Interessen immer den Ausschlag gaben. Allein unter anderen Verhältnissen würde er trotzdem niemals daran gedacht haben, das Kanzleramt, welches er eben erst übernommen hatte, aufzugeben und auch mit Verzicht auf seine Lehrthätigkeit die Stille eines Dekanats dem reichen Pariser Leben vorzuziehen. Den Hauptgrund dürfen wir doch in dem ersten Teil jenes Schreibens finden, wo er sagt: »cogor enim pluribus Dominis magnis valde qui adversissimi sunt complacere vel obsequi; nomina non explico illa scientibus.« Und dann klagt er auch, dass er Beschlüssen der Majorität an der Universität beitreten müsse, welche gegen seine Ueberzeugung seien. Den etwaigen Einwendungen der Freunde gegenüber beruft er sich auf das Beispiel Benedicts, den man von der Zession abgehalten habe durch die Vorspiegelung, dass er für das Wohl der Kirche unentbehrlich sei. Eben die Parteiverhältnisse am Hof und an der Universität, wie sie sich bei der Verwickelung der kirchlichen Frage mit den politischen Gegensätzen gebildet hatten, waren es, welche G. zum Rückzug bestimmten.

Allein seine Aufrichtigkeit und Besonnenheit schätzte auch der Herzog von Burgund so, dass er ihn nicht missen wollte. Freunde G.'s an der Universität (vielleicht die Genossen aus dem Kolleg von Navarra) bewogen ihn einzugreifen. Sein Befehl war für G. ausschlaggebend. Aber den Unmut darüber konnte er nicht unterdrücken [2]). Er war schon auf dem Rückweg, als ihn ein Unfall für längere Zeit an das Krankenlager fesselte. Erst 1401 konnte er wieder in Paris auftreten [3]).

---

[1]) G. Op. IV, 724—28. Schwab 264—67.
[2]) G. Op. IV, 723.
[3]) Schwab 267; 152.

II. Gerson auf dem Boden der Substraktion.

In Paris fand G. nun eine völlig veränderte Lage der Verhältnisse vor. Die 1398 beschlossene Substraktion war ausgeführt. Benedict befand sich in Gefangenschaft. Aber der Eifer der radikalen Unionisten hatte nachgelassen. Mancherlei Schäden hatten sich herausgestellt. Die Prälaten seufzten unter dem staatlichen Joch. Die Universität sah sich, wie G. ihr prophezeiht hatte, bei der Benefizienverleihung durch die Prälaten zurückgesetzt. In der Fastenzeit 1400 setzte sie deshalb Vorlesungen und Predigten aus. — Der Patriarch von Antiochien wurde als Urheber aller dieser Uebelstände verleumdet. Der Herzog von Orleans untersagte ihm den Aufenthalt am Hof[1]). Für diesen gestalteten sich die Verhältnisse immer günstiger. Während er sich auf der einen Seite nach Möglichkeit auch von kirchlichem Gute zu bereichern suchte, trat er auf der andern energisch für Restitution der Obedienz ein. Zugleich aber verschärfte sich jetzt der Gegensatz zwischen ihm und Burgund so, dass er in offenen Krieg auszubrechen drohte[2]).

Unter diesen Verhältnissen setzten die Parteien von verschiedenen Gesichtspunkten aus ihre Hoffnung auf ein Konzil der gesamten Obedienz[3]). Die Gegner der Substraktion meinten, dass man, um ein solches zustande zu bringen, vor allem erst Benedict wieder anerkennen müsse. Dieser würde dann das Konzil berufen und sich hier gegen die erhobenen Anklagen verteidigen. Das war auch Orleans' Programm. Auf der anderen Seite waren auch die Anhänger der Substraktion für ein solches Konzil; und besonders an der Universität scheint man sich für diesen Gedanken erwärmt zu haben. G. trat ihm entgegen. Er hatte einst vor der Substraktion gewarnt. Nun nachdem sie ausgeführt war, wollte er nicht, dass sie voreilig wieder aufgegeben würde. Schon in einer in Flandern verfassten Schrift hatte er ihre Berechtigung anerkannt.[4]) Dasselbe that er auch jetzt und war deshalb gegen eine erneute Untersuchung dieses Rechtes auf einem Konzil der gesamten Obedienz, deren Resultat ja gar nicht abzusehen war, wobei also die Universität, welche jenen Schritt gutgeheissen

---

1) Relig. II, 688; 766 ff.
2) Relig. III, 12—18.
3) Vgl. G. Op. II, 17—35. Die Einberufung eines Konzils der Obedienz war die erste Bedingung, welche Orleans dem Papst stellte. Auch Ailli hat später diesen Vorschlag vertreten.
4) G. Op. II, 3—7.

hatte, leicht kompromittiert werden konnte. Vor allem aber
waren die kirchlichen und politischen Gegensätze ein Hindernis
für die gedeihliche Entwickelung eines solchen Konzils. Und
zu dem gingen ja gerade über die Voraussetzungen desselben
die Meinungen ganz auseinander: die einen wünschten ein
Konzil unter Vorsitz des Papstes, die anderen wollten den
Papst hier nur als Angeklagten sehen. Unter diesen Umständen war Gersons Vorschlag der beste und sicherste: zunächst solle man sich auf dem Weg privater Verhandlungen
verständigen, vor allem innerhalb Frankreichs, dann auch mit
den übrigen Fürsten der Obedienz. Habe man sich so über
die Restitution und deren Mass, geeinigt, dann könnten auf
einem Konzil weitere Massregeln beschlossen werden. Dieser
Vorschlag sollte einen Mittelweg zwischen den gesteigerten
Gegensätzen der beiden Parteien bezeichnen.

Gerson hatte dabei mit Entschiedenheit die Grundsätze
vertreten, welche auf Seiten der Unionisten gangbar waren.
»Quantum licet dubitare de domino Benedicto, an perdiderit
jus in papatu, aut quod obedientia ad ipsum est Ecclesiae
pestifera, tantundem fas est ab ejus obedientia recedere«, sagt
er in dem fingierten Brief an die Universität Toulouse [1]. Nicht
zur Zerstörung, sondern zur Erbauung sei die päpstliche
Macht; »quo abuso in destructionem Ecclesiae notorio existente
nonne exemplo Pauli resistere in facie gerenti se pro Papa
liceret? nonne sibi dici posset, cur ita facis? ·· Jure naturali
conceditur vim vi repellere; ideoque conceditur personae sin-
gulari fas esse Papam aut Regem vel ligare vel carceri man-
cipare (eis injuste persequentibus hanc personam), si sibi non
aliunde pateret propriae mentis aut impudiciae violationis effu-
gium.« Demnach halte die Universität im Einvernehmen mit
dem Hof und der Geistlichkeit so lange an der Substraktion
fest, bis ihr für das Wohl der Kirche etwas Besseres ein-
leuchte. Er ging noch weiter: er pries die Weisheit Gottes,
welche aus dem Uebel des Schisma die segensreiche Erkenntnis habe entstehen lassen, dass die temporalia nicht
wesentlich zur Kirche und zum Papsttum gehören, sondern
dass man dieselben lostrennen und die Kirche auf den Standpunkt früherer Zeiten zurückführen könne. G. nimmt die Vertreter dieser Ansicht entschieden in Schutz. Er vertritt sie
selbst: eine solche Beschränkung sei zur Zeit nur segensreich
und trage nur zur Erfüllung der dem Papst von Christus ver-

---

[1] Vgl. Trialogus in materia Schismatis. G. Op. II, 83—105, besonders 92 f.

lichenen Gewalt bei; Christus habe selbst gewusst und gewollt, »talia esse variabilia secundum exigentiam temporum, personarum et locorum ad · communem Ecclesiae utilitatem, non ad unius aut paucorum singularem pompam aut inutilem vanitatem sive voluntatem.«[1]) Das war nicht die Sprache eines Anhängers Benedicts, das entsprach auch nicht der augenblicklichen Politik Orleans' und Pierres d'Ailli, der diesem jetzt wieder ganz zur Seite stand.

III. Die Restitution und Gersons erste politische Rede.

Die Kardinäle hatten sich fast ausnahmslos wieder Benedict angeschlossen. Dieser selbst war am 12. März 1403 mit Orleans' Hülfe der Gefangenschaft entgangen. Die Gesundung des Königs, welche Ende Februar wieder eingetreten war, wurde von dem Bruder benutzt. Man berief auf den Mai eine Synode nach Paris[2]). Hier brachte es der Herzog durch geheime Verhandlungen mit den Metropoliten dahin, dass eine Mehrheit sich für Restitution aussprach. Noch ehe die Herzöge von Berri und von Burgund etwas davon erfahren hatten, wurde der König von Ludwig bestimmt, dieselbe anzuordnen. Die Universität fügte sich zum Teil. Sie konnte kaum anders. G. glaubte sie deswegen verteidigen zu müssen: es sei Sache des Weisen, seine Bestrebungen den Umständen anzupassen[3]). Nur die normannische Nation verharrte lange in Opposition. Die englische behauptete ihre Neutralität[4]). Die nächste Folge war, dass die Dominikaner, welche einst bei dem Streit über Montson's Sätze von der Universität ausgeschlossen waren, wieder aufgenommen wurden[5]).

Am 2. Pfingsttag hielt G. bei einer von der Universität veranstalteten Prozession eine Rede, worin er den Hoffnungen Ausdruck giebt, welche an die Restitution geknüpft wurden. Dieselben betreffen insbesondere die Eintracht unter den französischen Parteien, die Einheit der »domus Franciae, quae est Jerusalem illa, quam vidit Johannes novam descendentem de

---

[1]) Vgl. G. Op. II, Nr. VII.
[2]) Relig. III, 90; 92—94; 96—98.
[3]) G. Op. II, 41. Schwab 169.
[4]) Relig. III, 98—100.
[5]) Daraus geht schon hervor, dass die Bedeutung, welche K. Müller (Zeitschr. für Kirchengesch. VIII, 230 f.) diesem Streit giebt, nicht ganz richtig ist.

coelo!«[1]) Sind die drei Herzöge einig, so ist Frankreich un-
überwindlich, und auch die kirchliche Frage ist entschieden.
Es schlägt hier ein Faktor durch, welcher zur Beurteilung
Gersons wesentlich ist, für diesen Mann charakteristischer, als
seine Ansichten über unio und substractio. Je mehr die
hierarchische Anstalt für Gerson hinter der Idee der Kirche
zurücktritt — und dies findet im Verlauf der weiteren Ereignisse statt —, desto unmittelbarer macht sich der Patriotismus
bei ihm geltend. Das Vaterland steht diesem Franzosen
näher, als die Idee der allgemeinen Kirche, welche erst durch
die Spekulation vermittelt ist. Für seine kirchliche Stellung
ist dies um so wichtiger, als ihm der nationale Gedanke ein
unmittelbar religiöser wird, den er kaum von anderen religiösen Gedanken zu scheiden vermag. Mit dem Patriotismus
aber konkurrierte noch ein anderes Interesse, sein Selbstgefühl
als Mitglied der Pariser theologischen Fakultät, welche das
oberste Glaubens-Tribunal der Christenheit sein wollte; und es
ist interessant zu sehen, wie diese beiden Faktoren einen Ausgleich finden in der kirchlichen Würdigung des französischen
Königtums, dem er den Charakter einer unmittelbaren göttlichen Institution der Christenheit vindiziert.

Für Frankreichs Frieden und für die Einheit der Kirche
war es nun gleich wichtig, dass die Versprechungen, welche
Benedict durch den Herzog von Orleans gelegentlich der
Restitution gemacht hatte, zur Ausführung kamen. G. wurde
dazu berufen, dem Papst dahingehende Vorstellungen zu
machen[2]). Mit bewunderungswerter Kühnheit und Offenheit
redete er ihm ins Gewissen, indem er ihm im Zusammenhang
mit den unionistischen Theorien das Ideal eines Kirchenfürsten
vorhält. Er endet mit dem Satz: »Es ist besser die Kirche
hat eine Zeit lang keinen Papst und kommt zum Frieden, als
umgekehrt.«[3]) Wegen dieser Rede musste er sich vor dem
Herzog von Orleans verantworten und Aillis Fürsprache in
Anspruch nehmen.

Benedict hielt seine Zusage nicht. Der Herzog von
Orleans, welcher sich dafür verbürgt hatte, kam in grosse
Verlegenheit. Der Tod Bonifatius' und die daran anknüpfenden
Verhandlungen mit den römischen Kardinälen setzten Benedicts
Hartnäckigkeit erst recht ins Licht. Aber unter den ob-
waltenden politischen Verhältnissen konnte es Orleans nicht

---

[1]) G. Op. II, 39.
[2]) G. Op. II, 54—73.
[3]) Schwab 177.

wagen, die Verbindung mit dem Papste aufzugeben. Das Jahr 1405 sah wieder zwei kampfbereite Heere, zum Bürgerkrieg gerüstet, einander gegenüberstehen. Nur mit Mühe gelang es den übrigen Fürsten, insbesondere dem Herzog von Berri, einen Vergleich herzustellen [1]). Er wurde darin unterstützt von zwei gewissermassen neutralen Mächten, welche nach ruhmvoller Vergangenheit in allgemeiner Achtung stehend zu einer Vermittelung zwischen den streitenden Parteien berufen schienen, -- die Bürgerschaft von Paris und die Universität.

Nachdem die kampfbereiten Vettern sich versöhnt hatten, machte sich die Universität auf Bitten einiger angesehener Männer zum Interpreten der allgemeinen Wünsche. G. wurde von ihr zum Redner bestimmt [2]). Nicht weniger als eine Reform aller Verwaltungszweige wurde hier angeregt: der königliche Rat sollte durch Deputierte der Provinzen ergänzt, das Heer durch strenge Disziplin reorganisiert, die Steuern gleichmässig auf alle Stände verteilt werden. Man erstaunt, wenn man bei dieser Gelegenheit Gedanken, wie sie unserem modernen Staatsleben zu Grunde liegen, aus dem Munde eines Magisters hört, der nur über Aristoteles disputiert und an den spitzfindigen Schlüssen der Nominalisten sich gebildet hatte. Und nun das demokratische Feuer, mit welchem er gegen allen Absolutismus loszieht, gegen die Tyrannei im weitesten Sinn des Wortes. Wenn er nun aber die seditio als Person redend einführt und dieselbe eine Menge von Schmähschriften auskramen lässt, die er auf Verläumdung, düstern Argwohn und gemeine Klatschsucht zurückführt, wenn er dann gegen dissimulatio und seditio für die discretio sapiens der Universität sich entscheidet, so will er damit das Extrem auf der andern Seite zurückweisen. Tyrannei ist Gift für den politischen Organismus; Gegenwehr ist nicht nur erlaubt, sondern auch Pflicht. Allein Aufruhr ist nicht das rechte Mittel für diesen Schaden, sondern Klugheit und Mässigung. Diese hole man sich bei den Gelehrten, insbesondere den Philosophen, Juristen und Theologen. Denn sie — das ist G.'s Meinung — können entscheiden, ob ein Fürst als Tyrann zu verurteilen ist oder nicht.

Es konnte niemandem zweifelhaft sein, wen der Redner mit jenen Personifikationen treffen wollte. Gegen keinen andern waren seine Ausführungen über die Tyrannis gerichtet, als

---

1) Relig. III, 330 -338.
2) Relig. III, 346. G. Op. IV, 583—622. Schwab 416—428.

gegen den Herzog von Orleans. Seine rücksichtslose Finanzwirtschaft hatte ihm die Herzen eines grossen Teiles des
Volkes für immer entfremdet. Der Mönch berichtet zum Jahr
1404 [1]): »multi imprecaciones, cum plus non possent, in ducem
Aurelianensem absque erubescencie velo jaculabant, Christo
supplicantes humiliter, ut mitteret, qui populum a tyrannide
ipsius liberaret.« Und wenn wir den Worten Gersons glauben
dürfen, so waren Stimmen laut geworden, welche den Mord
dieses Tyrannen zu rechtfertigen versuchten. G. will die Entscheidung der Willkür entrückt wissen. Die Universität mit
ihren verschiedenen Gelehrten soll eine Berufungsinstanz bilden.
Im Prinzip aber billigt er den Widerstand bis zum Tyrannenmord.

Wir sehen: wenn auch der Redner möglichst neutral sich
zu halten versucht und die Auswüchse auf Seiten der Volks-
partei zurückweist, er steht doch mit allen seinen Sympathien auf
dieser Seite, und damit auf Seiten Johanns von Burgund, der
sich durch seinen Protest gegen Orleans' Finanzwirtschaft und
ein Memorandum über die innere Lage des Reiches zum Anwalt des Volkes gemacht hatte [2]). Auf diese Seite zog ihn
auch sein Interesse als Mitglied der Universität, denn bei
Orleans, dem Freunde Benedicts, konnte dieselbe keinen Schutz
gegen die päpstlichen Steuern finden, und hier lag — das
liess sich durch alle Phrasen nicht verhüllen — der Nerv ihrer
Kirchenpolitik. Nachdem schon 1404 ein Anhänger Orleans',
der Herr von Savoissy, die Universität schwer beleidigt hatte [3]),
wurden im folgenden Jahr ihre Gesandten von dem Herzog
mit Hohn und Spott behandelt [4]). Was Wunder, dass die auf
ihre Ehre so eifersüchtige Genossenschaft mehr Sympathien
für seinen Gegner hatte. Dazu kam die Bundesgenossenschaft
auf kirchlichem Gebiet, welche seit 1395 sich angebahnt hatte,
unter Vortritt der schon durch ihre Abstammung dem burgundischen Hause nahe stehenden Elemente und der Dekretisten.

Gerson — schon durch die Pflicht der Dankbarkeit an
dies Haus gefesselt — hatte sich, wie wir sahen, trotz an-
fänglichen Widerspruchs nach seiner Rückkehr auf den Boden
der Substraktion, welche er vorfand, gestellt und den Unionismus mit einer Entschiedenheit vertreten, welche über das

---

[1]) Relig. III, 232.
[2]) Relig. III, 296—306.
[3]) Relig. III, 184—194.
[4]) Relig. III, 312 ff.

Unionsprogramm von 1394 wesentlich hinausging. Seine erste Staatsrede lässt erkennen, dass auch politische Erwägungen ihn auf diese Seite zogen.

IV. Theologische Standestradition im Kampf mit der Realpolitik und ihren juristischen Verteidigern. — Die Nationen der Universität Paris.

Bei der engen Verknüpfung des politischen und kirchlichen Interesses, welche auch an G.'s Haltung zu beobachten ist, muss es nun auffallen, dass er, als unter burgundischem Einfluss in bewusster Reaktion gegen Orleans' Kirchenpolitik im Jahre 1406 die Substraktionsfrage wieder auftaucht, zu denen gehört, die sich ihr gegenüber bis zu einem gewissen Grad ablehnend verhielten. — Benedict hatte immer weniger das Vertrauen bewährt, welches noch die Majorität auf ihn gesetzt hatte. Als bei dem Tode Bonifatius' IX seine Gesandten von den Kardinälen in Rom um ausreichende Sicherheit für seine Zession gebeten wurden, waren sie dazu nicht im stande und meinten auch, Benedict werde sich auf Zession überhaupt nicht einlassen. Das hatte in Paris schon sehr verstimmt [1]. Ein Zehnter, der bald darauf von ihm ausgeschrieben wurde, brachte die Universität zu offenem Widerstand [2]. Im Lauf des Sommers 1408 kam dann vor dem Parlament die Sache zur Sprache. Ein förmlicher Prozess wurde eingeleitet; der königliche Advokat vertrat dabei die Sache der Universität als Sache des Staates. Die Universität erhielt mit allen ihren Forderungen Recht. Die Freiheit der gallikanischen Kirche von den päpstlichen Steuern wurde durch einen Parlamentsbeschluss festgestellt [3]. Ueber die Substraktion sollte eine für den November einberufene Prälatenversammlung beraten. Die Entscheidung dieser Frage hing von der Beurteilung Benedicts ab. Die Redner teilten sich in Kläger und Verteidiger. Zu den letzteren gehörte Ailli.

Er hatte seit dem Anfange der Unionsbewegung mit dem Bruder des Königs in enger Verbindung gestanden. Seine Stellung am Hof unter der Regierung der Marmousets hatte

---

[1]) Relig. III, 240—254; Schwab 179 f.; Hefele VI, 748 751.
[2]) Relig. III, 237—240.
[3]) Relig. III, 374—386; 386—390.

ihn dem aufstrebenden Prinzen nahe gebracht. Fortan war er sein Organ. Das Bündnis Orleans' mit Benedict brachte ihm ein Bistum ein. Auch jetzt trat er gegen das ungestüme Drängen auf Substraktion auf: man müsse Benedict Gelegenheit geben, sich gegen die Anklagen seiner Gegner zu verteidigen. Auf einem Konzil der Obedienz könne dies geschehen. Ailli hatte diesen Vorschlag schon in einer Sitzung der Universität gemacht. 26 Mitglieder der theologischen Fakultät, darunter Gerson, waren ihm beigetreten [1]).

Nächst dem persönlichen Einfluss, welchen Ailli auf seinen ehemaligen Schüler noch haben mochte, kommt zum Verständnis dieser Thatsache folgendes in Betracht. Wir begegnen in G.'s kirchenpolitischen Schriften (aus der Zeit des Schisma) einer häufig wiederkehrenden ängstlichen Sorge für die Ehre der theologischen Fakultät. Seit mehr als einem Jahrtausend bildeten ja die Pariser Theologen, insbesondere das Collegium der Sorbonne, ein Glaubens-Tribunal für die abendländische Christenheit, das selbst von Päpsten angegangen wurde. Dieser Genossenschaft verdankte zum grössten Teil die Pariser Universität ihren Weltruf. Kirchliche Ehrenstellen wurden ihren Mitgliedern selten zu teil. Man zog im allgemeinen Kanonisten vor. Clemens VII verachtete die Pariser Theologie. Ausserdem machte die erwachende Selbstständigkeit der übrigen Wissenschaften, insbesondere der Naturwissenschaft diesen Theologen viel zu schaffen. Um so eifersüchtiger waren sie auf Erhaltung ihres Ruhmes bedacht. Das Schisma begünstigte sie in diesem Streben, aber es trug den Keim der Zerstörung in sich, durch welchen allmählich die Universität und mit ihr die theologische Fakultät zur Bedeutungslosigkeit herabsinken sollte. Die Idee von der Einheit der abendländischen Christenheit, mit welcher ihr Ansehen stand, wurde hier aufgelöst. In den Kampf der Parteien hineingezogen, wurden diese Theologen die treuesten Verteidiger des nationalen Königtums. Aber dieses selbst musste, indem es neu gekräftigt auf straffer Zentralisation den modernen Staat gründete, dem Weltruf der Universität die Adern unterbinden. — G. stand noch ganz in den Traditionen dieser Theologen-Aristocratie. Er repräsentiert an sich ein gutes Stück dieses eifersüchtigen, ängstlichen, aber biedern Geistes. Es ist nicht zufällig, dass er an den neugewählten Alexander V sich mit der Frage wandte: »Herr,

---

1) Relig. III, 468; 470. Bull. V, 149 f. Ausführlich bei Bourgeois du Chastenet, Nouvelle histoire du Concile de Constance (Paris 1718), Preuves: S. 152 ff., bes. 155.

wirst Du in dieser Zeit das Reich Israel wiederherstellen?«[1]) und dass er im Auftrag seiner Universität auch dem kaum genesenen Karl VI im Dezember 1409 das Projekt einer Wiedervereinigung der Griechen mit der abendländischen Kirche empfahl. Angesichts der Aufgaben, welche hier noch zu lösen waren, angesichts insbesondere der innern französischen Zustände und der Gefahren, welche dem Reich von England her drohten, gehörte dieses Projekt in das Reich der Träume, nur Schwärmern zugänglich. Als ein solches wurde es auch beurteilt. Aber für die Universität und ihre leitenden Theologen bleibt es höchst charakteristisch.

Schon 1396 hatte, wie wir sahen, Gerson das Recht der theologischen Fakultät verteidigt. Er hatte verlangt, dass man ihrem Urteil die Entscheidung der schwebenden Fragen überlasse. In der Rede vor Benedict am Neujahrstag 1404 kommt dieses Selbstgefühl zu einem neuen Ausdruck. Nur die Kenntnis der lex divina oder evangelica kann jetzt das Heil bringen. Alles Unheil stammt von der Verachtung der Theologie, deren sich auch die Kurie schuldig gemacht hat. Denn die Theologen sind es ja, denen jener Schatz anvertraut ist. Sie sind die berufenen Sachverständigen in den jetzt schwebenden kirchlichen Fragen. Auch unter den Sachverständigen auf politischem Gebiet hatten sie, wie wir sahen, ihre Stelle.

Diesen Ansprüchen der theologischen Fakultät standen besonders die Dekretisten feindselig gegenüber. Zwischen beiden Fakultäten hatte sich eine Eifersucht herausgebildet, die bisweilen in offenen Zwist ausbrach. Das tritt besonders in dem Prozess des Jean Petit hervor. Ailli sowohl als Gerson sahen sich wiederholt genötigt, die Ansprüche derselben zurückzuweisen. Der Anführer der radikalen Unionisten, Simon Cramaut, war Doktor der Rechte. Er wurde eben wegen jener Ansprüche von Ailli in der Rede am 4. Dezember 1406 angegriffen. Hinter ihm stand, wie wir aus einer Mitteilung Guillaume Fillastre's erfahren[2]), die ganze dekretistische Fakultät der Pariser Universität. Vollends musste es nun die Theologen kränken, dass man im Sommer 1406 die ganze Streitfrage, die sich besonders darum drehte, ob Benedict wegen Nichterfüllung seines Versprechens Ketzer sei, vor das rein juristische Forum des Parlaments gezogen hatte[3]).

[1]) Schwab 243 ff.
[2]) Bul. V, 208.
[3]) Dass dies von den Prinzen aus Verlegenheit geschehen sei, wie Schwab S. 184 bemerkt, erscheint mir unwahrscheinlich, zumal da die Quellen

Die beiden Sprecher der Universität waren zwar selbst Theologen — Jean Petit und Pierre Plaoul. Allein da Theologen die offiziellen Redner für alle Gelegenheiten waren, so spricht dieser Umstand nicht gegen unsere Auffassung. Derselbe führt uns aber auf andere Parteiungen innerhalb der Universität, welche in diesem Zusammenhang Beachtung verdienen. Welche Bedeutung für den innern Organismus der Universität und demnach auch für ihre Teilnahme am öffentlichen Leben musste die Gliederung derselben in »Nationen« haben! Diese, zunächst nur für die facultas artium gültig, zog sich durch alle Fakultäten und Collegien hindurch. Unter den vier Nationen spielte, wie erwähnt, die normannische eine bedeutende Rolle in der Unionsbewegung. Fast alle Redner der Universität, der Anführer der ganzen Bewegung Simon Cramaut, Jean Petit, Gilles des Champs, Jean Courtecuisse, gehören dieser Nation an. Die normannische Nation leistete der orleanistischen Restitution am längsten Widerstand.

Ihr stand gegenüber die französische Nation. Ile de France, die mit der Krone am längsten verbundene Landschaft, bildete ihr unmittelbares Rekrutierungsgebiet. Sie hielt sich immer in engem Anschluss an die Regierung. Sie hatte zuerst Clemens VII anerkannt, während die übrigen drei Nationen sich noch neutral hielten. Bei innern Streitigkeiten, welche im Anschluss an die kirchliche Frage entstanden, hatte sie sich gewöhnlich den drei anderen verbündeten Nationen gegenüber zu behaupten. Die Restitution im Jahr 1403 erkannte sie als eine der ersten an. Ihre Prokuratoren wählte sie vorzugsweise aus dem Collegium von Navarra, jener Pflanzstätte theologischer Wissenschaft und patriotischer Gesinnung, welche die Gemahlin Philipps des Schönen gegründet hatte [1]). Seinen Zöglingen begegnen wir noch häufig. Es sind fast ausnahmslos Gesinnungsgenossen Gerson's, Patrioten ersten Ranges. Der Friede Frankreichs, die Eintracht unter den Prinzen und unter den Ständen, der Kampf gegen den Erbfeind lagen diesen Männern vor allem am Herzen. Ein geeintes Frankreich konnte es mit der ganzen Welt aufnehmen. Damit würde zugleich der kirchlichen Einheit in ihrem Sinn am meisten Vorschub geleistet werden. —

---

davon nichts sagen. Wie die Universität überhaupt in ihrem Vorgehen gegen Benedict durchaus in burgundischem Sinn handelte und von dieser Seite unterstützt wurde, so lag es auch im Interesse dieser Partei, ein juristisches Forum zu wählen.

[1]) Vgl. darüber Schwab 66 ff.

Ailli und G. waren in dem Colleg von Navarra gross geworden. Beide hatte schon früh die französische Nation, zu der sie gehörten, durch die Wahl zu Prokuratoren geehrt. Insbesondere G.'s Haltung dürfen wir als typisch ansehen für die Stimmung,' welche in diesem Kreis vorherrschte. So ist es aus mehr als einem Grund verständlich, dass G. und mit ihm 25 seiner nächsten Kollegen — wahrscheinlich sämtlich der französischen Nation angehörig — in jener Streitfrage sich auf Seite Aillis stellten.

V. Vermittelungsversuche. — Der Kämpfer für Pisa.

Das ungestüme Vorgehen der Dekretisten und burgundischen Radikalen, welche ohne Rücksicht auf das südliche Frankreich und die übrigen Länder der Obedienz gegen Benedict wüteten, war nicht nach dem Sinn von Männern wie G. Nicht ohne Grund konnte Ailli in seiner Rede auf die Gefahr hinweisen[1]), dass bei solchem Vorgehen ein weit ernsteres Schisma bevorstehe, nämlich zwischen der Universität und der Majorität unter den französchen Prälaten. In der That verhielt es sich so: die Prälaten waren nicht gewillt sich von neuem unter die Herrschaft der Krone zu beugen. Sie setzten eine Modifikation der Synodal-Beschlüsse durch, welche ihre Selbstständigkeit garantierte[2]).

Einig war man auf dieser Synode, wie es scheint, über die Berufung eines allgemeinen Konzils. Ueber die Substraktion aber gingen die Meinungen auseinander. Während die Anhänger Benedicts überhaupt dagegen waren, wollte ein Teil der Versammelten die Substraktion auf Entziehung der Temporalien beschränkt wissen; mit anderen Worten: die alten gallikanischen Kirchenfreiheiten sollten in ihrem vollen Umfang wieder hergestellt werden. Dieser Vorschlag erhielt die Majorität; auch Simon Cramaut schloss sich ihm an und gab damit das radikale Programm der Universität auf[3]).

G. — so dürfen wir vermuten — stimmte jenem Vorschlag zu. Er enthielt ja das Programm, welches er schon vor der Restitution mit Wärme verteidigt hatte. Seine Uebereinstimmung mit Ailli ging also nur so weit, als die

[1]) Bul. V, 160.
[2]) Schwab 188. Hefele V, 756.
[3]) Relig. III, 470 f. Schwab 188 f.

Kompetenz der theologischen Fakultät in Betracht kam. Und dies war nur bei den gegen Benedict erhobenen Anklagen der Fall. G. war gegen diese Uebertreibung schon im Jahre 1396 gewesen. Er schloss sogar jetzt noch die Wahl Benedicts seitens der anderen Obedienz nicht aus der Reihe der Möglichkeiten aus, als auf die Kunde von dem Tod Innocenz' VII die Beschleunigung der unio ins Auge gefasst wurde [1]).

Davon wollte natürlich die an der Universität herrschende Partei nichts wissen. Sie ging viel weiter, als die Majorität der Synode, indem sie erklärte, dem Papst als einem Schismatiker und Häretiker gebühre überhaupt kein Gehorsam mehr. Mit den Beschlüssen der Versammlung war sie durchaus nicht zufrieden. Noch ehe diese definitiv wurden, beantragte sie in einer direkt an den König gerichteten Denkschrift totale Substraktion, indem sie in sechs Thesen ihre Ansicht über Benedict formulierte. Zugleich erneuerten sie ihre Appelation »an das künftige allgemeine Konzil, an den orthodoxen Papst und seinen apostolischen Stuhl«. G. legte gegen dieses Vorgehen Protest ein [2]). Aber der Fanatismus dieser Kreise war so gross, dass sie Ailli, den einst gefeierten Lehrer der Universität, von derselben auszuschliessen gedachten und vor dem Parlament eine Anklage gegen ihn erhoben [3]).

Inzwischen war Gregor XII gewählt worden. Der Eifer für die unio, welchen er an den Tag legte, wirkte zunächst ungünstig auf Benedicts Lage. Allein als dieser in einer Antwort an seinen Gegner denselben Eifer bekundet, setzten Orleans und sein Anhang (insbesondere der Erzbischof Guido de Roye von Reims) durch, dass die Erlasse vom 18. Februar, wodurch die Beschlüsse der Versammlung zu Staatsgesetzen erhoben waren, vorerst noch nicht ausgefertigt wurden [4]). Eine Gesandtschaft wurde ausgerüstet mit der Bestimmung, die Gesinnung der beiden Päpste zu prüfen und die nötigen Schritte mit ihnen zu verabreden. Auch G. befand sich

---

[1]) Schwab 190.
[2]) Hierher rechne ich jene protestatio super statum Ecclesiae, welche Schwab 178 Anm. 1 in das Jahr 1402, Jourdain. S. 223 in den Mai 1408 verlegt. Sie passt in das J. 1402 gerade wegen der Worte »expectando deliberationem generalis Concilii hujus Obedientiae« nicht, denn Gerson war damals gegen ein solches Konzil. In den Mai 1408 aber passt sie erst recht nicht, wie wir sehen werden.
[3]) Bul. V, 198.
[4]) Relig. III, 484 ff.

darunter neben seinen radikalen Kollegen Pierre Plaoul und Jean Petit. Benedict war nicht zu bestimmten schriftlichen Erklärungen zu bewegen. Der Instruktion gemäss hätten die Gesandten nun die Substraktion verkünden können. Allein die gemässigten Elemente, unter ihnen G., waren dagegen [1]). Man hoffte, was hier nicht erreicht war, bei der geplanten Zusammenkunft der beiden Päpste noch durchzusetzen. Die Erklärung der Substraktion würde diese verhindert haben. Allein auch in Rom sah man sich getäuscht. Gregors Bedenken waren auch durch die weitgehendste Liberalität Frankreichs nicht zu überwinden. Seine Verhandlungen mit Benedict, der seit dem 29. September 1407 in Savona weilte, zerschlugen sich. Benedict glaubte nun genug gethan zu haben. Als man ihm von Paris aus einen letzten Termin zur Ausführung der Zession stellte, antwortete er mit der Androhung der Zensuren, welche er in einer vom 19. Mai 1407 datierten Bulle angekündigt hatte. Am 14. Mai 1408 kam der Brief mit der Bulle nach Paris [2]). Das ganze königliche Haus war hier mit dem Bann belegt, falls es weiter auf der Zession bestände. Die Entrüstung war allgemein. Jean Courtecuisse erklärte in einer öffentlichen Rede den Papst für einen Feind der Kirche, dem alle Würden zu nehmen seien.

Auch Gerson machte seinem Unwillen Luft. In der im November 1408 gehaltenen Friedensrede [3]) nennt er diesen Schritt des Papstes »temeritate detestanda plenum et falsitate«. Wie der römische Papst, so sei auch Benedict meineidig und abtrünnig geworden. Mit voller Energie stellt Gerson nun seine schriftstellerische Kraft in den Dienst des geplanten allgemeinen Konzils, dessen Oberhoheit ihm ausser Zweifel steht. Um alle Bedenken gegen das papstlose Konzil und die selbstständige Beteiligung aller seiner Glieder, besonders der Kardinäle, an der Herstellung der kirchlichen Einheit zu beseitigen, glaubt er nur auf die lex evangelica hinweisen zu müssen, welche Geist und Bestimmung aller Gesetze in sich trägt und durch die Epikie eine Norm für alle positiven Bestimmungen abgiebt [4]). Dieser Gedanke begeistert ihn. Er wird ihm zur Handhabe einer Kritik, an welcher evangelische Züge hervortreten.

---

[1]) Relig. III, 624—634, Schwab 200.
[2]) Relig. IV. 2—8, Schwab 209 ff.
[3]) G. Op. IV, 625—641.
[4]) Vgl. G. Op. II, 113—21 »de unitate ecclesiastica«.

VI. Rückblick.

Schwab (S. 229) sagt bei einem Résumé über die kirchenpolitische Haltung G.'s: erst mit der Schritt »de unitate ecclesiastica« aus dem Jahr 1409 sei Gerson vollkommen der Unionspartei beigetreten. Die bisherige Darstellung hat gezeigt, dass diese Auffassung unrichtig ist. Gleich Ailli, welcher damals ihr Führer war, hat G. von Anfang an der Unionspartei an der Universität angehört. Als das Programm dieser Partei von dem burgundischen überholt wurde, und unter Führung der Dekretisten eine radikale Partei in den Vordergrund trat, hat G. sich anfangs ablehnend verhalten. Als er aber aus Flandern zurückkehrte, hat er sich ganz auf den Boden der von der Universität gutgeheissenen Substraktion gestellt. Seine Vorschläge hielten sich durchaus auf der Linie der burgundischen Unionsbestrebungen, ebenso wie sein politisches Auftreten von Sympathien für die Politik des jungen Herzogs von Burgund getragen war.

Aber wie kein anderer war G. von den Ansprüchen erfüllt, welche in der theologischen Fakultät als altes Erbteil lebten. Als Mitglied dieser Genossenschaft und als Kanzler der Universität sollte und wollte er über den Parteien stehen.

Die Rivalität zwischen Dekretisten und Theologen kam hinzu. Dem Staatskirchentum, welches von jenen unter der Hand proklamiert wurde und welches an dem Parlament einen mächtigen Rückhalt fand, war Gerson durchaus abhold. Staat und Kirche sollen zusammen wirken zum Wohl des Volkes. Durch furchtlose Verkündigung der Wahrheit soll der Klerus dem weltlichen Regiment dienen. In ihrem Organismus aber soll die Kirche frei sein. Die selbstständige Gestaltung der kirchlichen Verhältnisse durch die ordonnances vom 18. Februar und die Ausführungsbestimmungen der Prälatenversammlung vom November 1408 sind wohl nicht ohne G.'s Mitwirkung zustande gekommen. Ein G. Op. II, 106 ff. abgedruckter Entwurf, der eine Reihe der trefflichsten Vorschläge in dieser Richtung enthält und besonders die Aufrechterhaltung der Zucht unter den Prälaten selbst im Auge hat, scheint aus seiner Feder zu stammen.

Die Uebereinstimmung mit Ailli betraf nur die Anklagen gegen Benedict. Sie war in den angegebenen Verhältnissen

---

1) Tschackert 126.

begründet. Während Ailli noch an dem Unionsprogramm von 1394 festhielt [1]), war Gerson schon 1402 darüber hinausgegangen. Die totale Substraktion, welche 1408 über Benedict verhängt wurde, hat er in seinem Traktat »de unitate ecclesiastica« energisch verteidigt. Gegen alle kanonischen Bedenken hat er dem Konzil von Pisa den Boden zu völliger Aktionsfreiheit geebnet — bis zu dem Mass, dass schon die gute Absicht, der Eifer für die Einheit der Kirche, seine Rechtmässigkeit begründe.

Wiederum tritt am Schluss dieser Periode in seiner oratio pro pace ecclesiae et unione Graecorum [1]) (Dezember 1409) sein Professorenideal in eigentümlicher Weise hervor. Ausgehend von der mystischen Einheit der Menschheit weist er der Universität Paris in diesem Organismus die Aufgabe zu, auf Grund ihrer gelehrten Unterscheidung des Wesentlichen und Unwesentlichen, des Zeitlichen und Geistlichen die Direktiven zu geben, sowohl für geistliches als weltliches Regiment.

Eine ethische Würdigung würde G.'s Haltung während dieser Periode von Widersprüchen nicht freisprechen. Aber konsequente Wahrhaftigkeit lag nicht in der Zeit. Von der scholastischen Wissenschaft wurde sie nicht gepflegt; sie wurde von der Kirche umgangen, von der Politik geradezu bekämpft. Nur der Macht des durchgebildeten Charakters darf sie zugetraut werden. Aber wer tritt als fertiger Charakter in die Welt? — Unter den engsten Beziehungen zu dem burgundischen Haus war G. zu Amt und Würden gekommen. Tradition und Freundschaft drängten ihn dann in eine entgegengesetzte Richtung. Dass er diese Kollision als solche empfand, muss ihm als Verdienst angerechnet werden. Er wollte sich ihr entziehen, aber er wurde daran gehindert. Und nun hielt er es für Sache des Weisen »seine Bestrebungen den Umständen anzupassen.« — Historisch bedeutsam ist das Resultat: Er suchte zu vermitteln, aber im Sinn der burgundischen Politik. Nur die Gefahr für den Nimbus der Pariser Theologie konnte ihn zeitweise von dieser Bahn abbringen.

Aber während Ailli von der Verfolgung, welche 1408 über die Anhänger Benedicts ergeht, betroffen wird und kaum

---

[1]) G. Op. II, 141—153.

der Verhaftung entgeht, bleibt G. ungestört. Bedeutet Aillis Eintreten für das Pisanum eine Schwenkung — und es wurde ihm schwer, diesen Uebergang zu verdecken; er blieb beiden Parteien verdächtig — so ist dies bei G. in keiner Beziehung der Fall. G. hat dem Konzil zwar nicht selbst beigewohnt, aber durch seine Schriften ist er ein unverdächtiger, ja der erste Vorkämpfer für dasselbe geworden.

Drittes Kapitel.

Gerson und die Reaktion.

--

Wir sind bei der vorhergehenden Untersuchung zu einem Resultat gekommen, ohne jenem Ereignis Rechnung zu tragen, von dem mit allen Zeitgenossen auch G. nicht unberührt geblieben sein kann. Ich meine die Ermordung des Herzogs Louis von Orleans am 24. Nov. 1407 und ihre Verteidigung am 8. März 1408. »Für Gerson wurde sie (sc. die Verteidigungsrede) eine Quelle vieljähriger Bedrängnis. Denn so sehr er sich auch dem Hause Burgund zu Dank verpflichtet wusste, höher noch stand ihm die Pflicht des christlichen Lehrers, gegen die Rechtfertigung des politischen Mordes in die Schranken zu treten.«[1] Bestünde dieses Urteil Schwabs in seiner Allgemeinheit völlig zu Recht, so wären wir genötigt, unser eben gewonnenes Urteil zu modifizieren. Wir dürften G.'s Eintreten für das Pisanum nicht als eine Fortsetzung seiner früheren, dem burgundischen Hause zugewandten kirchenpolitischen Haltung betrachten; wir hätten kein Recht, ihn auf diesem Punkt von seinem Lehrer Ailli zu trennen. Allein — dann wäre uns bei der engen Verbindung, welche politisches und kirchliches Interesse damals in Frankreich eingegangen hatten, G.'s Enthusiasmus für das Konzil ein Rätsel. Und sollte wirklich »die Pflicht des christlichen Lehrers« allein genug Macht gehabt haben, um einen Mann wie G., den auch schon die Politik in ihre Fesseln geschlagen hatte, auf andere Bahnen zu zwingen? — Wir werden zu prüfen haben, ob Spuren einer Einwirkung jenes Mordes und seiner Ver-

---

[1] Schwab, 430.

teidigung noch vor und während des Pisanums sich bei G.
zeigen. Insbesondere aber werden wir die Umstände untersuchen müssen, unter welchen sich dann wirklich ein Umschwung in G.'s Haltung vollzog. Beides wird das Recht
unserer bisherigen Beurteilung zur Genüge feststellen.

I. Gersons Reden und Traktate aus den Jahren 1408/9 und ihr Verhältnis zu der causa Johannis Parvi.

G. kehrte erst im Januar 1408 nach Paris zurück. Vielleicht
hörte er hier selbst die Verteidigung Jean Petits am 8. März
mit an. Schon nach Ostern wurde ihm Gelegenheit, öffentlich
aufzutreten. Es handelte sich um eine Klage der Universität
gegen den Prevot, Herrn von Tignonville, welcher zwei Studenten wegen Räubereien und Mordes hatte hängen lassen. [1]
Die Universität sah dies als einen Eingriff in ihre Rechte an
und forderte Genugthuung. Da man ihr nicht willfahrte, setzte
sie während der grossen Fastenzeit und in der Osterwoche die
Predigten aus und drohte mit Sezession. Der Herzog von
Burgund, damals Herr der Situation, brachte endlich eine Verhandlung zustande. Hier tritt G. als Anwalt auf. Er verteidigt die Selbstständigkeit der geistlichen Gerichtsbarkeit:
sie gründe sich auf den weltlichen Besitz der Kirche und gehe
letzthin zurück auf die lex evangelica, den Ausdruck des göttlichen Willens, welcher Grundlage aller Gerechtigkeit sei.
Daher — so bemerkt der Redner einleitend — sei auch die
theologische Fakultät die geborene Lehrerin des Rechtes. Wie
sich nun aus dem Naturrecht die positive Gesetzgebung gebildet habe, so habe sich von der Theologie das kanonische
Recht abgetrennt, und beide, politische und kirchliche Jurisdiktion, seien nun »veluti duo ipsa brachia politiae christi-
anae.« Die Gerechtigkeit müsse in diesen beiden Formen
ausgeübt werden. Es komme aber dabei auf den modus et
finis agendi an. Werde dieser nicht beobachtet, so werde
die Gerechtigkeit in Ungerechtigkeit verkehrt. Nicht die Schuld
allein sei genügend, um jemanden zu töten, sondern dazu sei
erforderlich der zuständige Richter.

»Der Vortrag verläuft«, wie Schwab (S. 436) treffend
bemerkt, »in einer ungewöhnlich ruhigen, Schritt für Schritt
nur doctrinell erörternden Haltung.« Und Schwab begründet
dies damit, dass die Universität, welche auf Seiten Burgunds
stand, eine solche Haltung des Vortrages gewünscht habe,

---

[1] Relig. III, 722—728; G. Op. IV, 642—654; Schwab 431—436.

um nicht dem Mörder Orleans' zu nahe zu treten; aber in
dem Beweis für das ungesetzliche Verfahren des Prevot,
welches G. als eine Uebertretung des Gebotes »non occides«
betrachte, habe er dem durch Johann verletzten göttlichen
Gebot eine Genugthuung geben wollen, die in anderer Weise
damals nicht durchzuführen war. Diese Behauptung hat an
und für sich viel Wahrscheinliches. Indessen sprechen doch
eine Reihe von Thatsachen dagegen, welche Schwab nicht
berücksichtigt hat: Die beiden Fälle waren zu verschieden,
als dass G. eine derartige Parallele hätte beabsichtigen können.
Die Frage nach dem zuständigen Richter kam beim Tyrannenmord, wie ihn Jean Petit bestimmt hatte, kaum in Betracht;
sie war durch den Zusatz der dritten veritas seiner Rede
»precipue quando est adeo potens, quod justitia non potest
bono modo fieri per superiorem« eigentlich ausgeschlossen.
Wenn sie trotzdem später von den Gegnern in den Kreis
ihrer Betrachtungen hineingezogen wurde, so geschah dies
doch nur nebenbei. Hier aber steht sie im Mittelpunkte der
ganzen Verhandlung. G. hatte selbst in seiner ersten Staatsrede die Zulässigkeit des Tyrannenmordes nicht von der
Person eines judex constitutus, sondern von dem Urteil ge-
lehrter und erfahrener Männer abhängig gemacht. Die Rohheit
dieses Mordes und die widerliche Frechheit seiner Verteidigung mögen ihn verletzt haben. Allein die Person des Ermordeten hatte seine Sympathien nicht. Es kommt hinzu,
dass er in dem Ende Januar 1409 verfassten Traktat »de
unitate ecclesiastica« sich zu Grundsätzen bekennt, die er
nicht aufgestellt hätte, wenn er damals schon von der abso-
luten Verwerflichkeit der Petit'schen Lehre überzeugt gewesen
wäre. Er sagt hier, dass es Fälle geben könne, in welchen
gegen einen rechtmässig gewählten Papst nicht nur die
Aufkündigung des Gehorsams, sondern sogar die Todesstrafe
erlaubt sei; und keine positive Gesetzesbestimmung könne
dagegen geltend gemacht werden. Theologen und Kirchen-
rechtslehrer — also noch nicht einmal eine verfassungsmässige
Institution — sollen über den einzelnen Fall entscheiden. Gegen
Schwab spricht ferner, dass G. in den bewegten Sommer- und
Herbsttagen des Jahres 1408 völlig unbehelligt blieb. Man
hat demnach in jenen Worten keinen Angriff gefunden. Entscheidend fällt endlich in das Gewicht die Friedensrede aus
dem November 1408. [1])

---

[1]) G. Op. IV, 625—641. Schwab 438—442.

Die Rede wurde vor den in Paris anwesenden Fürsten gehalten, noch ehe der kranke König nach Tours geschafft war, was (nach Juvenal des Ursins S. 244) am 13. November geschah. Die Nachricht von Johanns Sieg bei Lüttich hatte die Hoffnungen des dem Herzog nicht günstig gesinnten Hofes sehr herabgestimmt. Dennoch war man entschlossen, ihm Widerstand zu leisten, insbesondere zu verhüten, dass der völlig willenlose König in Johanns Macht käme. Frankreich sah mit Schrecken einem neuen erbitterten Bürgerkrieg entgegen. [1]) Diese Lage glaubte die Universität benutzen zu müssen, um als Vermittlerin aufzutreten. Die Zeit drängte. G. übernahm die Rede »in tam parvo tempore ut trium aut quatuor dierum«.[2]) Nachdem er über den kirchlichen Frieden gesprochen und beide Päpste einer vernichtenden Kritik unterzogen hat, wendet er sich an die Mitglieder des königl. Hauses, indem er ihnen vorstellt, dass um des für Frankreich und die ganze Christenheit so notwendigen Friedens willen ihre berechtigten Forderungen zurückstehen müssen. Der Friede ist augenblicklich der höchste Zweck. Die Gerechtigkeit, welche ihm nicht dient, verkehrt sich in Ungerechtigkeit. Die »afflictio«, die Dienerin der Gerechtigkeit, führt er nach seiner Weise redend ein — »durum hoc humani generis aratrum, indignationis Dei filia.« Ungestüm fordert sie unbedingte Durchführung der Gerechtigkeit, aber G. weist sie zurück, freilich nur mit der Bemerkung, sie möge anderswo und zu anderer Zeit ihre Wünsche vortragen. »Jetzt ist der Friede notwendig.« Diese Erkenntnis, sowie die Rücksicht auf die Vergebung, welche unter Christen herrschen soll, und das Beispiel der seligen Fürsten, des Königs Karl, des Herzogs Philipp und seines Neffen Louis von Orleans, lehren alle anderen Ansprüche zurückzustellen. Er schloss mit dem Vorschlag: der König, dem der Friede am meisten am Herzen liege, solle seine Durchführung in die Hand nehmen, und seiner Anordnung alle anderen sich fügen. Das war bei dem augenblicklichen Zustande des Königs ein zweifelhafter Rat. G. bezweckte zunächst nur Aufschub der Entscheidung. Aber bedeutete nicht Aufschub jetzt Aufgabe der Stellung, Auslieferung an den mächtigen Burgunder? — Die Ansprüche der Nachkommen Orleans' erkennt G. scheinbar an. Allein die Durchführung der Gerechtigkeit gilt ihm doch so wenig als ein selbstständiges sittliches Gut, dass sie dem Frieden

---

1) Relig. IV, 136—140.
2) G. Op. IV, 626.

nachsteht. Wir werden sehen, wie er später gerade in diesem
Punkt seine Ansicht geändert hat. Noch ein anderes kommt
in Betracht: Um seine Aufgabe durchzuführen, hatte G.
sich mit Beiseitelassung aller rechtlichen Auseinandersetzungen vorzugsweise auf den Standpunkt der christlichen Frömmigkeit
gestellt. Trotzdem gedenkt er mit keinem Wort der Lehre
vom Tyrannenmord und ihrer jüngsten Verteidigung. [1])
Noch liegt dem Kanzler ein theologisches Interesse in
dieser Sache fern. Der König soll den Streit seiner Verwandten entscheiden. Bei aller Berücksichtigung der orleanistischen Ansprüche fällt G.'s Vermittelungsvorschlag —
sobald er wenigstens hätte realisiert werden sollen — burgundisch aus.

Dem Konzil von Pisa wohnte Gerson, wie erwähnt, nicht
bei. Geschäfte hielten ihn nach seiner eigenen Aussage ab.
Aber er begleitete seinen Gang mit dem grössten Interesse.
In dem erst nach Beginn des Konzils verfassten Traktat »de
auferibilitate Papae« [2]) spricht sich nun G. plötzlich mit grosser
Entschiedenheit gegen die Lehre vom Tyrannenmord aus, und
zwar in der 14. Consid. (S. 218), welche von dem Recht der
substractio handelt. Auch partikulare Substraktion hält G. für
erlaubt, wenn der Papst Unrechtmässiges fordert oder auf berechtigte Forderungen nicht eingeht. Aber nur »manifestae
causae« können hierbei in Betracht kommen. Sonst liegt die
Gefahr nahe, dass der Ungehorsam zur Gewohnheit wird; und
so die Spaltungen sich mehren und verhärten. Um so mehr,
fügte er dann hinzu, ist die Behauptung zu verwerfen »quod
licet unicuique subditorum, mox ut aliquis est tyrannus, ipsum
viis omnibus fraudulentis et dolosis sine quavis autoritate vel
declaratione judiciaria morti tradere, praesertim si addat haec
assertio, quod tyrannus ille omnis est, qui non praeest ad
utilitatem subditorum: sed de hac re alibi, de qua viderint
assertores.« — Der Traktat ist wahrscheinlich kurz vor der
Wahl Alexanders entstanden. Er bezweckt eine völlige
Rechtfertigung der bisherigen Massregeln des Konzils, insbesondere der Absetzung der beiden Päpste.

---

[1]) Die Worte am Ende der ersten Consideratio »Reperi duodecim numero errores aut defectus intolerabiles vel plures« beziehen sich auf kirchliche Irrtümer, da im Zusammenhang nur von kirchlichen Verhältnissen die
Rede ist, wahrscheinlich auf die Lehre des Minoriten Jean Gorel. Vgl.
Schwab 459 ff.
[2]) G. Op. II, 209—224. Schwab 250—56.

In dem kaum ein halbes Jahr früher verfassten Traktat de unitate ecclesiastica hatte G. dem Recht der Selbsthülfe weit entschiedener das Wort geredet. Von einer Einschränkung nach irgend einer Seite hin war hier keine Rede. Es spricht aber nichts dafür, dass inzwischen ein Umschlag in seiner politischen Haltung erfolgt sei. Vielmehr brachte der Friede von Chartres am 9. März 1409 für einige Zeit Ruhe. Die Fürsten schienen einmütig. Man ging daran, Reformen in der Verwaltung vorzunehmen. Zunächst richtete sich das öffentliche Interesse aber ganz auf Pisa, wohin erst jetzt die offizielle Gesandtschaft abging. [1]

Wir müssen auf anderem Wege jene Stelle uns erklären: G. hat diesen Traktat noch in Konstanz benutzt und auf ihn verwiesen. [2] Zwar eine Gelegenheitsschrift, erhielt sich derselbe doch noch lange nachher einen Namen und fand vielfache Verbreitung. Eine spätere Ueberarbeitung desselben zwecks weiterer Publikation ist also nicht unmöglich. Die veränderte politische Stellung, welche sein Verfasser seit 1413 einnahm, macht eine solche höchst wahrscheinlich. G. musste später darauf bedacht sein, die Konsequenzen abzuweisen, welche man aus seinen für das Schisma aufgestellten Grundsätzen für die Lehre vom Tyrannenmord ziehen konnte. So wird er jenen Passus der 14. Consideratio noch nachträglich eingeschoben haben, samt der Einschränkung des Substraktionsrechtes, welche auch nicht recht zu der vorhergehenden allgemeinen Behauptung passt. Die Fassung, die er der Irrlehre hier giebt, entspricht durchaus derjenigen, welche er seiner späteren Anklage zu Grunde legte; insbesondere ist der Begriff des Tyrannen in derselben Weise abweichend von Jean Petit bestimmt, sodass die Einschiebung ungefähr gleichzeitig sein könnte, also kurz vor Beginn des Prozesses. —

Wir haben demnach kein sicheres Zeichen dafür, dass G. sich durch die Ermordung Louis' von Orleans und ihre Verteidigung zu einer Aenderung seiner politischen Haltung habe bestimmen lassen. Vielmehr legt seine Friedensrede ein deutliches Zeugnis für das Gegenteil ab. Eine theologische Streitfrage, den Tyrannenmord betreffend, existiert noch nicht für ihn. Es fehlte dazu das politische Motiv. Erst die folgenden Jahre sollten dies entwickeln.

---

[1] Relig. IV, 222.
[2] Schwab 507.

II. Die Scheidung der gemässigten und radikalen Reformer in den Jahren 1410—1413. [1])

Der Friede im Reich war nur von kurzer Dauer. Schon gegen Ostern 1410 brach der Zwist mit verdoppelter Heftigkeit hervor, da nun auch der Herzog von Berri gegen Burgund Partei nahm. [2]) Nachdem Ende des Jahres ein notdürftiger Vergleich geschaffen war, stellte der junge Herzog von Orleans bei der Universität den Antrag auf Verurteilung der Lehre Jean Petits. Nur die französische Nation ging darauf ein: sie wollte durch die theologische Fakultät und Deputierte der dekretistischen die Sache untersuchen lassen. Indessen in der theologischen Fakultät liess man den Antrag fallen. [3]) Ob G. hierbei irgendwie beteiligt war, wissen wir nicht. Sein Auftreten im folgenden Jahr zeigt noch keine Veränderung seiner politischen Haltung.

Die Regentschaft, welche Ende 1410 eingesetzt worden war, hatte für Anfang Juli 1411 eine Ständeversammlung einberufen. Eine neutrale Militärmacht sollte geschaffen werden, um die beiden einander drohend gegenüberstehenden Parteien in Schranken zu halten. Dazu sollten — so forderte der königliche Kanzler — auch Klerus und Universität beisteuern. Namens der Universität verweigerte aber G. in der zweiten Sitzung diese Beihülfe: [4]) das geistliche Gut unterliege solchen Steuern nicht, »nec reges digne vocari, si exactionibus injustis opprimant populum suum, sed quod eos deposicione dignos possent rationabiliter reputare, in annalibus antiquis possunt de multis legere;« wenn nicht die reichen Einkünfte des Hofes verschwendet oder leichtsinnig verschenkt würden, brauche man nicht zu solchen Massregeln zu greifen. Der Ruf nach Reform des Staatswesens, besonders der Finanzen, war schon öfters laut geworden. G. selbst hatte ihm in der ersten Staatsrede seine Stimme geliehen. Aber in dieser Heftigkeit und Rücksichtslosigkeit hatte man ihn noch nicht gehört. Man hat indessen kein Recht, deshalb die Wahrheit jener Mitteilung des Mönches anzuzweifeln. [5]) Schwab meint, G. habe hier nur im Auftrag seiner Committenten gesprochen, erkennt aber an, dass eine solche Aeusserung bei ihm nicht geradezu befremdend sei.

---

[1]) Es sei gestattet, hier zur Vervollständigung einiges aus der Einleitung zu wiederholen.
[2]) Relig. IV, 286 ff.
[3]) Bul. V, 215; G. Op. V, 64 f.
[4]) Relig. IV, 416 ff; Schwab 443 f.
[5]) Schwab 444.

Man darf allerdings annehmen, dass von der Schärfe jener
Aeusserung vieles auf Rechnung der Kürze des Berichtes zu
setzen ist. Ihrem Wesen nach aber ist dieselbe durchaus un-
verdächtig. So dachten damals alle Franzosen, die über den
nächsten Gesichtskreis hinaus das Wohl des gesamten Vater-
landes im Auge hatten. Gerade Paris aber war der Herd,
wo solche Gesinnung und ihr entsprechende Bestrebungen seit
lange gepflegt wurden. Die Universität, welcher infolge glücklicher Beteiligung an den Unionsbestrebungen der Kamm
mächtig geschwollen war, glaubte sich in erster Linie berufen,
sie zu vertreten. Politische Rücksichten aber legten diesem
Geist augenblicklich keine Zügel an, hatte sich doch der
mächtige Johann von Burgund selbst zu seinem Patron aufgeworfen. G. war in dieser Luft gross geworden. Was er
gesprochen hatte, war damals seine eigenste Meinung. Aber
weder er noch die Genossenschaft, welche ihn beauftragt hatte,
sahen, dass sie sich hiermit selbst in das Gesicht schlugen.
»L'université défaisait ainsi d'une main ce qu' elle avait fait
de l'autre«, urteilt H. Martin. [1]) G. wurde in Anklagezustand
versetzt. Aber seine Richter — Theologen und Kanonisten
der Universität — erklärten, er habe nur geschichtliche Beispiele anführen wollen. [2])

Die Universität stand in der That — was politische Bedeutung betrifft — damals auf einer bisher noch nicht er-
reichten Höhe. Ihren Bemühungen war im wesentlichen die
Uebereinkunft Ende 1410 zu danken, [3]) in welcher die beiden
Gegner auf direkte Beteiligung an der Regierung verzichteten.
Auf Vorschlag der Universität wurde eine gemeinsame Regentschaft von »viri prudentes, experti, timentes Deum et qui
zelum ad rem publicam habeant« eingesetzt. Wie erwähnt, stand
Simon Cramaut an der Spitze. Reform des ganzen Staatswesens, wirtschaftlich und moralisch, war die Parole, um
welche sich Universität, Bürgerschaft und Parlament schaarten.
Gemässigte, von edlem Patriotismus beseelte und radikale
Elemente waren hier vereinigt. Allein wie sollte auch nur
etwas zur Ausführung dieses Programms geschehen, so lange

---

[1]) H. Martin, Hist. de France V, 513.
[2]) Diese Rede ist ein weiterer Beweis dafür, dass G. an eine Verfolgung
der Petit'schen Irrlehre damals noch nicht gedacht hat. — Ob sein Auftreten
in einem besonderen Zusammenhang mit den Parteiverhältnissen innerhalb der
Universität stand, ist eine Frage, die in diesem Zusammenhang gleichgültig ist.
Wir werden aber auf dieselbe zurückkommen müssen.
[3]) Relig. IV, 370—378.

es an einem kräftigen Regiment fehlte? Die Regentschaft
erwies sich bald als zu schwach. Bei der tonangebenden Körperschaft, der Universität, selbst fehlte es an Opferwilligkeit und
Einigkeit. Paris wird immer mehr in den Parteikampf hineingezogen. Der burgundische Graf von S. Pol wirft sich zum
Stadtkommandant auf, einem Amt, welches der Herzog von
Berri bisher innegehabt hatte. Er entfesselt die Parteiherrschaft in der Stadt und umgiebt sich mit Leuten aus den
untersten Ständen. Die Verwaltung der Stadt wird umgestürzt; sämmtliche Stellen werden neu besetzt. Die wider-
strebenden Elemente werden verbannt. Johann von Burgund,
den man herbeigerufen, weil die Stadt hülflos gegen die
heranziehenden Orleans war, zieht ein. Seine Sache wird zur
Sache des Königs. Die Bürgerschaft von Paris stellt selbst
ein Corps für den Kampf gegen die »Reichsfeinde.«

Schon aber sind viele der bisherigen Anhänger — der
Anonymus von S. Denys macht sich zu ihrem Sprecher —
unzufrieden mit dieser Entwickelung. [1])

Der Friede von Auxerre scheint noch einmal Frankreich
aus dem Elend des Bürgerkrieges retten zu wollen. Die
Verbannten, unter ihnen die beiden Brüder Montaigus, der
Erzbischof von Sens und der Bischof von Paris, kehren zu
ihren Aemtern zurück. Die Königin zieht wieder in Paris ein.
Aber hier lässt sich die Entwicklung der inneren Verhältnisse
nicht mehr zurücklenken. Der Pöbel in der Gestalt des niedern
Handwerkerstandes, unter der Führung von Metzgergesellen,
ist entfesselt und droht unwiderstehlich zu werden. Nicht
ohne Grund macht man Burgund und seine Leute dafür verantwortlich.

Noch setzen aber viele der Patrioten ihre Hoffnung auf
den Herzog. Man traute ihm zu, dass er dem Reich eine
gründliche und nachhaltige Reform geben könne und wolle.
Allein ehe man mit ihm ein festes Bündnis einging, wollte
man ein Unterpfand für seine Aufrichtigkeit und Lauterkeit.
Es stand ja jetzt alles auf dem Spiel. Partei musste nach
irgend einer Seite hin ergriffen werden. Johann aber haftete
seit dem Mord des Herzogs von Orleans ein Makel an. Man

---

[1]) Dass während dieser Periode noch immer gemässigte Grundsätze
leitend waren, dafür lässt sich wohl die Ernennung Pierre Gentiens, des
Bruders Bénoit Gentiens, zum Prévôt der Kaufmannschaft anführen. Der
Mönch aber datiert von diesem Zeitpunkt ab die definitive Spaltung der Stadt
und demzufolge des ganzen Reiches in Armagnacs und Bourgignons. Relig. IV,
444 ff.

hatte sich bisher mehr oder weniger darüber hinweggesetzt, denn in die Streitigkeiten der Fürsten wollte man sich nicht mischen. Die Lage war nun eine andere geworden. Das ganze Volk, insbesondere Paris vom Prevot der vornehmen Kaufmannsgilde bis zum Metzgergesellen von S. Jacques, war in diesen Streit hineingezogen. In öffentlichen Erklärungen der beiden Gegner war jener Mord wieder besprochen worden. Johann von Burgund hatte sich in der Antwort auf Orleans' Herausforderung darüber in einer Weise ausgelassen, die den ehrbaren Sinn jener Patrioten auf das tiefste verletzen musste.[1]) Man verlangte von dem Herzog ein Eingeständnis seiner Schuld und öffentliche Lossagung von den Pariser Radikalen. Dann wollte man sich ihm anschliessen und nach Kräften seine Politik unterstützen.[2]) Aber der stolze Herzog wies das Anerbieten jener Edelen, welches ihm durch Juvenal des Ursins, den unerschrockenen königlichen Advokaten, gemacht wurde, zurück.

Nun trat die Scheidung der gemässigten und radikalen Elemente ein.

Zum Frühjahr 1413 waren unter dem Druck des allgemeinen Geldmangels seit langer Zeit zum ersten Mal wieder Deputierte der Provinzen nach Paris zusammenberufen worden. Die Scheidung, welche innerhalb der Universität sich schon vollzogen hatte, trat in dieser Versammlung zu Tage.[3]) Der erste Redner der Universität, Bénoit Gentien, wurde von der vorherrschenden radikalen Partei — an der Spitze stand der Karmeliter Eustache de Pavilly — desavouiert. Mit Ausnahme von einem stand die theologische Fakultät auf Seiten des ersten Redners. Derselbe hatte nur allgemein die Schäden berührt, indem er zugleich, wenn auch verdeckt, gegen das burgundische Regiment der letzten Monate polemisierte. Das war nicht im Sinne der Radikalen. In einer besonderen Audienz legte ihr Redner eine Liste der schuldigen Beamten mit Angabe der Höhe ihrer Unterschlagungen vor. Daraufhin wurde eine umfassende Untersuchung eingeleitet. Geld und Gut der Angeklagten wurden ohne weiteres eingezogen.

Johann von Burgund liess alles geschehen. Er glaubte hierbei seine Rechnung zu machen. Aber schon war an ein vernünftiges Regiment nicht mehr zu denken. Alle gemässigten Elemente hatten sich zurückgezogen. Die Revolution kam

---

[1]) Relig. IV, 434—438.
[2]) Juvenal des Ursins 313.
[3]) Relig. IV, 734. 738—42.

vollends zum Ausbruch. Die Sympathien der Patrioten hatte Burgund für immer verloren.

G. hat diese Entwickelung mitgemacht. Er hatte immer zu den Gemässigten gehört. [1]) Mit ihnen sagte er sich seit der Entfaltung jenes demagogischen Regimentes in Paris von Burgund los. Die Revolution brachte ihn selbst in Lebensgefahr. Er hatte sich geweigert, eine Steuer zu bezahlen, welche von den Demagogen bei der Universität eingetrieben wurde. Da man ihn im Verdacht orleanistischer Gesinnung hatte, so drangen die Revolutionäre in seine Wohnung. In den Gewölben von Notre-Dame musste der Pflegling des burgundischen Hauses Schutz suchen. [2])

Der August brachte den gewünschten Umschwung. Die Kaufmannschaft und der bessere Handwerkerstand lehnten sich gegen die Tyrannei der Metzger auf. An der Universität erlangten die Gemässigten wieder das Uebergewicht. Auch das Parlament, welches sich jeglicher Teilnahme an den Ereignissen der letzten Zeit enthalten hatte, wirkte mit. Männer wie Jean Juvenal des Ursins stellten sich an die Spitze. Der Dauphin übernahm das Protektorat. Mit der Flucht oder Verhaftung der Hauptführer kehrte Ruhe und Ordnung zurück. Nun verliess auch Burgund die Stadt. Auf Einladung des Königs zog Orleans und seine Partei ein.

III. Gersons zweite Staatsrede und die Anklage gegen Jean Petits Irrlehre.

Nicht eine neue Parteiherrschaft war der Wunsch der Patrioten, sondern ein unparteiisches Regiment, gestützt auf das Parlament und ein stehendes Heer. Der Dauphin hatte bald nach jenem Umschwung der Universität einen Besuch abgestattet und durch seinen Kanzler für ihre Bemühungen um den Frieden danken lassen. G. hatte ihm geantwortet. [3]) Am 4. September hielt er seine zweite grosse Staatsrede. [4])

Wie Du Boulay bemerkt, [5]) war es noch nötig, Verzeihung für die Stadt Paris zu erbitten. Auch Schwab giebt dies als den Hauptzweck der Rede an. Dem entspricht der Inhalt

---

[1]) Benoît Gentien, ebenfalls Professor der Theologie, war G.'s Freund.
[2]) Relig. V, 62; Schwab 455.
[3]) Relig. V, 136.
[4]) G. Op. IV, 657—80. Schwab 449—454.
[5]) Bul. V, 236. Schwab 449. 609.

nicht. G. redet nach einer detaillierten Instruktion. Auf sie beruft er sich mehrere Male. Nicht um Amnestie handelt es sich dabei, sondern um Garantien für die Zukunft, um Wahrung des Friedens und Reform des Staatswesens. Nicht demütig bittend, sondern freimütig fordernd tritt der Redner auf.

Um diese Haltung des »Mundes« der Universität zu verstehen, muss man bedenken, dass der Sturz der Revolutionäre wesentlich dem opfermutigen Eintreten der gemässigten Elemente in Universität und Bürgerschaft zu verdanken war. Sie waren selbst erstaunt über diesen Erfolg. »Et tout cecy s'est fait plus par miracle que par voie humaine«, berichtet G. »C'est le bon Maitre qui oeuvre sans demeure«. [1]) Nun kam es darauf an, das Erworbene zu erhalten und zu schützen. Und Schutz bedurfte das Reich nicht nur gegen Burgund, sondern mehr noch gegen seine neuen Freunde, die Armagnacs. Denn schon begannen sie die Zügel des Regimentes in ihre Hand zu nehmen. Waren sie erst einmal im vollen Besitz desselben, so würde — das mochten wohl G. und seine Gesinnungsgenossen befürchten — die Rache nicht ausbleiben. Vertrauensselig aber, wie so leicht immer die besten Patrioten, waren auch jene, und besonders die Gelehrten unter ihnen. Mit einer wohlgesetzten Rede glaubten sie dem drohenden Uebel begegnen zu können. Ermahnungen von den erleuchteten Geistern der Universität — wer könnte sich ihnen verschliessen? — So sehen wir denn G. jetzt wieder die alten Gedanken über das Wohl des Staates auskramen, freilich nicht mit dem demokratischen Feuer, welches ihn bei seiner ersten Staatsrede beseelte, aber mit nicht weniger Selbstgefühl und Freimut. Die Erhaltung des Friedens und die Aufrichtung eines kräftigen königlichen Regimentes über den Parteien lagen ihm am Herzen.

Das war ja der sehnliche Wunsch aller Edelen des Landes. Aber bei einem geistesschwachen König, bei einem liederlichen Thronfolger und bei dem blinden Egoismus der beiden sich hassenden Parteien — war da noch mit Wünschen etwas auszurichten? Hatten nicht doch jene Radikalen Recht, welche thätig eingreifend mit rücksichtslosen Massregeln den Schäden am Hof und in der Verwaltung zu Leibe gegangen waren? — Leider hatte die Selbstsucht auch hier den Enthusiasmus bald überwältigt. Statt der erhofften Freiheit eines geordneten Staatswesens hatte man die Tyrannei einiger Elenden geerntet

---

[1]) G. Op. IV, 659.

Soweit sie Reue zeigen, möchte G. ihnen Verzeihung erwirken. Die Schreckensherrschaft war eine wohlthuende Züchtigung Gottes. Gute und Böse sind jetzt geschieden. Universität, Parlament, Klerus und Bürgerschaft sind neu verbunden mit ihrem König und folgen der Devise, welche Paris jüngst angenommen hat, »Le droit chemin!« G.'s Vorschläge betreffen insbesondere drei Punkte: die Kräftigung der königlichen Autorität, die Erhaltung der Wahrheit in Glaube und Sitte, die Bewahrung der Treue im persönlichen Verkehr.

Zum zweiten Punkt führt er nun sieben Sätze mit entsprechenden Widerlegungen an — als Beweise für eine Lehre »qui a esté semence de rebellion et de sedition contre l'Estat de Chevallerie«, welche demzufolge auch den Bürgerstand gefährdet. Die Sätze sind Jean Petits Vertcidigungsrede entnommen in freier, aber an den Ausdruck dieser Rede sich möglichst anlehnender Fassung. [1] Weder Jean Petit, noch der Herzog von Burgund wurden genannt. »Comme paravant« [2] erklärt G., dass er nicht die Bestrafung irgend einer Person dabei im Auge habe, noch überhaupt die Frage nach dem Autor hineinzuziehen wünsche, sondern dass er nur der Wahrheit dienen wolle.

Nach den vorangegangenen Parteikämpfen, in welchen die Rechtsordnung mit Füssen getreten worden war, musste es notwendig erscheinen, die Geltung der Moral als der sichersten Grundlage des Rechts wieder festzustellen. Bei einem Rückblick auf die vergangenen Wirren stellte sich aber der Mord Orleans' als Quelle derselben dar; und Männer, welche, wie G., den Ruhm Frankreichs nicht zum wenigsten in die hier bewahrte Reinheit des Glaubens setzten, musste nunmehr jene Rede Jean Petits, welche schon bei ihrem ersten Erscheinen vielfachen Anstoss erregt hatte, als die intellectuelle Urheberin der folgenden Ausschreitungen erscheinen.

Indessen bei der Universität war für diesen Gegenstand nicht viel Sympathie zu erwarten. Die langjährige Bundesgenossenschaft mit dem Haus Burgund liess sich nicht auf

---

[1] Fünf der ausgezogenen Sätze beziehen sich auf die biblischen Beispiele, welche Jean Petit zum Beweis, besonders seiner 3. veritas, angeführt hatte. Der erste Satz fasst Petits Lehre vom Tyrannenmord, wie er sie in der 1., 3., 5. und 7. veritas dargestellt hatte, frei zusammen; der letzte ist allein der 5. veritas entnommen und bezieht sich auf die Verbindlichkeit des Eides. Vgl. Schwab S. 612 ff.

[2] G. Op. IV, 669. — Aus dieser Bemerkung und den weiter unten erwähnten 56 Irrtümern folgt, dass gleichzeitig mit dem politischen Umschwung die Debatte über Jean Petits Lehre in Fluss kam.

einmal verleugnen. Ein Aktenstück, welches in der ersten
Sitzung der später zur Untersuchung der Irrlehre eingesetzten
Kommission am 30. November vorgelegt wurde, [1]) worin 56
Irrtümer der burgundischen Partei »in fide, moribus et facto«
aufgezählt sind, giebt uns ein Bild von der Art, wie der politische Kampf innerhalb der Universität fortgesetzt wurde.
Der erste Teil der Sätze predigt die Exkommunikation der
orleanistischen Partei, welche angeblich durch erneute Publikation einer Bulle Urbans V. rechtskräftig geworden war. [2])
Hier findet sich unter anderem die Forderung, dass man die
Kinder dieser Partei nicht taufen solle. Der zweite Teil enthält Sätze zur Rechtfertigung der vergangenen Herrschaft der
burgundischen Partei, der dritte bezieht sich auf die Lehre
vom Tyrannenmord und die Person des verstorbenen Herzogs
von Orleans.

Es finden sich hier Sätze, wie die folgenden, zusammengestellt: Ein Fürst kann nach Belieben seine Unterthanen be-
rauben, ohne sich der Absetzung schuldig zu machen. König,
Dauphin und Königin können mit Gewalt zur Auslieferung
ihrer Diener und Verwandten gezwungen werden. Fürsten
kann man im Irrthum lassen, um sie nicht zu beleidigen.
Prälaten und Doctoren können die Verletzung der Wahrheit
zulassen, »ne temporalis pax turbetur«. Kleriker können ausnahmsweise von dazu beauftragten Laien abgeurteilt und be-
straft werden.

Man sieht, wie diese Scholastiker bereit waren, alles zu
rechtfertigen, sobald ihr politisches Interesse es verlangte.
Welche Erbitterung und Gehässigkeit muss unter den schon
durch ihren Beruf zur Eifersucht geneigten magistri zu einer
Zeit geherrscht haben, wo ganz Frankreich in zwei Lager geteilt war, und nur die Besten des Volkes Selbstständigkeit
des Urteils zu bewahren vermochten.

So war denn auch G. mit seinen Absichten in der Universität auf heftigen Widerstand gestossen. Es scheint, dass
er schon vor jener Rede die Angelegenheit bei der Universität
zur Sprache brachte. Nur die theologische Fakultät und die
französische Nation standen hier auf seiner Seite. Sie sprachen
unumwunden ihre Zustimmung aus. [3]) Die Angelegenheit sollte
als ihre eigene betrachtet, und G. in ihrer Weiterverfolgung
unterstützt werden. Indessen welches Gewicht man auf diese

---

[1]) G. Op. V, 59—64.
[2]) Relig. IV, 532—552; Juvenal des Ursins S. 291.
[3]) G. Op. V, 59.

Erklärung zu legen hat, lässt sich bemessen nach einer Mitteilung des Propstes von S. Germain de Pray, [1]) dass nicht der dritte Teil der theologischen Fakultät daran teilgenommen habe. Die Universität als solche sprach am 6. September nur ihren Dank für G.'s Bemühung aus. [2]) Diese nachträgliche Haltung der Universität in der Petit'schen Sache berechtigt zu dem Schluss, dass G. die Instruktion zu seiner Rede nicht von der Universität als solcher, sondern — er sprach ja auch im Namen der Stadt — von jener Partrioten-Partei erhalten hat, welche die Reaktion eingeleitet hatte. An dieser waren von der Universität nur beteiligt die französische Nation, und was in die höheren Fakultäten von ihren Angehörigen übergegangen war, besonders die »französischen« Mitglieder der theologischen Fakultät.

Auch an eine Einwirkung der Orleans dabei zu denken, legt eine Bemerkung Monstrelets (III, 127) nahe. Indessen Monstrelet spricht nur allgemein von denen, welche den König damals leiteten. Der Einfluss der Orleans aber hat sich in dieser Zeit erst wieder entwickelt. Von burgundischer Seite wird später immer nur G. als Urheber genannt. Man müsste auch erwarten, dass G., wenn seine Denunziation zunächst auf orleanistische Eingebung zurückginge, den Mord selbst und seine unmittelbaren Beziehungen mehr hervorgehoben hätte.

---

[1]) G. Op. V, 140.

[2]) Von drei Aktenstücken, angeblich die Anerkennung G.'s seitens der Universität enthaltend, welche von G. in der ersten Sitzung der Glaubenskommission vorgelegt wurden, bezeugen das zweite und dritte nichts weiter, als dass in einer Universitätssitzung am 6. Sept. die theologische Fakultät und die französische Nation ihre volle Zustimmung aussprachen und G.'s Sache zu ihrer eigenen machten. Ueber das Verhalten der anderen Korporationen erfahren wir nichts. Nur der Rektor spricht schliesslich namens der Universität G. seinen Dank für die angewandte Mühe aus und billigt seine Rede, aber »remittendo effectum ejusmodi cedulae papyreae (et contentarum) in eadem decisionum, (et) determinationum examini dictae Facultatis Theologiae una cum requestis per dictum Dominum Cancellarium occasione cedulae papyreae factis.« Da die dekretistische Fakultät und die pikardische Nation später ausdrücklich erklärten, diesem Beschluss nicht beigestimmt zu haben, zu Universitätsbeschlüssen aber Einstimmigkeit erforderlich ist, so muss die Rechtmässigkeit desselben bezweifelt werden. Das erste Aktenstück ist in einem sehr verworrenen Text überliefert. Es scheint der Entwurf zu dem offiziellen Protokoll der Universität zu sein, welcher infolge des Dissensus nicht zur Ausarbeitung kam. Hiernach baten die französische und deutsche (?) Nation und die medicinische Fakultät durch den Rektor die theologische Fakultät, die Ausrottung der von G. denunzierten Irrlehre zu betreiben. Die theologische Fakultät bittet, ihren Beschluss, welcher mitgeteilt wird, zum allgemeinen Universitätsbeschluss zu erheben. G. Op. V, 54—59.

Statt dessen hält er sich ganz in den Grenzen der theologischen Betrachtung. [1]) Nicht den Parteihader wollten die Patrioten schüren und der eben eingezogenen orleanistisch - armagnacischen Partei Vorschub leisten. Es beseelte sie der aufrichtige Wunsch, Treue und Glaube im öffentlichen Leben wieder herzustellen, den Eindruck, welchen die immer wiederholten Vertragsbrüche im Volk gemacht hatten, unwirksam zu machen. Zunächst wollte man demgemäss durch die Entscheidung des höchsten geistlichen Gerichtes in Frankreich auf Johann von Burgund einwirken, welcher ja in der rücksichtslosesten Weise die Reihe jener Vertragsbrüche eingeleitet hatte. Der stolze Herzog sollte offen seine Schuld bekennen und damit dem König und dem öffentlichen Interesse Genugthuung leisten. An dieser Bedingung glaubte man festhalten zu müssen »et d'autant plus que le grand puet plus nuire, s'il erre, et plus profiter, s'il confesse verité.« [2]) Nicht Strafe, sondern Reue will G. durch seine Denunziation herbeiführen. Bleibt aber diese aus, dann gilt keine Schonung mehr. Diese und noch andere seine Absichten erläuternde Grundsätze stellte er in einer besondern Schrift am 4. October zusammen und übersandte dieselbe auch an Burgund. [3])

Dass G. und seine Gesinnungsgenossen bei diesem Vorgehen in einer argen Täuschung sich befanden, dass ihre Absichten schliesslich doch nur einer Partei, der der Orleans, zu gute kamen und so mit dem äusseren Eindruck der Unparteilichkeit auch die beabsichtigte Wirkung einbüssten, liegt

---

[1]) Dass er hierbei auch von dem Bestreben geleitet war, die dekretistische Fakultät als solche von der Führung des Prozesses fernzuhalten, ist wahrscheinlich, denn bei der ausgeprägten Parteistellung, welche diese Fakultät seither eingenommen hatte, war nicht zu erwarten, dass sie sich in G.'s Sinne der Sache annehmen würde. Der Streit zwischen Theologen und Dekretisten war anfänglich nur ein Kompetenzstreit, geschürt von der natürlichen Eifersucht, welche die in den kirchlichen sowohl als in den Universitätsverhältnissen gegebene Nebenbuhlerschaft mit sich brachte. Ein politischer Gegensatz hat sich erst allmählich auf diesem günstigen Boden festgesetzt. Bis zu dem Zeitpunkt aber, wo unsere Untersuchung angelangt ist, war diese Entwickelung noch nicht abgeschlossen. Das zeigt uns schon die Rolle, welche G. bisher gespielt hatte. Er war den Ansprüchen der Dekretisten als Theologe entgegengetreten, ohne seinen burgundischen Sympathien etwas abzuthun. Es geht deshalb nicht an, die Gegnerschaft der Theologen und Dekretisten von vornherein zu einer politischen zu stempeln, wie dies K. Müller, Zeitschr. f. Kirchengesch. VIII, 240 f., thut.

[2]) G. Op. IV, 678.

[3]) G. Op. IV, 677—680.

auf der Hand. Aber für den, welcher G.'s Haltung im Zusammenhang mit der französischen Geschichte der letzten
Jahre betrachtet, behält die Rede vom 4. September 1413
und die darin erhobene Anklage einen moralischen Glanz.

IV. Die Partei der Patrioten. Rückblick.

G.'s Haltung während der Jahre 1408—1413 ist nur zu
verstehen im Zusammenhang mit der gemässigten Reformpartei, als deren Sprecher in den Revolutionsjahren einerseits
der königliche Advokat Jean Juvenal des Ursins, andererseits
der Benediktinermönch Benoit Gentien auftritt, zu welcher von
der Pariser Universität die theologische Fakultät und die
französische Nation, vor allen das Kollegium von Navarra
einen bedeutenden Kontingent stellten, mit welcher wohl auch
die alten Beamtenfamilien des Parlaments in inniger Fühlung
standen — eines Kreises von Männern, deren Ideal die Einheit und Kraft des Reiches war, wie sie unter Karl V bestanden hatte, die von dem niedrigen Parteigewühl sich
immer möglichst ferngehalten, im Ganzen aber mit der burgundischen Politik sympathisiert hatten. Durch die Ereignisse
gezwungen, machten sie nun Front gegen Burgund. Sie hatten
Paris von der Tyrannei der burgundischen Demagogen befreit.
Sie wollten selbstständig bleiben. Aber sie standen doch —
es konnte nicht anders sein — im Begriff, in das Lager der
Gegenpartei überzugehen.

Verdeutlicht wird uns die Existenz einer solchen Partei
durch jenes grossartige Geschichtswerk des Anonymus von
S. Denys. Das Dunkel, welches über seiner Person liegt,
wird wohl kaum jemals aufgehellt werden,[1]) aber sein
Werk, das alle bisherigen Chroniken weit hinter sich lässt,
gewährt uns die deutlichsten Einblicke in diese Zeit. Er leitet
den Bericht über den Prozess des Jean Petit in eigentümlicher
Weise ein[2]): »Quorundam circumspectorum virorum et eminentis
sciencie consciencie scrupulus«, sagt er, »calamum septem annis
retrocedere monet«, und nun berichtet er, dass Jean Petit nicht
nur »justificationes frivolas«, sondern auch vieles dem Glauben
Widersprechende vorgebracht habe. Aber bisher habe, wie
ihm auf sein Befragen geantwortet sei, Burgund versucht, jene

---

[1]) Der neueste Versuch von H. Moranvillé, Bibliothèque de l'École des
Chartes, I., 1889. S. 1—37.
[2]) Relig. V, 270—278.

Rede vergessen zu machen. Eine Untersuchung derselben sei deshalb nicht möglich gewesen. Auch an dieser Stelle tritt, wie an den meisten wichtigen Stellen seines Geschichtswerkes, eine für uns geheimnisvolle Instanz auf — die viri circumspecti et eminentis sciencie. [1]) Sie haben den Schreiber bestimmt, den Bericht über den Prozess samt einer Erklärung der Verspätung in sein Geschichtswerk aufzunehmen. Von ihnen ging — so dürfen wir vermuten — auch die Initiative bei dem Prozess selbst aus. Diese viri circumspecti, deren Stellung und Zahl immer unbestimmt bleibt, sind für den Mönch durchaus Autoritätspersonen, deren Urteil als gänzlich unparteiisch immer für ihn ausschlaggebend ist — bald, dass sie dem Hof anzugehören scheinen, bald dem Parlament und Beamtenstand, bald der Universität. So unbestimmt diese Instanz ist, — man muss mit ihr rechnen. Das Zeugnis des Anonymus allein weist diesen Männern eine gewisse Machtstellung zwischen den beiden grossen politischen Parteien Frankreichs an. Die Geschichte der Wandlung in diesem Kreis, welche unter der Tyrannei der Pariser Demokratie sich vollzieht und letzthin von Burgund zu Orleans führt, erhält ihre Bestätigung und Ergänzung durch die Haltung des Anonymus selbst, dessen Unparteilichkeit doch nicht so stark ist, um nicht erkennen zu lassen, dass unter dem Eindruck der Ereignisse von 1411—1413 seine Sympathien von Burgund sich mehr und mehr abwenden.

Dieselbe Wandlung hat Johannes Gerson mitgemacht.

Die erste Anregung des Prozesses über Jean Petits Irrlehre im Herbst 1413 ging nicht von der orleanistischen Partei aus. G. und seine Gesinnungsgenossen waren die Urheber. Sie wollten Genugthuung haben für das verletzte Recht, in welchem sie den einzig sichern Boden für eine bessere Zukunft Frankreichs sahen. Aber diese Genugthuung sollte eine wesentlich moralische sein.

G. war die Seele dieses Unternehmens. Schon vor dem Abzug Burgunds, wohl in unmittelbarem Zusammenhang mit dem politischen Umschwung im Winter 1412/13, hatte G. angefangen, gegen die Irrlehre Jean Petits, diesen Kern des allgemeinen moralischen Verfalles, zu agitieren. Er war auf Widerstand bei seinen Universitätsgenossen gestossen. Menschenfurcht hatte sie abgehalten, wie er sagt, »et est bien à croire

---

[1]) Im Interesse der Geschichtsschreibung des berühmten Anonymus verdienten sie wohl eine eigene Untersuchung.

que plusieurs se sont bien repentis de leur dilation ou dissi-
mulation«. [1]) Aber »vaut mieux tart que jamais«. Er selbst
scheint sich in dieser Beziehung nicht schuldig gefühlt zu
haben. »Es´ können Fälle vorkommen«, sagt er in seiner
Rede, »wo man mit der Wahrheit des Glaubens zurückhalten
muss, — wenn man nämlich zu befürchten hat, die Wahrheit
werde vor der Schlechtigkeit und Verkehrtheit derer, welche
sie aufrecht zu erhalten haben, zu Schanden werden. Ist aber
die Freiheit hergestellt, dann giebt es keine Entschuldigung
mehr. Und das ist jetzt der Fall«. [2])

---

[1]) G. Op. IV, 678.
[2]) G. Op. IV, 675.

Viertes Kapitel.

Das Pariser Urteil.

I. Der Gang des Prozesses.

Die Anregung, welche G. gegeben hatte, blieb trotz der vorsichtigen Haltung der Universität nicht ohne Erfolg. Derselbe wurde aber — und hier tritt das Missliche in der Stellung der Patriotenpartei schon hervor — allein durch den steigenden Einfluss der Orleans herbeigeführt. Die Unselbstständigkeit und Haltlosigkeit des Dauphin, welcher an die Spitze der Reaktion getreten war, liess die Orleans immer mächtiger werden. Ihre Anhänger verdrängten allmählich die bisherigen, meist burgundisch gesinnten Beamten.[1]) Hatte bis dahin der Dauphin vielleicht noch gezögert, dem Wunsche G.'s und seiner Gesinnungsgenossen nachzugeben, so erging — wohl schon unter dem Einfluss der neuen Regierungspartei — am 7. October an den Pariser Bischof Gérard ein königliches Schreiben,[2]) worin er angewiesen wurde, in Gemeinschaft mit dem General-Inquisitor, den Mitgliedern der theologischen Fakultät und anderen Klerikern der Universität, so viel er ihrer bedürfe, die im Reich kursierenden, den Glauben und die königliche Autorität untergrabenden Irrtümer zu untersuchen, insbesondere die, welche »nostre Procureur en Cour d'Eglise« namhaft machen werde. Die Hülfe der weltlichen Macht stehe ihm nötigenfalls zu Gebote.

---

[1]) Relig. V, 143 ff. 158 ff.
[2]) G. Op. V, 52 f. Die Art der ersten Verhandlung lässt vermuten, dass schon die orleanistische Partei im Stande war, einen Druck auszuüben.

Der Bischof Gérard, ein Bruder des auf Anstiften Burgunds 1409 hingerichteten, königlichen Haushofmeisters Jean de Montaigu, war ein entschiedener Anhänger der orleanistischen Partei gewesen. Als sein Bruder verhaftet wurde, musste auch er fliehen und wurde nebst seinem andern Bruder, dem Erzbischof von Sens, 1411 unter dem Gouvernement des Grafen von S. Pol geächtet.[1]) Nach dem Frieden von Auxerre kehrte er in sein Bistum zurück. Er blieb auch während der Revolution im Frühjahr 1413 im ungestörten Besitz desselben. Es wurde ihm sogar ein Teil der Staatsgefangenen überwiesen.[2]) Infolge der Leitung des Prozesses über Jean Petits Lehre und der Verurteilung derselben zog er sich aber wieder den ganzen Zorn Burgunds zu. —

Aus uns nicht ersichtlichen Gründen verzögerte sich die erste Sitzung des Prozesses bis zum 30. November. Den Vorsitz führte hier der Offizial des Bischofs und der Provinzial-General der Dominikaner Petrus Florentini, der Kommissar des Inquisitors Jean Polet. Es fanden sich 30 Mitglieder der Universität ein, davon 18 Professoren der Theologie, unter ihnen 2 Karmeliter, 3 Prediger, 1 Cistercienser, 4 Benedictiner. Die übrigen 12[3]) waren, mit Ausnahme eines dekretistischen Licentiaten, Baccalauren der Theologie, zugleich magistri artium, unter ihnen der Prokurator der französischen Nation nebst zwei anderen Mitgliedern derselben. Es scheint, dass man absichtlich die Zahl der Sachverständigen in dieser Weise beschränkt hatte, um zunächst der Zustimmung dieser Wenigen sich zu vergewissern und dann weitere Kreise heranzuziehen. So durfte man am ehesten hoffen, den Widerstand zu besiegen, der in der Universität, auch in der theologischen Fakultät, bestand und in einer grösseren Versammlung gefährlich werden konnte.

Zunächst trat G. auf, verwahrte sich noch einmal gegen den Verdacht, als verfolge er persönliche Interessen, und beantragte die Einziehung der Exemplare der Petit'schen Rede. Dann redeten die Professoren, nach ihnen die Baccalauren. Ueber den modus des Verfahrens, wonach hauptsächlich gefragt war, sprachen nur wenige. Man hielt sich an die Weisung des königlichen Erlasses nnd an den Beschluss der theologischen Fakultät. Für energische Verfolgung der Irrtümer sprachen sich mehr oder weniger offen die theologi saeculares, besonders

---

[1]) Relig. IV, 465. 723.
[2]) a. a. O. 131.
[3]) G. Op. V, 64—69.

Jean Dachery [1]), Guillaume Beauneveu [2]), Gérard Machet, Raoul de la Porte, ferner die beiden Karmeliter und die Genossen von S. Denys aus. Dennoch aber waren einige unter ihnen für vorherige genaue Untersuchung der Rede Petits und ihres Verhältnisses zu den ausgezogenen Sätzen, eine Untersuchung, welche G. im Interesse der Kürze des Verfahrens ausgeschlossen wissen wollte. Johannes de Dulcimenillo, ein Zögling des Kollegs von Navarra, sprach sogar das Bedenken aus, es möchte der Friede durch diesen Prozess gestört werden, wogegen von anderer Seite der Satz betont wurde: »extirpatio errorum est procurare pacem in isto regno«. Benoît Gentien und Guillaume Beauneveu, die nächsten Gesinnungsgenossen G.'s, wünschten, dass man den Herzog von Burgund von vornherein in Kenntnis über den Prozess setze. Sehr zurückhaltend verhielten sich die Predigermönche. Ihr Regens, Johannes Michaelis [3]), sprach sich zwar für die Verdammung der Sätze aus, zweifelte aber die Autorschaft Jean Petits an. Die vota seiner beiden Ordensgenossen lassen deutlich durchblicken, dass sie den Prozess wenigstens in die Länge ziehen wollten. [4]) Während der eine ein juristisches Forum empfahl, drückte der andere sein Befremden über diese Sätze aus, welche von einem Magister der Theologie nicht herrühren könnten. Der Herzog von Burgund werde dieselben verabscheuen. Mit ihm solle man sich in Verbindung setzen, nachdem man eine Vergleichung der ausgezogenen Sätze mit dem Original angestellt und noch andere Exemplare der Rede zusammengebracht habe.

»Secundum opinionem omnium, saltem majorum et saniorum partis« [5]) fassen die beiden Präsidenten das Resultat der Beratung dahin zusammen, dass die ausgezogenen Sätze mit Recht als verwerfliche charakterisiert worden seien, und dass man nicht nur »doctrinaliter«, sondern auch »judicialiter« gegen sie einschreiten müsse. Ueber die geäusserten Bedenken, über die Stimmen, welche zuvor eine eingehende Untersuchung des Materials wünschten, setzte man sich einfach hinweg. Die Leiter des Prozesses wollten — das zeigt sich später — mit diesem vorläufigen Beschluss einen Druck auf die weiteren Beratungen ausüben, zu denen man die Theologen der Universität vollzählig hinzuziehen musste.

---

[1]) a. a. O. 64 f.
[2]) a. a. O. 66.
[3]) a. a. O. 68.
[4]) a. a. O. 67 f.
[5]) a. a. O. 69 f.

Am 4. Deeember fand im Beisein des Bischofs und des Inquisitors eine zweite Beratung statt, wie es heisst »pro maturiori et saniori consilio habendo«.[1]) Die an der ersten Verhandlung beteiligten Professoren der Theologie nahmen, mit Ausnahme eines Predigermönches, auch an dieser teil. Im ganzen fanden sich hier 48 Professoren der Theologie zusammen; dazu kamen der Erzbischof von Sens, der Bischof von Nantes und drei Aebte — mit Einschluss einiger Baccalauren der Theologie, zweier Dekretisten und vier Mönchen im ganzen 68 Personen.

Jean Courtecuisse[2]), der Almosenier des Königs, jener Normanne, der die Unionsbewegung durch sein Wort nicht wenig gefördert, der im Mai dieses Jahres die grosse Reformakte der Revolution mit einer trefflichen Rede eingeführt hatte, trat zuerst mit einem Bedenken gegen das bisherige Verfahren auf. Er fand dasselbe übereilt und verlangte gehörige Information der Magister durch Verteilung der sieben Sätze und daran anschliessend eingehende Beratungen. Sein Bedenken wird von dem grössten Teil der Versammlung aufgenommen. Bei nicht wenigen erhebt sich ein schärferer Widerspruch. Petrus de Diarcio[3]) (Dierreyo) meinte sogar, gemäss dem Gleichnis vom Unkraut unter dem Weizen solle man das Verfahren ganz einstellen. Der Professor der Theologie Ursinus Taillenande[4]) (Tallevande), ein Normanne von ehrgeiziger, heftiger Gemütsart, urteilte, die Zustimmung der theologischen Fakultät zu G.'s Antrag enthalte noch nicht eine Verurteilung der in Frage stehenden Sätze. Dieser weitere Schritt entspreche seiner Intention nicht. Man müsse vielmehr erst untersuchen, ob die Sätze in Petit's Rede enthalten seien. Der Vorschlag des einflussreichen Mannes fand mannigfachen Anklang. Nur ein Drittel der Versammlung, darunter die, welche schon das erste Mal .sich znstimmend ausgesprochen hatten, war für sofortige Verurteilung wenigstens des ersten Satzes. Das Bedürfnis nach weiteren Informationen war zu allgemein. Man konnte sich ihm nicht entziehen.

G., der gehofft hatte, die Frage nach dem Autor der Sätze ganz zurückdrängen zu können, musste diesen Wunsch

---

[1]) a. a. O. 70—78.
[2]) a. a. O. 71.
[3]) Nach dem Calal. ill. vir. (Bul. V) gehörte er dem Kolleg von Navarra an. Nach Launoy, opera IV, 702: 1396—1411 Vorsteher desselben, tritt er 1411 aus, nachdem er eine Pfründe erlangt hat. G. Op. V, 71 f.
[4]) Bul. V, 271 ff. G. Op. V, 72 f.

aufgeben. Man einigte sich dahin, das »instrumentum«, welches die Sätze und die »reprobationes« G.'s enthielt, an die einzelnen Magister zu verteilen. Durch die beigefügten Bemerkungen G.'s, welche überall auf Glaubensirrtümer erkannten und den Andersdenkenden mit der Anklage der Häresie bedrohten, sowie durch den Beschluss der ersten Versammlung war indessen ein Präjudiz geschaffen, welches für ängstliche Gemüter die Freiheit der Abstimmung nicht wenig einschränkte und die Kommission ein ihren Wünschen entsprechendes Resultat hoffen liess. Allein als man am 19. Dezember gleichzeitig mit der Untersuchung über den Wortlaut der Handschriften der Petit'schen Rede [1]) eine neue, weiter ausgedehnte Abstimmung einleitete, fand man doch durchaus nicht die gewünschte Willfährigkeit. Die Abgabe der Stimmen, welche meistens mündlich und schriftlich erfolgte, zog sich bis zum 5. Januar hin. [2])

Die Behandlung der einschlagenden Fragen war bis auf wenige Ausnahmen eine sehr oberflächliche. Weder die theologische Wissenschaft, noch die Kirche hatte über diese Frage bisher eine Entscheidung gegeben. Die Meisten waren daher einer prinzipiellen Beurteilung derselben gar nicht gewachsen. Um so mehr zeigten sie sich andern Einflüssen zugänglich. Ueberwiegend war die Scheu, sich mit dieser heikeln Angelegenheit näher zu befassen. So wünschten die einen möglichst schnelle unumwundene Verurteilung der 7 Sätze. Andere griffen formelle Fragen auf, um den Prozess in die Länge zu ziehen und so einer Erklärung über die Lehre auszuweichen. G. und seine Gesinnungsgenossen versuchten noch immer, so weit dies überhaupt möglich war, die Personenfrage auszuschliessen und die Debatte auf eine Auseinandersetzung über die Lehre einzuschränken. Aber diese Position war schon wegen der Unsicherheit der Lehre nicht zu halten. Bei der kasuistischen Art der Behandlung musste man trotz aller gewichtigen Instanzen, die man für die absolute Geltung des »Non occides« anführte, Ausnahmen gelten lassen. Die Souveränität des Volkes war ein wissenschaftlicher Glaubenssatz der Theologen seit Thomas von Aquin, dem auch die öffentliche Meinung grosse Sympathien entgegenbrachte.[3]) Dem Volk als solchem

---

[1]) a. a. O. 212 ff.
[2]) a. a. O. 79—212.
[3]) G. Op. V, 172. Der Professor Roland Barguenel, welcher die vorgelegten Sätze missbilligte, meinte trotzdem, man müsse in dieser Sache mit der grössten Vorsicht entscheiden, damit man nicht dem Hang der Herrscher zur Tyrannis nachgebe, denn diese sei das grössere Uebel.

sprach man allgemein das Recht des Tyrannenmordes zu.
Streitig waren nur die Fragen, ob der Einzelne sich ohne weiteres
zum Organ des Volkswillens machen dürfe, und wenn das, ob
seine That als eine kraft gesetzlicher Autorität geschehene zu
betrachten sei oder ob auf Grund des Thatbestandes und der
Stimme des Gewissens die gesetzliche Autorität fehlen könne.
Die Beispiele von Moses, Phineas und dem Erzengel Michael,
welche Jean Petit für die letztere Ansicht angeführt hatte,
machten den Gegnern die grössten Schwierigkeiten. Ihre
Beweisführung war unsicher und dadurch wirkungslos.

Schon der erste Redner der Partei, der Bischof von
Nantes[1]), konnte diese Schwäche nicht verdecken: in einer
langen Rede brachte er es schliesslich nur dahin, dass er den
Tyrannenmord deshalb für unzulässig erklärte, weil das Volk
nicht unterscheiden könne, wer Tyrann sei und wer nicht.
Auch der Abt von S. Denys[2]) hob dies hervor, ging aber
näher auf den Begriff des Tyrannen ein: ungenau und miss-
bräuchlich sei schon die Definition Jean Petits, der in jedem
gegen das Wohl des Staates und die Person des Oberhauptes
machinierenden Verräter einen Tyrannen sehe. Aber auch
diese Definition zugestanden, sei seine Ansicht falsch, denn
das Verbrechen müsse notorisch sein, und das Verfahren ge-
setzlich. Nach ihm trat G.[3]) auf. Er berief sich auf den
Beschluss der ersten Sitzung, auf die Stimmen seiner Vor-
redner, endlich auf die unbedingte Gültigkeit eines Moral-
prinzips: Noch keiner habe es gewagt, sich zu jenen Sätzen
zu bekennen, so sehr man sich auch bemüht habe, mit Schein-
gründen und Ausflüchten ihre Verurteilung zu hintertreiben;
aus den Kirchenvätern könne er ein ganzes Buch von Beweis-
stellen für seine Ansicht beibringen. Gerade dieser Punkt
aber war am wenigsten sicher, hatten doch schon Gegner
darauf aufmerksam gemacht, dass S. Thomas den Tyrannenmord billige. G. widmete dieser Frage nun ein besonderes
Elaborat, worin er die Aeusserung des Thomas über den Mord
Julius Caesars und über seine Beurteilung durch Cicero zer-
gliederte und nach den Grundsätzen, welche Thomas in anderen
Schriften, besonders dem Kommentar zu den Sentenzen, aufgestellt hatte, erklärt. Er kommt zu dem Resultat, dass
Thomas alle notwendigen Bedingungen bei der Zulassung des
Tyrannenmordes einschliesse, besonders auch die »quod non

---

[1]) a. a. O. 81—88.
[2]) a. a. O. 89 ff.
[3]) a. a. O. 97—123.

fiat ab illo, qui caret administratione publica«, während die Auslassung jener Bedingungen seitens Jean Petits ihrer Ausschliessung gleich komme. Wenn menschliche Hülfe auf gesetzlichem Wege nicht zu finden sei, so solle man — das war im Anschluss an Thomas sein Endresultat — auf Gott seine Hoffnung setzen.

Diese Beweisführung war zu wenig eindrucksvoll. Schon Courtecuisse [1]) hatte bereits für gänzliche Einstellung des Prozesses gestimmt. Die Gründe dafür mehrten sich bei den folgenden Rednern: das Verfahren sei nicht das ordnungsmässige, es errege schliesslich nur den alten Parteihader; Störung des Friedens würde das einzige Resultat sein. Auch wisse man nichts über den Autor der Sätze. Es sei überhaupt gar nicht festgestellt, ob die Sätze einen »assertor« hätten, denn — und das war der gewichtigste Einwurf — dieselben stimmten gar nicht mit der Rede Jean Petits überein, der sie entlehnt sein sollten. Einige hatten nämlich schon die Handschriften selbst eingesehen und machten auf bedeutende Verschiedenheiten aufmerksam, besonders bezüglich des ersten Satzes.

In der That hatte G. diesen Satz ohne Rücksicht auf den Gedankengang Petits und die besondere Bedeutung, welche der Begriff Tyrann in seinem Gefüge bekommen hatte, gebildet. Die allgemeine Fassung, welche er diesem Satz gegeben hatte, verschärfte den Gedanken nicht unwesentlich, so dass man allerdings sagen konnte, G.'s Satz sei in der Rede Jean Petits gar nicht enthalten.

G. hatte schon selbst durch ausführliche Auszüge aus der Rede Petits, welche er schriftlich einreichte, den Gegenbeweis angetreten.[2]) Während dann Jordan Morin [3]) die formellen Bedenken gegen das Verfahren zurückwies, ging Gérard Machet [4]) auf die Rede Petits selbst ein und zeigte mit grossem Geschick, wie die Aufstellungen Petits für die Rechtfertigung jenes Mordes ganz und gar nicht genügten. Er schloss damit, dass man in solchen Fällen nicht mit Wahrscheinlichkeitsgründen operieren dürfe; diese passten wohl auf das Katheder (!) vor einen beschränkten Kreis gebildeter Hörer, aber nicht für die Oeffentlichkeit, wo man das richtige Verständnis nicht voraussetzen könne.

---

[1]) a. a. O. 96.
[2]) a. a. O. 103 ff.
[3]) a. a. O. 144 ff.
[4]) a. a. O. 154 ff.

Die Gegenpartei, welche in diesem Akt schon ganz geschlossen auftrat, operierte fast ausschliesslich mit formellen
und praktischen Bedenken. Sie machte wiederholt geltend,
dass der erste Satz Petits Meinung nicht wiedergebe, dass
also eine Verurteilung desselben nicht statthaft sei, denn es
sei absurd, einen Satz zu verdammen, der niemals behauptet
worden. Die übrigen Sätze fasste man als Argumente des
ersten auf, deren Beurteilung also von der Beurteilung dieses
abhinge. Zum Teil erklärte man sich geradezu einverstanden
mit ihnen. Ueber den letzten Satz, die Verbindlichkeit des
Eides, herrschte grosse Unsicherheit. Sogar einige von G.'s
Gesinnungsgenossen wussten an diesem Satz nichts weiter zu
rügen, als dass man ihn in der Praxis vorsichtig handhaben
müsse. Männer, wie der Franziskaner Pierre aux Boeufs[1]),
Dionysius Pagani[2]), Erardus Emengart[3]) und Petrus de Nogento[4]), wagten offen die Lehre Jean Petits mit der Autorität
des heiligen Thomas zu rechtfertigen, indem sie die Ein-
schränkungen, welche Thomas dem Recht des Tyrannenmordes
gegeben hatte, auch bei Jean Petit nachzuweisen versuchten.

Die Mehrzahl der Gegner kam zwar darin überein, dass
der erste Satz falsch sei; allein sie bezweifelte, dass ein so
berühmter Theologe, wie Jean Petit, denselben vertreten habe,[5])
und verlangte eine eingehende Untersuchung der noch vorhandenen Exemplare seiner Rede. Zugleich versuchte man
aber den ganzen Prozess zu hintertreiben, indem man auf die
politischen Störungen aufmerksam machte, welche er zur
Folge haben würde. Und auch ein anderer Ausweg blieb
nicht unbenutzt. Einige suchten geflissentlich das persönliche
Interesse Burgunds hineinzuziehen und so den Prozess vor ein
juristisches Forum zu bringen oder wenigstens Hinzuziehung
von Juristen zu erlangen. Andere, darunter Ursinus Taillenande[6]), waren für Ueberweisung der Angelegenheit an den
römischen Stuhl oder ein Generalkonzil. Man begründete
diesen Antrag teils mit der Schwierigkeit der Frage, teils
damit, dass den Sätzen ein assertor fehle, und deshalb das
bischöfliche Gericht nicht zuständig sei. Thomas Hobe[7]) gab

---

1) a. a. O. 164 ff.
2) a. a. O. 162 ff.
3) a. a. O. 189 f.
4) a. a. O. 148 ff.
5) a. a. O. 181.
6) a. a. O. 127 ff.
7) a. a. O. 152 f.

den Rat, den Prozess fallen zu lassen, da nicht nur der Friede
gefährdet, sondern auch Zerwürfnisse zwischen den alten und
jungen Theologen und den Mönchen zu befürchten seien:
man solle dem Rat der Alten folgen und mit ihrer Hülfe das
scandalum, wenn ein solches in der Diöcese sei, heben, nötigenfalls die Hülfe der Kurie oder des zu erwartenden Legaten
anrufen.

Nicht weniger als 18 Theologen waren teils aus po-
litischen, teils aus sachlichen Bedenken für sofortige Einstellung
des Prozesses; 9 andere warnten vor Uebereilung und verlangten ausgedehnte Recherchen über Jean Petit und seine
Rede. Auch von denen, welche sich entschieden für Verurteilung der Sätze aussprachen, waren viele, unter ihnen
Gerard Machet und der Carmeliter Cholet [1]) derselben Ansicht.
Fünf andere, unter ihnen Johannes de Dulcimenillo [2]) und der
Official Petrus Florentini (Flore) [3]), glaubten die politischen
Bedenken dadurch heben zu können, dass man mit Johann
von Burgund in Verbindung trete und seiner Zustimmung zu
dem Verfahren sich versichere. [4])

35 der abgegebenen vota waren mit mehr oder weniger
Schärfe für baldige Verdammung der von G. ausgezogenen
Sätze; 79 waren im ganzen abgegeben worden.

Von den anwesenden Ordensangehörigen sprachen sich
die drei Carmeliter wiederum entschieden im Sinne G.'s aus.
Guillaume Cholet [5]) änderte sein erstes votum nur dahin, dass
er die Autor-Frage zur Berücksichtigung empfahl. Dasselbe
thaten der Abt von S. Denys und Benoit Gentien [6]). Die anwesenden Cluniacenser [7]) stimmten nicht geschlossen. Zwei
gaben ein streng doktrinelles Votum gegen die in den Sätzen
enthaltene Lehre ab. Von den beiden anderen war der eine
für Aufschub, der andere hielt das Gericht nicht für zuständig:
man solle deshalb das Resultat der Abstimmung zur Entscheidung nach Rom schicken. Diesem Vorschlag, welchen

---

[1]) a. a. O. 141. 182.
[2]) a. a. O. 146.
[3]) a. a. O. 197. 208.
[4]) G. hatte bereits selbst auf den Herzog einzuwirken versucht. Allein
seine in die Form theologischer Assertionen gefassten Rügen und Ermahnungen
waren natürlich wirkungslos geblieben. Jetzt entschloss man sich jenen Stimmen
gemäss einen neuen Versuch zu machen. Darüber w. u.
[5]) a. a. O. 141. 182.
[6]) a. a. O. 89. 175.
[7]) a. a. O. 200. 202. 204. 209.

aus politischen Bedenken der Abt von S. Germain de Pray[1])
empfohlen hatte, schloss sich auch ein Minorit[2]) an, während
ein anderer, Pierre aux Boeufs, überhaupt Einstellung des Prozesses forderte. Von den zwei Predigermönchen, welche sich
schon an der ersten Abstimmung beteiligt hatten, war Johannes
Graverant[3]) wegen politischer Bedenken für Aufschub des
Prozesses. Auch diesmal glaubte er den Herzog von Burgund
verteidigen zu müssen. Der Regens Johannes Michaëlis[4]) gab
wiederum ein sehr vorsichtiges Votum ab.

Geschlossen traten nun aber zwei Korporationen der
Universität gegen den Prozess und besonders gegen G.'s Beteiligung an demselben auf — die dekretistische Fakultät
und die pikardische Nation.[5]) Den Anlass bot ein Brief an
die Universität, in welchem Johann von Burgund sich rechtfertigt und um Unterstützung bittet. Derselbe wurde am
31. Dezember 1413 in einer Sitzung der Universität vorgelegt. Er verfehlte nicht, die beabsichtigte Wirkung zu thun.
Die dekretistische Fakultät erklärte in ihrem Beschluss, man
müsse Burgunds Bestreben unterstützen, ihn bei dem König,
dem Parlament und der Bürgerschaft empfehlen und alles dem
Frieden Schädliche abstellen, insbesondere G.'s weitere Beteiligung an dem Prozess verhindern. Den Brief, welchen
kürzlich die Universität an die Städte des Reiches geschickt
habe, billige sie nicht[6]); nur durch einen Fehler des Dekans
sei ihr Siegel darunter gekommen. Die pikardische Nation
liess am 5. Januar 1414 vor dem Bischof und dem Inquisitor
eine Erklärung verlesen, worin sie gegen die angeblich in
der »cedula· magistris nostris in Theologia transmissa« enthaltene Bemerkung, dass die durch G. ausgezogenen Sätze
von der Universität verdammt seien,[7]) protestiert: dem Antrag G.'s gegenüber hätten sie sich zunächst neutral verhalten;
nun aber »considerato processu, quem hujusque tenuit«, müssten
sie ihn desavouieren, denn es sei gegen alle Rechtsordnung,
dass er, der zuerst gegen jene Lehre aufgetreten und die

---

[1]) a. a. O. 88.
[2]) a. a. O. 121. 164.
[3]) a. a. O. 177.
[4]) a. a. O. 187.
[5]) a. a. O. 372. 211. 376.
[6]) Jedenfalls derselbe Brief, welchen der Mönch V, 196—202 mitteilt,
worin der plötzliche politische Umschwung erklärt und verteidigt wird.
[7]) Diese Bemerkung findet sich in der G. Op. V, 97 ff abgedruckten
cedula nicht.

Anklage gestellt habe, nun als Zeuge und gewissermassen auch als Richter fungiere. Die politische Lage verlieh diesen Protesten Nachdruck. Johann hatte unaufhörlich gerüstet. Er hatte dem letzten Frieden nur widerwillig zugestimmt. Nun machte der immer mehr überwiegende Einfluss der Orleans denselben in der That illusorisch. Burgunds Anhänger wurden allmählich aus allen Stellungen verdrängt. Die Bedrückungen hörten nicht auf. Johanns Klagen aber beantwortete man nur mit wiederholten Erlassen gegen seine Rüstungen.[1] Aber Johann scheute noch vor dem entscheidenden Schritt. Da gab ihm der Dauphin einen erwünschten Anlass. Die Aufsicht der Vettern war ihm lästig geworden. Er ·fühlte sich als Gefangener und rief den Schwiegervater zu Hülfe. In einem Brief an die Bürgerschaft von Paris kündigte nun Johann Ende Dezember sein Kommen an.

Unter diesen Umständen musste es allen geraten erscheinen, wenigstens den Versuch zu einem Einvernehmen mit dem Herzog über die Glaubensangelegenheit zu machen. Am 8. Januar wurde Petrus Florentini, der Offizial des Inquisitors, an ihn abgesandt. Er sollte ihn über den Zweck und Verlauf des Prozesses aufklären und allen Verleumdungen den Weg abschneiden: man werde so vorgehen, »quod nullus cujuscunque status aut conditionis existat poterit aut debebit male contentari«. Zugleich sollte er fragen, wie sich der Herzog zu Petits Lehre stelle.[2] Johann antwortete ausweichend: nur soweit sein gutes Recht es fordere, halte er an Petit fest.[3] Dies gute Recht war aber — das sollte sich später zeigen — ein sehr dehnbarer Begriff. Die Antwort des Herzogs konnte auch seine Freunde nicht befriedigen.

Die drohende Gefahr nötigte aber andererseits die Orleans zu schärferen Massregeln. Ihre Herrschaft wurde in der Stadt immer drückender. An Neutralität war kaum mehr zu denken. Unter diesen Auspicien nahm der Prozess seinen Fortgang. Am 5. Januar war die dritte Abstimmung geschlossen worden.[4] Namens der Richter erklärte der bischöfliche Offizial, dass man entsprechend der Majorität der abgegebenen Stimmen die Sätze für »bene qualificatae et rationabiliter reprobatae« ansähe. Da aber Zweifel an der Authentie der

---

[1] Monstrelet III, cp. 114—119. 120. Relig. V, 231 ff.
[2] G. Op. V, 220 f.
[3] Monstr. III, 122.
[4] G. Op. V, 215 ff.

Sätze geäussert worden wären, so wolle man mit reiflicher Ueberlegung weiter in dieser Angelegenheit vorgehen. Er schlug 16 Männer für eine Kommission vor, welche die vorhandenen Handschriften der Rede[1]) unter sich und mit den Sätzen vergleichen sollten. Die Versammlung ging darauf ein. Ausser Jean Courtecuisse, Petrus de Dierreyo, Ursin Taillenande, Petrus de Nogento, Johannes Broust und Johannes Michaelis waren die Deputierten nur aus der Zahl derer gewählt, welche für sofortige Verdammung der Sätze gestimmt hatten.[2])

Am 8. Januar fand die erste Sitzung dieser Kommission statt. Die folgenden Termine am 12. und 15. Januar konnten teils wegen ungenügender Präparation, teils wegen Nichterscheinens der Deputierten nicht abgehalten werden. Erst am 19. Januar erschienen dieselben vollzählig. Es handelte sich um zwei Fragen: ob unter den Handschriften wesentliche Verschiedenheiten obwalteten, und ob die 8 Sätze G.'s sinngemäss aus der Rede Jean Petits gebildet seien. Die Beratungen darüber dauerten bis zum 29. Januar.

Die erste Frage wird von allen verneint, die zweite Frage von 10 Deputierten bejaht. Jean Courtecuisse, Ursin Taillenande und Petrus de Nogento[3]) sprachen sich nicht entschieden aus. Johannes Broust[4]) dagegen stellte die Uebereinstimmung der Sätze mit der Rede, besonders des ersten Satzes, offen in Abrede. Auch Johannes Michaelis,[5]) der Regens der Dominikaner, meinte, der erste Satz lasse sich nicht aus dem Wortlaut der Rede ableiten. Auf Vorschlag von Jean Courtecuisse einigte man sich dahin, neue ausführliche und wörtliche Auszüge aus der Rede zu machen. Am 31. Januar wurden demgemäss von Johannes de Dulcimenillo 37 solcher Auszüge verlesen und durch Zeugen ihre Authentie festgestellt.[6]) Es handelte sich nun darum, aus diesen diejenigen Sätze auszuwählen, welche die Lehre Jean Petits am besten charakterisierten und zur Grundlage weiterer Verhandlungen in der Plenarversammlung dienen konnten.

Ein Antrag, die ganze Rede Jean Petits vor das Forum zu ziehen, welchen die Gesinnungsgenossen G.'s in der

---

1) Die Echtheit der Handschriften war durch ein Zeugenverhör am 19. Dez. festgestellt worden.
2) G. Op. V, 217. 219—277.
3) a. a. O. 243 ff. 247 f.
4) a. a. O. 256 f.
5) a. a. O. 257 f.
6) a. a. O. 258—267.

Kommission stellten, blieb zunächst unberücksichtigt. Die Opposition, welche besonders von Ursin Taillenande geführt wurde, drang mit ihrem Vorschlag durch, und man ging an die Auswahl. Nachdem man sich über sieben Sätze geeinigt hatte, entstand bei dem achten ein Streit. Den Satz »littera occidit, spiritus vivificat« wollte die Opposition nicht als einen verdammungswürdigen anerkennen.[1]). Noch grössere Schwierigkeiten machte die Aufnahme der conclusio. Diese, welche als 37. dictum herausgehoben worden war, enthielt nämlich unverkennbare Anspielungen auf den ermordeten Herzog von Orleans. Ihre Verdammung würde eine unmittelbare Verurteilung des Mörders bedeutet haben. — Jean Courtecuisse war unschlüssig, Ursinus Taillenande und seine Partei wollten das Einreichen dieses Satzes davon abhängig machen, wie die Magister sich über die vorhergehenden Sätze äussern würden. Johannes Broust war offener: die Entscheidung der question, de fait stehe dem Theologen nicht zu. Man einigte sich schliesslich dahin, die »conclusio« mit Ausscheidung der den Mord Orleans berührenden Ausdrücke aufzunehmen. Eine besondere Kommission von drei Männern hatte dies auszuführen.[2])

Dienstag, den 6. Februar, wurden die Kommissionsberatungen abgeschlossen. In dem Instrument, in welchem man das Resultat zusammenfasste, wird zwar anerkannt, dass die Sätze G.'s richtig und sinngemäss aus Jean Petits Rede ausgezogen seien; allein man sieht von ihnen weiterhin ganz ab. Dem »Konzil« werden nur die neun von der Kommission ausgezogenen Sätze vorgelegt. Zur Erläuterung ist die von Jean Petit nach dem hl. Gregor aufgestellte Definition des Tyrannen vorausgeschickt. Die Opposition hatte hiermit scheinbar einen Sieg errungen.[3]) —

Am 12. Februar beginnen wiederum die Plenar-Versammlungen[4]), die erste unter dem Vorsitz des Bischofs selbst. Ehe wir ihnen näher treten, müssen wir einen kurzen Blick auf die weitere Entwickelung der politischen Verhältnisse werfen.

Johann von Burgund hatte Wort gehalten. Am 23. Januar war er von Lille aufgebrochen. Durch die Pikardie zog er

[1]) a. a. O. 269.
[2]) a. a. O. 270 ff.
[3]) Die Tendenz des Antrags von Jean Courtecuisse, mit dem man im wesentlichen durchdrungen war, ist nicht zweifelhaft: durch Hereinziehung der question de fait wollte man dem Prozess seinen theologischen Charakter nehmen. Darüber w. u.
[4]) a. a. O. 277 ff.

auf Paris zu. Der Dauphin wurde zwar veranlasst, in einem offenen Schreiben an den Herzog vom 24. Januar 1414 seinen Hülferuf zu dementieren. [1]) Allein Johann liess sich nicht mehr zurückhalten. Mit einem ansehnlichen Heer setzte er sich am 7. Februar in S. Denys fest, nachdem er auf seinem Weg in mehreren anderen wichtigen Plätzen Besatzungen zurückgelassen hatte. Die drohende Gefahr mag nicht wenig auf die Magister eingewirkt haben. Die Opposition war mit ihren Forderungen im wesentlichen durchgedrungen. Allein Johanns Bemühungen, in Paris Einlass zu gewinnen, scheiterten an den energischen Massregeln des Grafen von Armagnac. Nach kurzem Aufenthalt musste er auf demselben Weg, den er gekommen war, wieder abziehen. Um diese Zeit wurde der König, der seit dem 18. Dezember krank war, wieder gesund. Sofort erklärte man Johann in die Acht. Der königliche Erlass vom 10. Februar [2]) enthält einen Ueberblick über die ganze Zeit seit dem Tod Orleans. Burgund wird für alles Unglück dieser Zeit verantwortlich gemacht, des wiederholten Vertragsbruches, der Tyrannei und Majestätsbeleidigung angeklagt.

Während Johann noch in S. Denys lag, begann die letzte Abstimmung über Jean Petits Lehre. Sie wird eingeleitet durch Verlesung eines königlichen Schreibens an den Bischof vom 4. Februar, in welchem der König seine Verwunderung über die lange Dauer des Prozesses ausspricht und Beschleunigung verlangt unter Hinweis auf die verstockte und reichsfeindliche Haltung Burgunds, der, wie man sagt, durch seinen Feldzug den Prozess habe verhindern wollen. Da der König am 4. Februar noch krank war, so ist der Brief der deutlichste Beweis dafür, dass die Orleans das Regiment völlig in Händen hatten und entschlossen waren, es gerade in dieser Angelegenheit auszunutzen. Der Bischof, welcher der ersten Sitzung selbst präsidierte, forderte nun zur Abstimmung auf, indem er — gegen das Kommissionsinstrument, aber im Sinne jenes Antrags der Gerson'schen Deputierten — ausdrücklich beifügt, dass die, welche die Rede Jean Petits selbst eingesehen hätten, auch über diese sich im ganzen äussern möchten.

Die Abstimmung dauert bis zum 19. Februar. [3]) 56 geben ihre Stimmen ab, 6 davon hatten den früheren Beratungen nicht beigewohnt. 27 Stimmen waren für Verurteilung der Sätze

[1]) Relig. V, 236 f.
[2]) a. a. O. 248—268.
[3]) G. Op. V, 280—319.

und der ganzen Rede. 8 unter dem Vorgang Ursin Taillc-
nande's stimmten für Ueberweisung an die Kurie oder das
künftige Generalkonzil. Andere vermieden entweder, wie Jean
Courtecuisse und Petrus de Nogento[1]), eine Entscheidung zu
geben, oder verlangten noch Aufschub. Einige, wie Matthäus
Mercerii[2]), wagten sogar, Jean Petit und seine Lehren zu verteidigen. Ein Licentiat der Theologie, Petrus Migitii[3]), der
sich in demselben Sinne aussprechen wollte, wurde nur durch
eine Drohung G.'s zum Schweigen gebracht. Von beiden
Seiten wurden neue Argumente nicht ins Feld geführt. Der
Bischof von Nantes[4]) bemühte sich zwar, die Verwerflichkeit
des Tyrannenmordes auch unter den besonderen Umständen,
wie sie durch den ersten der neun Sätze statuiert waren, zu
beweisen. Aber Jean Courtecuisse und Taillenande hatten
auch an diesem Satz auszusetzen, dass er »generaliter posita«
sei und deshalb über den Gedanken Petits hinausgehe. Viele
machten trotz der über Johann verhängten Acht offen politische Rücksichten gegen die Verdammung dieser Sätze
geltend. Zu ihnen gehörten drei Cluniacenser, zwei Augustiner
und die beiden Dominikaner Johannes Michaëlis und Johannes
Graverant.

Das Resultat dieser letzten Abstimmung ist — die Verhältnisse in Rechnung gezogen — ein sehr ungünstiges. Es
waren 29 magistri überhaupt nicht erschienen. Nur infolge
der Zersplitterung der oppositionellen Stimmen kam ein
Majoritätsbeschluss im Sinne G.'s und der orleanistischen
Partei zustande.

Am 23. Februar wurde in feierlicher Versammlung nach
einer wahrscheinlich von G. gehaltenen einleitenden Rede[5])
das Urteil des Bischofs verkündet. Es richtet sich zunächst
gegen die Rede Jean Petits, die »justificatio domini ducis
Burgundiae«, und befiehlt Einziehung und Verbrennung aller
vorhandenen Exemplare derselben. Ein zweites Urteil betrifft
die 9 Sätze, über welche man zuletzt abgestimmt hatte. Am
Sonntag Invocavit, den 25. Februar, hielt Bénoît Gentien eine
Rede über die Verwerflichkeit der Lehre Jean Petits.[6]) Darauf
erfolgte die feierliche Verbrennung der zusammengebrachten

---

[1]) a. a. O. 299. 313.
[2]) a. a. O. 309.
[3]) a. a. O. 298.
[4]) a. a. O. 280.
[5]) a. a. O. 322 ff.
[6]) Relig. V, 276 f.

Handschriften. Schreiben des Bischofs an seine Diöcesanen
und ein königlicher Erlass vom 16. März an die Erzbischöfe,
die gesamte Geistlichkeit, welche Gerichtsbarkeit besass, sowie
an das Parlament verkündeten das Resultat im Lande und
ordneten eine allgemeine Ausrottung der unheilvollen Schrift
an. Auch an den Papst und die Kardinäle ging ein ausführlicher Bericht ab.

II. Die Parteien und das Resultat des Prozesses.

Um einen tieferen Einblick in die Parteien der Universität
zu erhalten, müssten wir versuchen, die Vergangenheit der
einzelnen in diesem Prozess auftretenden Personen zu erfahren.
Leider ist dies wegen Mangels an Nachrichten unmöglich. Wir
müssen uns mit einer allgemeinen Musterung begnügen. Indessen schon hierbei gewinnen wir ein für unsern Zweck ausreichendes Bild der Lage.

Wir fanden als Ergebnis der politischen Entwickelung,
dass G. bei seinem Auftreten als Kläger gegen Jean Petits
Irrlehre im Zusammenhang mit einer erkennbaren Patriotenpartei handelte. Sein Motiv bei der Anklage war lediglich
ein moralisches, von den gewöhnlichen Interessen der Parteien
unabhängiges. Er ging aus auf eine eindrucksvolle Verurteilung der von Jean Petit vertretenen Anschauung, um das Ansehen der Moral und des Gesetzes im öffentlichen Leben
herzustellen und Johann von Burgund zu einer genugthuenden
Erklärung zu bewegen. Daher war es ihm nur um eine Verurteilung der aufgestellten Sätze zu thun. Wer sie aufgestellt
habe, sollte ganz unberücksichtigt bleiben. —

Das war zugleich die ursprüngliche Tendenz derer, in
deren Namen G. vor dem königlichen Hof redete. Und wir
sahen, dass diese Tendenz von einem grossen Teil der berufenen Theologen noch lange aufrecht erhalten wurde. Dazu
gehören von den theologi saeculares Männer, wie Jean Dachery,
Guillaume Beauneveu, Gérard Machet, Raoul de la Porte, Jordan
Morin — meistens aus \dem Collegium von Navarra hervorgegangen. Eine kräftige Unterstützung erhielt G. durch die
Benedictiner von S. Denys, ihren Abt an der Spitze. Zu
diesen gehörte auch Bénoit Gentien, der Busenfreund G.'s.
Ebenso geschlossen traten für ihn die drei Karmeliter ein,
welche theologische Lehrstühle an der Universität inne hatten.
Auch die benachbarten Bischöfe, welche man hinzugezogen

hatte, standen auf seiner Seite. Wir dürfen annehmen, dass im allgemeinen die, welche der französischen Nation der Universität angehört hatten oder noch als magistri artium angehörten, das Gros dieser Partei bildeten. Eine wichtige Stütze besass sie an dem Bischof von Paris selbst, dem Vorsitzenden des »Konzils«.

Diesen Rückhalt hatte sie aber auch durchaus nötig, denn die Gegenpartei gab ihr numerisch nur wenig nach. Zu ihr gehörten die Normannen und Pikarden, der königliche Alomosenier Jean Courtecuisse und der rücksichtslose Ursinus Taillenande an der Spitze.[1]) Auch ehemalige Zöglinge des Kollegs von Navarra, wie Petrus de Dierreyo, zählten dazu. Hinter ihnen stand die einflussreiche Fakultät der Dekretisten. Vor allem aber wurde sie unterstützt von der Mehrzahl der Orden. Sowohl die Mitglieder des reichen Cluniacenser-Ordens, als die der Universität angehörigen Minoriten, Augustiner und Prediger neigten auf diese Seite. Der Franziskaner Pierre aux Boeufs und der Dominikaner Johannes Graverant machten aus ihrer Parteinahme für Burgund gar keinen Hehl.

Diese Oppositionspartei fand sich erst allmählich zusammen. Naturgemäss schwankten viele hin und her. Einige, wie der königliche Almosenier, bekannten niemals offen Farbe. Nur wenige, wie Johannes Broust, liessen an Deutlichkeit nichts zu wünschen übrig. Offen, so konnte G. behaupten, hatte noch niemand von ihnen sich zu seinen Sätzen zu bekennen gewagt. Nur drei oder vier nahmen Jean Petit in Schutz. Dagegen versuchte die Opposition, auf anderem Wege den Prozess zu hintertreiben; und sie hatte Glück, indem sie immer wieder die Frage nach dem Autor aufwarf und auf eine umfassende Untersuchung der Petit'schen Rede drang. Man dachte dadurch nicht nur den Prozess in die Länge zu ziehen, sondern ihn auch dem theologischen Forum zu entreissen und vor ein juristisches zu bringen, wo Burgund auf eine günstigere Entscheidung rechnen konnte.

Von der andern Seite kam man ihnen entgegen. G. und seine nächsten Gesinnungsgenossen blieben ihrer ursprünglichen Tendenz bis zum letzten Akt des Prozesses treu. Aber einige,

---

[1]) Die Stellung der vierten Nation, der Engländer, ist zweifelhaft. Politische Rücksichten verbanden sie mit Burgund, aber in den inneren Streitigkeiten hielten sie sich meistens neutral. G. Op. V, 140 berichtet einer der Abstimmenden von einer »reprobatio et replicatio, quae est magna« gegen Jean Petit, welche von angesehenen Klerikern »etiam de Anglia« verfasst sei.

die sonst ganz mit ihnen übereinstimmten, ·votierten entschieden
für die Untersuchung der Rede. In den Kommissionssitzungen
beantragte dann Jean Courtecuisse neue Auszüge aus derselben.
Sie wurden gemacht und der letzten Verhandlung zu Grunde
gelegt.

Mit ihrem Drängen auf Hereinziehung der Personenfrage
hatte aber die Opposition schliesslich das Gegenteil von dem
erreicht, was sie wollte. Offenbar hatte sie gehofft, dass der
Feldzug Johanns von Burgund nicht mit einem schimpflichen
Rückzug enden würde. Das burgundische Interesse war jetzt
stärker in Mitleidenschaft gezogen als je. In dem letzten Akt
des Prozesses handelte es sich nicht mehr um Ausschliessung
einer irrtümlichen Lehre, sondern um Verdammung der »justificatio ducis Burgundiae«, aus welcher man nur zur Verdeut-
lichung neun besonders charakteristische Irrtümer hervorhob.
Die neun Sätze, welche schliesslich aus den Beratungen der
Kommission hervorgegangen waren, schlossen sich eng an den
Wortlaut der Rede an. Sogar der auf die Ermordung Louis
von Orleans bezügliche Teil, den G. ganz bei Seite gelassen
hatte, war in diesen Sätzen verwertet. Der 5., 6. und 7. Satz
war ihm entlehnt.

Die Vertreter der Oppositionspartei in der Kommission
hatten bei der Aufstellung und Auswahl dieser Sätze mitgewirkt. Sie dachten, durch das Hereinziehen der »conclusio«
die theologische Fortführung des Prozesses unmöglich zu
machen. Allein die Gestaltung der politischen Lage in diesen
Tagen machte ihre Hoffnung zu nichte.

G.'s Gesinnungsgenossen in der Kommission hatten, als
G.'s Sätze nicht mehr zu halten waren, beantragt, die ganze
Rede dem »Konzil« vorzulegen. Sie fanden zunächst keinen
Anklang. Es ergab sich aber ein anderer Ausweg. Man
entfernte aus der »conclusio« alle auf den besonderen Fall
bezüglichen Bemerkungen. Damit war das theologische Forum
gerettet, und dennoch mehr als je Johann von Burgund betroffen.

Dass dieser Ausgang den oppositionellen Kommissions-
mitgliedern schliesslich zuwider war, trat zu Tage, als bei der
allgemeinen Abstimmung Jean Courtecuisse und Ursinus Taillenande an den Sätzen, deren Aufstellung sie selbst veranlasst
hatten, Aussetzungen machten. Es wurden aber nicht nur die
neun Sätze, sondern auch die ganze Rede in dem Endurteil
verdammt.

Die Hoffnung auf die burgundische Unternehmung hatte die Opposition gestärkt. Ihr Scheitern gab dem Prozess diese auch von G. nicht beabsichtigte Wendung. G. hat ihr zugestimmt. Und damit war eingetreten, was wir ihm und seinen Genossen voraussagen mussten. Sie waren, ohne es zu wollen, der orleanistischen Partei dienstbar geworden. — Der politische Gegensatz der Parteien Orleans-Armagnac und Burgund hatte in Paris bereits alle Verhältnisse durchdrungen. Die ursprünglich anders gearteten Gegensätze innerhalb der Universität hatten sich mit diesem völlig versetzt. Während der Unionsbewegung hatte sich dies vorbereitet. Das politische Interesse hatte hier wohl schon ausschlaggebend die Folge der Ereignisse bestimmt; die Haltung einzelner Personen war noch zum Teil unabhängig davon geblieben. Andersartige Interessen vermochten noch in einzelnen Fällen die Herrschaft der Politik zu durchkreuzen. Das ist jetzt anders geworden. Diese Neben-Interessen haben sich völlig mit dem politischen verschmolzen. In der Folge tritt dies auch bei Johannes Gerson, dem unparteiischen Patrioten, hervor.

Burgund und Orleans sind die Losungsworte geworden in dem Streit zwischen Theologen und Dekretisten, zwischen theologi saeculares und regulares. Die Eifersucht der alten und neuen Bettelorden, der alten und jungen Docenten, sowie der Antagonismus der vier Nationen der Universität findet in den Lagern der beiden politischen Parteien mächtige Bundesgenossen.

Die Pariser Prozessverhandlungen in ihrer Verknüpfung mit der im Winter 1413/14 sich weiter herausbildenden politischen Konstellation haben den Abschluss dieser lange vorbereiteten Entwickelung zustande gebracht. —

Wir kehren zurück zu der Sentenz des Glaubensgerichts. Johann von Burgund war nicht gewillt, dies alles über sich ergehen zu lassen, wurde er doch schon öffentlich als Vertreter der Petit'schen Lehre von hoch und gering gebrandmarkt. [1]) Er appellierte gegen den Spruch des Bischofs

---

[1]) Relig. V, 278.

und seines concilium an den Papst. Allein seine Appellation wurde vorerst nicht berücksichtigt. Die politischen Verhältnisse liessen es dem Papst nicht geraten erscheinen, eine Entscheidung in dieser Sache zu fällen. Erst im Zusammenhang mit dem Konstanzer Konzil wurde die Appellation aufgenommen.

Zum Verständnis der weiteren Entwickelung des Prozesses ist es nötig, Johanns XXIII Verhältnis zu Frankreich in Betracht zu ziehen, und weiterhin die Frage zu beantworten, wie sich die beiden französischen Parteien zu Sigismund und dem Konzil gestellt haben.

II. Abschnitt.

Die Entscheidung des Konstanzer Konzils am 6. Juli 1415 und ihre Vorgeschichte.

Erstes Kapitel.

Johann XXIII und Frankreich bis zum Konstanzer Konzil.

Das Konzil von Pisa war unter französischem, d. h. in diesem Fall burgundischem Einfluss zustande gekommen. Simon Cramaut hatte hier mit der hauptsächlich aus Pariser Doktoren bestehenden Unionspartei den Ton angegeben. Von deutscher und von Seiten des französischen Episkopates hatte man in verschiedener Richtung opponiert.[1]) Die Wahl Peter Philargis war eine Aushülfe. Alexander V ist nur ein Werkzeug in der Hand Balthasar Cossas gewesen. Als er am 3. Mai 1410 starb, folgte ihm dieser schon am 17. Mai als Johann XXIII.

Ludwig von Anjou[2]), »der König von Sicilien«, soll seine Wahl betrieben haben, denn er brauchte eine kräftige Hülfe gegen Ladislaus von Neapel, welcher ihm das Erbe der Anjou mit Erfolg streitig machte. In dem kriegerischen Cossa konnte er diese finden. Dagegen sollen die ultramontanen, d. h. fran-

---

1) Schwab 240.
2) Hefele VII, 6 f.

zösischen Kardinäle nach einer Aeusserung Cossas nicht abgeneigt gewesen sein, auf die Unionsvorschläge Malatestas, des Freundes Gregors XII, einzugehen, da sie selbst keine Aussicht hatten, gewählt zu werden. Allein die Macht, welche bisher den Unionsbestrebungen einen Halt verliehen hatte, Burgund, war nicht geneigt, von neuem in Verhandlungen einzutreten. Johann von Burgund hatte aber auch kein Interesse daran, einen Franzosen auf den päpstlichen Stuhl zu setzen. Er musste befürchten, dass ein solcher sich mehr in die Parteikämpfe des Landes mischen würde, als ihm lieb sein konnte. So kam einstimmig die Wahl Cossas zustande.

Das Verhältnis des Papsttums zu Frankreich war gestört durch die Beschlüsse der Pariser Synode von 1406/7 und die entsprechenden königlichen Erlasse, welche die angeblich alten gallikanischen Freiheiten wieder eingeführt hatten. Diese Gesetze rückgängig zu machen, war des neuen Papstes ganzes Bestreben. —

I. Der Konflikt zwischen Universität und Kurie und die Regentschaft.

Schon bei dem ersten Versuch stiess er auf energischen Widerstand bei der Universität.[1]) Auch Alexander V[2]) war, als er durch den Cardinal de Thurey um einen Zehnten bitten liess, von der Universität abgewiesen worden. Johann hatte zu demselben Zweck den Erzbischof Aleman Ademar von Pisa geschickt. Sofort hielt die Universität am 23. November 1410 in Anwesenheit Simon Cramauts und des Bischofs Hélie de Lestrange von Puy eine Plenar-Versammlung ab. Die Beschlüsse von 1406/7 wurden hier aufs neue bestätigt, im Fall päpstlicher Zensuren mit Appellation an das Generalkonzil gedroht und beschlossen, dass, wenn die Not der Kirche eine Unterstützung fordere, diese als freie Gabe von einem französischen Nationalkonzil bewilligt und erhoben werden solle. Eine Gesandtschaft verteidigte vor dem König diese Beschlüsse gegen den Legaten. Er sollte sogar seine Behauptungen widerrufen; im Weigerungsfall wird die theologische Fakultät gegen ihn vorgehen. Noch mehr: die königlichen Räte, insbesondere Simon Cramaut, haben der Universität ihre Unterstützung zugesagt; halten sie ihr Versprechen nicht, so sollen

---

1) Monstrelet II, 173—177.
2) a. a. O. II, 122.

sie abgesetzt werden. Die Universität war entschlossen, ihre Forderungen bis auf das Aeusserste zu verteidigen. Und sie drang im königlichen Rat durch, obgleich ein grosser Teil des Adels, vor allen die Fürsten, geneigt war, die Forderungen des Papstes zu bewilligen.

Diesen Erfolg verdankte die Universität der politischen Rolle, welche sie augenblicklich spielte. Ihrem freimütigen Auftreten im Streit der beiden politischen Parteien war der Friede gefolgt. [1]) Man hatte auf ihre Anregung hin eine Regentschaft eingesetzt. An ihrer Spitze stand Simon Cramaut. Diese politische Stellung der Universität beruht auf dem geistlichen Principat, welchen sie im kirchlichen Kampf erlangt hatte. Eins hing am andern: das kirchliche und politische Interesse deckten sich; es war eine Partei, welche die Universität auf diesem Weg anführte. Aber wird diese Partei die Oberhand behalten? wird die Verbindung Cramauts mit der Universität Bestand haben? — Seit 1395 war Cramaut der Bundesgenosse und Führer der radikalen Unionisten innerhalb der Universität. Mit diesem Anhang hatte er seine Siege erfochten gegen die Prälaten, welche ihm den Vorrang nicht zugestehen wollten. Gestützt auf die Pariser Magister hatte er auch die wichtigsten Verhandlungen zu Pisa geleitet. Es lässt sich denken, dass er seiner Partei gewissermassen verpflichtet war. Schon gelegentlich der Synode von 1406/7 hatten sich aber Differenzen herausgestellt. Cramaut hatte sich zu der Mittelpartei geschlagen, welche nur für teilweise Substraktion stimmte, während die in der Universität herrschende Majorität für totale Substraktion war. [2]) Mit dem Resultat der Synode ist diese Partei überhaupt nicht zufrieden gewesen. Wahrscheinlich nahm sie Anstoss an der Aenderung der erstmaligen Beschlüsse, wodurch die Verwaltung der Benefizien wesentlich in die Hände der Prälaten gelegt wurde, während vorher dem König eine Aufsicht darüber zugesprochen war. Vor allem aber hielt sie sich gefährdet, wenn Benedikt noch länger anerkannt würde. Ein königlicher Erlass vom 14. Januar 1407 [3]) suchte sie zufrieden zu stellen. Allein ihre Unzufriedenheit dauerte fort — bis zu dem Grad, dass sie beschloss, Vorlesungen und Predigten vorläufig einzustellen. Erst 1408 wurde sie völlig befriedigt. Die in diesem Jahr versammelte Synode sorgte in ausführlichen Dekreten für den Unterhalt

---

[1]) Relig. IV, 371 ff.
[2]) Vgl. S. 11. 47.
[3]) Hefele, 2. Aufl. VI, 885.

sowohl der saeculares, als der regulares an der Universität.[1])
Simon Cramaut hatte hier wiederum den Vorsitz.
War bisher seine Stellung eine schwierige gewesen, so
wurde sie noch schwieriger, als ihn nun (1410) der Wunsch
der Universität an die Spitze der Regentschaft berief. Er
bedurfte dieses Rückhaltes auch jetzt. Schon war aber sein
Verhältnis zu der Partei der Universität, welche ihm denselben
allein geben konnte, unsicher geworden. Eifersüchtiger als
je war die Universität auf Wahrung ihrer Rechte bedacht.
Das Selbstgefühl dieser merkwürdigen Körperschaft war unter
den Erfolgen mächtig angeschwollen. Wer ihre Interessen
antastete, war ihr Feind. Aber die Regentschaft hatte doch
noch andere Rücksichten zu üben; ihr musste insbesondere
ein Bundesgenosse, wie der Papst, sehr willkommen sein. Nur
durch Drohungen liess sich Cramaut diesmal noch zur Unterstützung der Universität. gegen die päpstlichen Forderungen
bewegen. —
Leitend scheint auch damals die normannisch-pikardische
Partei in der Universität gewesen zu sein. Ursin Taillenande
war in jener Angelegenheit zum Redner bestellt worden.[2])
Die Herrschaft einer Partei hing hier aber ganz davon ab, ob
sie im Stande war, die augenblicklichen Interessen der Majorität zu vertreten. Nun waren die Weltgeistlichen unter den
Magistern damals mit Johanns XXIII Entscheidung in ihrem
Prozess gegen die Franziskaner und Augustiner nicht zufrieden.[3])
Wenn sie zusammenhielten — und das war der Fall, so oft
gemeinsame Standesinteressen in Frage kamen — bildeten sie
noch immer die Majorität. Auf ihre Verstimmung gegen den
Papst ist deshalb im wesentlichen jene schroffe Ablehnung
der päpstlichen Forderungen zurückzuführen. Und Cramaut
konnte die Bundesgenossenschaft der Universität in seiner
neuen Stellung erst recht nicht entbehren, so dass der Wille
der Universität den Willen Frankreichs entschied. —

II. Das Konkordat vom Juli 1411.

Unter diesen Umständen war also Johanns Verhältnis zu
Frankreich zunächst ein gespanntes. Indessen da nur die
augenblickliche politische Situation, der auffallende Einfluss

---

1) Relig. IV, 43 ff.
2) Monstrelet II, 176.
3) Schwab a. a. O. 464. Vgl. Schmitz, Frankr. Unionspolitik S. 3.

der Universität, durch welchen die in dieser Körperschaft lebenden Sonderinteressen zur Geltung kamen, und letzthin die schon unsicher gewordene Bundesgenossenschaft Cramauts mit der Universität dies Verhältnis geschaffen hatten, so musste es auch mit einem politischen Umschwung innerhalb und ausserhalb der Universität sich wieder ändern.

Wir gewahren in der That in den folgenden Jahren mehr als ein Zeichen dieser Aenderung. Am 7. März 1412 erklärt sich die Universität auf Betreiben der artistischen Fakultät[1) - wir dürfen die französische Nation hierbei als die führende ansehen — gegen die »constitutio in gratiam ordinariorum condita« für das päpstliche Recht. Im August 1414 bricht ein Streit zwischen der französischen und normannischen Nation aus, der grosse Dimensionen annimmt und die ganze Universität in Mitleidenschaft zieht.[2) Hierbei handelt es sich wieder um Anerkennung des päpstlichen Rechtes gegen die gallikanischen Freiheiten. Die französische Nation, insbesondere der Rektor der Universität, welcher ihr angehört, treten energisch für das erstere ein. Diese Thatsachen erhalten ihre Beleuchtung durch die päpstlichen Breven[3), welche die alten Privilegien der Universität bestätigen und neue gewähren, — die ersten vom 10. Juli 1411 und vom 7. Januar 1412, dann das Privileg an den Kanzler vom 1. April 1412 und unter dem gleichen Datum die Erlaubnis, alle der Kurie zustehenden Angelegenheiten drei Jahre lang bei dem Pariser Bischof erledigen zu können. Am 1. Mai 1412 werden diese Privilegien in einem Schreiben an den Legaten, den nunmehrigen Kardinal Aleman Ademar von Pisa, bestätigt. Am 6. April 1414 werden sie durch diesen erneuert. Dazu kommen vom 12. April 1412, vom 23. März und vom 6. Juli 1413 königliche Erlasse,[4) welche im Einverständnis mit den päpstlichen die Privilegien der Universität den Beamten zur Wahrung und Ausführung einschärfen und alle zuwider Handelnden mit schweren Strafen bedrohen. —

Wie hatte sich das Verhältnis des Papstes zu der Universität so rasch und so völlig geändert? — Das Jahr 1411 brachte zunächst einen Umschwung in den politischen Verhältnissen. Die Regentschaft vermochte sich nicht zu halten.

1) Bulaeus, hist. univ. Paris V, 219.
2) Bulaeus, a. a. O. 271—75.
3) Bulaeus, a. a. O. 221. 226—28. Vgl. Schwab 467.
4) Bulaeus, a. a. O. 224 f. 230.

Sie wurde von allen Seiten verlassen. Auch die Universität versagte ihr in der schroffsten Weise die Beihülfe.[1] Simon Cramaut zog sich zurück.[2] Es ist nun höchst bedeutsam, dass Johannes Gerson der Redner der Universität war, welcher ihren Abfall von der Regentschaft inaugurierte. Der politische Umschwung war begleitet auch von einem Umschwung innerhalb der Universität. Die französische Nation erhielt wieder das Uebergewicht, und mit ihr die theologische Fakultät. Normannen und Dekretisten traten zurück. Wenn jemals, so hätte man in diesem Moment die Sonderinteressen vergessen und geschlossen für das allgemeine Wohl eintreten müssen, zu dessen Anwalt die Universität sich ja so bereitwillig hergegeben hatte. Aber das war ihr Verhängnis, dass sie in dem Moment ihrer höchsten politischen Bedeutung ganz in Parteien auseinanderfiel. —

Der Sturz der Regentschaft hatte zur Folge, dass nun der burgundische Einfluss in Paris immer mächtiger wurde und schliesslich die ganze Stadt beherrschte. Zugleich aber begegnen wir jetzt zuerst dem Dauphin Ludwig. Während der Abwesenheit der Königin, die ihn bisher ganz geleitet hatte, und vor der Ankunft Johanns von Burgund war er in Paris der einzige Vertreter des Königshauses. Der König hatte nämlich im Sommer des Jahres 1411 einen längeren Krankheitsanfall. Zum ersten Mal nimmt der Dauphin an Regierungsakten teil und trifft selbstständige Entscheidungen.[3] Diesen Augenblick benutzte der Legat des Papstes. Er kam aufs neue nach Paris und schloss ein Konkordat ab, wonach der König, die Königin und der Dauphin für ihre Leute und für Universitätsmitglieder das Recht der Verleihung von kirchlichen Stellen nebst anderen Privilegien erhielten; dafür wurden die »ordonnances royaux, par lesquelles toute la disposition éstoit aux ordinaires« abgeschafft. Es heisst bei Juvenal des Ursins[4]), welcher dies mitteilt, weiter: »Et le Roy et les Seigneurs au regard des prelatures estoient Papes. Car le Pape fasoit ce qu'ils vouloient«. Die Veranlassung zu dieser Aenderung war nach Juvenal der Missbrauch, welchen die Ordinarien mit jenen Rechten getrieben. Allein dies kann erst in zweiter Linie mitgewirkt haben. Die Hauptursache lag

---

[1] Vgl. S. 59 f.
[2] Relig. IV, 444. — Am 13. April 1413 wurde er Kardinal.
[3] a. a. O. IV, 446 ff. 458 f.
[4] Juvenal 346.

in den veränderten politischen Verhältnissen, mit welchen sich
die Parteigegensätze innerhalb der Universität verbanden. [1])
Mit diesem Umschwung muss jedenfalls die Ernennung
Aillis und Wilhelm Fillastres [2]) zu Kardinälen zusammenhängen.
Ich kann mir nicht denken, dass nur der Wunsch, seine Stell-
ung zu sichern, Johann XXIII dazu bestimmt habe. [3]) Es
kann nicht zufällig sein, dass er diese beiden ehemaligen
Verteidiger Benedicts wählte und Simon Cramaut, der diese
Auszeichnung viel eher um ihn verdient hatte, vorläufig noch
unberücksichtigt liess. Es waren ja gerade die Männer, welche
am meisten Fühlung mit der seit jenem Umschwung in der
Universität tonangebenden Partei hatten, während Cramaut
hier in Ungnade gefallen war. Dazu kam ihre scheinbare
Gegnerschaft gegen die gallikanischen Freiheiten, welche bisher
immer nur von Cramaut und seiner Partei verteidigt worden
waren. Die ehemalige Feindschaft Burgunds gegen den Bischof
von Cambray konnte kein Hindernis mehr sein, da es Ailli
gelungen war, mit Johann von Burgund sich auszusöhnen.
Allein der unglückliche Papst musste bald einsehen, dass er
sich in diesen beiden Männern völlig getäuscht hatte. Wenn
ihn wirklich Rücksichten auf jene Universitätspartei bestimmt
hatten, so kann dies nur geschehen sein in völliger Unkenntnis
der Verhältnisse innerhalb der Universität und des Charakters
ihrer Parteien. —

[1]) Der dieser Schilderung zu Grunde liegende Bericht Juvenals findet
sich (S. 346 f.) eingereiht zu dem Jahr 1414. Diese Stellung wird verdächtig schon durch den ganzen Charakter des Berichtes: Während der Abschluss des Konkordates erst 1414 erfolgt sein soll, wird doch schon ein
längeres Bestehen vorausgesetzt. Folgende Gründe kommen hinzu, dasselbe
in das Jahr 1411 zu verlegen:
1. wird erwähnt, dass der Erzbischof von Pisa während dieses Aufenthaltes
in Paris Kardinal wurde. Nach anderen unzweifelhaften Angaben erfolgte
aber seine Ernennung mit der Aillis am 6. Juli 1411.
2. Das Uebergewicht der Orleans, welches Anfang 1414 seinen Höhepunkt
erreicht hat, macht ein solches Einvernehmen mit Johann XXIII unwahrscheinlich.
3. Die ganze Entwickelung, insbesondere das Verhältnis der Universität
Paris zum Papst während der Jahre 1412—1414 wird nur verständlich
unter Voraussetzung einer derartigen Vereinbarung. — Der Irrtum in der
zeitlichen Ansetzung erklärt sich aber dadurch, dass auch im Anfang, d.
h. nach unserer Berechnung im April des Jahres 1414 derselbe Legat in
Paris war und frühere Privilegien bestätigte.
[2]) Ueber Wilhelm Fillastre, bisher Dekan von Reims, vgl. Schwab,
Johannes Gerson, S. 185. 186. 466. Er hatte neben Ailli auf der Pariser
National-Synode 1406/7 Benedict XIII energisch verteidigt.
[3]) Vgl. Tschackert, Peter von Ailli, S. 169 f.

III. Gallikanische Bestrebungen.

Auf Grund gegenseitiger Konzessionen hatte sich — wahrscheinlich unter besonderer Mitwirkung des Dauphin — bei zunehmendem burgundischen Einfluss in Paris ein völliges Einvernehmen zwischen Papst und Regierung gebildet. Indessen die gallikanischen Tendenzen waren damit noch nicht aus der Welt geschafft. Im Lauf der nächsten Jahre treten sie vereinzelt wieder auf. Zunächst war es das Parlament, an welchem sie eine Vertretung fanden.[1] Dasselbe fühlte sich in seinen Vorrechten beeinträchtigt durch die neue Ordnung der Dinge. Ein Brief des Legaten an einen päpstlichen Sekretär, welcher aufgefangen wurde, brachte den Streit zum Ausbruch. Der Legat hatte über die Eingriffe des Parlaments in die geistliche Gerichtsbarkeit Klage geführt. Der Streit wurde nun von dem Parlament der im Januar 1412 tagenden Nationalsynode,[2] dann dem königlichen Rat vorgelegt. Wie er endete, wissen wir nicht. Auf der Synode, welche die Beschickung des von Johann ausgeschriebenen römischen Konzils beraten sollte, kamen die Lasten der französischen Kirche und die Eingriffe der Kurie in ihre Rechte zur Sprache. Bénoit Gentien war der Hauptredner.

Die Regierung scheint sich dieser Klagen angenommen zu haben. Sie gab ihren zwei Geschäftsträgern den Auftrag, den beiden französischen Kardinälen Ailli und Cramaut die Vertretung der französischen Interessen auf dem Konzil ans Herz zu legen und über die Verhandlungen desselben schriftlichen Bericht einzureichen.[3] Die Universität instruierte ihre Gesandten dahin, die Abschaffung oder wenigstens Erleichterung der kirchlichen Abgaben durchzusetzen. Auch ein Konzil »ultra montes« scheint zu ihren Forderungen gehört zu haben.[4] Indessen es blieb bei einigen Zugeständnissen, welche Johann dem königlichen Hause machte; im übrigen versorgte er die Gesandten, insbesondere den Bischof von Amiens, mit Pfründen, und diese gaben ihren Auftrag preis.[5] Am königlichen Hof in Paris scheint man mit diesem Erfolg weiter nicht unzufrieden gewesen zu sein. Hier wehte bereits ein anderer Wind.

---

[1] Preuves des libertes de l'Eglise Gallicane, Paris 1651. S. 699 f.
[2] Relig. IV, 591 ff.
[3] a. a. O. 731 ff.
[4] Muratori, Rer. It. Scriptores III, 2. 846 ff. Vgl. J. Schmitz a. a. O. S. 3.
[5] Relig. V, 73.

7*

Wir dürfen zur Erklärung dieser Sinnesänderung wieder
die politischen Verhältnisse anführen: Das Konzil von Rom,
welches Ende 1412 oder Anfang 1413 endlich zustande kam,
war ja nur möglich geworden durch den Friedensschluss
Johanns und Ladislaus' von Neapel. Dieser aber war erfolgt
auf Kosten Ludwigs von Anjou, der Anfang 1412 nach Frankreich zurückgekehrt war, um neue Kräfte für seine italienische
Unternehmung zu sammeln. [1]) Das Eintreten der Regierung
für die gallikanischen Betrebungen mag mit seiner Rückkehr
zusammenhängen. Ludwig stand seit 1410 in nahem Verhältnis zu Johann von Burgund. Da dieser zur Zeit des
römischen Konzils die Situation beherrschte, so erklärt sich
jener Auftrag aus der Rücksicht für Burgunds Bundesgenossen.
Man spielte die gallikanischen Tendenzen aus, um auf den
Papst zu Gunsten Anjous einen Druck auszuüben. Indessen
das burgundische Interesse und das des Hauses Anjou vertrugen sich nicht. Das hatte sich schon bei den Vätern der
beiden Vettern geltend gemacht. Im März 1413 kehrte Ludwig
Burgund den Rücken und ging in das Lager der Orleans über. [2])
Später sandte er sogar Johanns Tochter, welche seinem Sohn
verlobt war und seit 1410 an seinem Hof gelebt hatte, an
den Vater zurück. Das hatte eine unversöhnliche Feindschaft
zur Folge. [3]) Und so ist es gekommen, dass die gallikanischen
Bestrebungen vorerst die Unterstützung der Regierung nicht
mehr fanden. Es hatte sich zwar im Laufe des Jahres 1412
die selbstständige Politik des Dauphin, gestützt auf den Herzog
von Berri, Ludwig von Baiern und den Grafen von Vertus,
einen Bruder des jungen Herzogs von Orleans, weiter ausgebildet; [4]) allein der Dauphin huldigte jenen Bestrebungen auch
nicht. Zudem wurde Burgunds Einfluss in Paris immer domi-
nierender.

Als Ende Juni 1413 die Gesandtschaft aus Rom zurückkehrte, war die Revolution noch im Gang. Indessen kaum
ist dieselbe beseitigt und kaum sind die Orleans wieder am
Ruder, so ergeht am 25. Oktober 1413 ein königl. Erlass
gegen die päpstlichen Erpressungen und die damit zusammenhängende Geldausfuhr. [5]) Die nach Rom in den letzten vier

---

[1]) a. a. O. IV, 591 f. 769.
[2]) a. a. O. IV, 769.
[3]) Monstrelet III, 115 ff.
[4]) a. a. O. II, cp. 107.
[5]) Preuves S. 443 f.

oder fünf Jahren ausgeführten Gelder hatte man auf drei Millionen Thaler berechnet. Trotzdem, heisst es, machen die Erzbischöfe und Bischöfe keinen Gebrauch von ihrem Recht der Benefizienverleihung »sous ombre de certaines reservations que l'on dit avoir esté faictes d'iceux benefices par nostre sainct Père ou autrement«. Fortan sollen die Prälaten ihres Amtes warten. Das Parlament, dem der Erlass zur Bestätigung vorgelegt wurde, sollte zugleich über die Mittel sich schlüssig machen, um dem kirchlichen Schaden abzuhelfen. Man riet hier zur Aufrichtung der früheren Erlasse.

Vorerst kam man indessen zu keinem Resultat. Der Kardinal von Pisa hatte eine Bulle des Papstes überbracht, welche beantwortet werden musste. Darüber scheint man die gallikanischen Bestrebungen wieder aufgegeben zu haben. Die Bulle enthielt wahrscheinlich die Einladung zum Konzil. Jener Erlass zeigt wenigstens, dass die Partei Orleans von vornherein geneigt war, den Gallikanismus gegen den Papst auszuspielen, während bei Johann von Burgund immer das Interesse an dem Pisanischen Papsttum vorherrschte, welches wesentlich unter seinem Einfluss begründet worden war.

Die spärlichen Nachrichten über Johanns XXIII Verhältnis zu Frankreich, welche mir zu Gebote standen, lassen also soviel erkennen: Johann ist von vornherein bestrebt, die »ordonnances« vom 18. Februar 1407 und die daran anknüpfenden Ausführungsbestimmungen von 1408 wieder ausser Geltung zu setzen, insbesondere die Zehntpflicht der französischen Kirche durchzuführen. Die Universität, und zwar unter Leitung der ehemaligen radikalen Unionisten, setzte dem einen energischen Widerstand entgegen. In der Regentschaft, an deren Spitze Simon Cramaut steht, finden sie noch die nötige Stütze. Erst als diese sich nicht mehr halten kann und Burgund 1411 wieder die Oberhand gewinnt, werden die »ordonnances« abgeschafft. In der Universität aber hat gleichzeitig die ehemalige gemässigte Partei die Herrschaft erlangt. Papst und Regierung wetteifern nun in Erlassen für die Universität. Indessen die gallikanischen Tendenzen treten auf einer Prälatenversammlung im Januar 1412 wieder auf. Auch die Regierung nimmt sich, wahrscheinlich von Ludwig von Sizilien beeinflusst, ihrer an, als sie das römische Konzil Johanns beschickte. Der Uebergang Ludwigs von Sizilien in das Lager der Orleans bedingt eine abermalige Niederlage derselben. Erst die im Herbst 1413 zur Herrschaft gelangende orleanistische Partei nimmt dieselben wieder auf.

IV. Die Orleans und Sigismunds Einladung zum Konzil.

Die Orleans setzten sich, wie wir sahen, in Paris fest. Burgunds Versuch, sie zu vertreiben, scheiterte. Er wurde in die Acht erklärt. Der König selbst gab, als er am 13. Februar 1414 gesund wurde, seine Zustimmung. Der Dauphin, dessen Hofhaltung man unter strenge Zensur genommen hatte,[1] musste sich fügen. Nun galt es das Wort zur That zu machen. Und nach den Rüstungen, die man betrieb, schien es als drohe dem Burgunder der Untergang.

Unter diesen Umständen war es für den Papst nicht geraten, die Appellation Johanns gegen das Pariser Urteil über Jean Petit aufzunehmen. Er musste vielmehr versuchen, mit der herrschenden Partei sich in möglichst gutes Einvernehmen zu setzen. Dass er dies erstrebt hat, zeigt der Erlass des Kardinallegaten[2] vom 6. April 1414, in erster Linie bestimmt die Beschwerden der Universität und des Parlamentes zu beseitigen und die Beeinträchtigung ihrer Privilegien, welche trotz der früheren Erlasse fortgedauert hatte, abzustellen. Gelegentlich jenes schon erwähnten merkwürdigen Streites aus dem August bemerken wir denn auch, dass die Universität unter Vorgang der französischen Nation, welche durch den ihr angehörenden Rektor zunächst beteiligt war, entschieden auf Seiten des Papstes steht und gegen die gallikanischen Bestrebungen Front macht, als deren Vertreter hier wiederum Ursinus Taillenande[3] auftritt.

---

[1] Relig. IV, 232 ff.

[2] Bul. V, 231—234.

[3] Urs. Taillenande hatte die Universität gebeten, seine Bewerbung um das Bistum Coutances zu unterstützen (entweder bei dem zuständigen Erzbischof oder bei Hofe). Der Rektor Johannes Campani war auf seine Bitte nicht eingegangen, »quia talis supplicatio erat in magnum praejudicium et gravamen autoritatis Domini nostri Pontificis et de directo veniens ad substractionem beneficiorum, cujus oppositum prosequi juravit Rector, sicut et alii in sua institutione«. Darauf war es zu Thätlichkeiten gekommen, bei welchen der Rektor Misshandlungen erlitt. Die französische Nation trat zunächst als Klägerin auf. Für den Notfall wollte man die Klage vor das Parlament bringen. Die Professoren der Theologie (jedenfalls zu derselben Nation gehörige) erhielten die Weisung, die nötigen Reden zu präparieren. Vorläufig aber sollte dieser Ausweg geheim gehalten werden. Die facultas artium nahm die Klage auf, auch die Normannen gaben ihre Einwilligung; und schliesslich wurde in einer Universitätssitzung die Bestrafung der Schuldigen beschlossen. Allein der Streit war damit nicht beendet, er knüpfte an Nebenumstände sich an und gewann infolge des hartnäckigen Widerstandes der Normannen solche Dimensionen, dass die ganze Institution in Gefahr kam. Der Kardinal von Bar, welcher damals gerade in Paris war, bewog schliesslich den Rektor und die französische Nation zum Nachgeben. Bul. V, 271 ff.

Dieser Vorgang erlaubt indessen noch keinen Schluss auf die damalige Stellung der Universität zum Konzil und dessen Aufgaben, insbesondere zu der unio. Ihre Antwort auf Sigismunds Einladung zeigt vielmehr, dass sie diesem grosse Sympathien entgegen brachte. Den Hauptfaktor bei jenem Streit bildete wohl die alte Feindschaft zwischen der französischen und normannischen Nation, welche durch den politischen Gegensatz der letzten Jahre bedeutend verschärft war. Der Antrag des Normannen beweist zunächst nur, dass die innerkirchlichen Verhältnisse nichts weniger als fest geregelt waren. Andererseits konnte sich aber der Rektor auf eine länger bestehende Verordnung berufen, welche die Rektoren zur Unterdrückung aller gegen das päpstliche Recht der Benefizienverleihung gerichteten Bestrebungen verpflichtete. Da die französische Nation und was mit ihr zusammenhing, durchaus orleanistisch gesinnt war, so ist ihr Auftreten ein Beweis dafür, dass die augenblickliche Regierung in der kirchlichen Frage noch keine entschiedene Stellung eingenommen hatte. Es scheint vielmehr, als habe der Papst einen vollständigen Erfolg gehabt, als sei ein völliges Einvernehmen zwischen ihm und den Orleans, welche anfänglich gegen ihn operierten, hergestellt worden. Allein wir werden noch von einer anderen Seite dieser Frage näher treten müssen ehe wir sie endgültig beantworten.

Johann war durch die Not in die Arme Sigismunds getrieben worden. In einer eigentümlichen Anwandlung hatte er seinen Bevollmächtigten freie Hand gegeben. Diese hatten mit dem deutschen König Konstanz als den Ort des künftigen Konzils verabredet. Sigismund hatte sich an die Spitze jener mächtigen Unions- und Reformbewegung gestellt, welche jetzt hauptsächlich in Deutschland ihren Sitz hatte. Den Appell an das römische Kaisertum deutscher Nation, welcher ihm von dieser Seite entgegenschallte, hatte er angenommen. Noch ehe der Papst seine Zustimmung zu jener Verabredung gegeben, erliess Sigismund als »Advocatus et Defensor Ecclesiae« an die gesamte Christenheit die Einladung zum Konzil. An Frankreich wandte er sich zuerst.

Wenn auch die politischen Wirren im Innern dieses Land sehr herabgebracht hatten, so war seine Haltung doch von grosser Bedeutung. Mehr als hundert Jahre lang hatte Frankreich den Prinzipat in der Christenheit inne gehabt und die Rolle, welche dem deutschen Kaisertum eigentlich zukam, gespielt. Das Schisma und der Bürgerkrieg bereiteten die

rückläufige Bewegung vor, welche nun Sigismund ausnutzte.
Aber Frankreich war noch immer aus mehr als einem Grund
das kirchlichste Land. Sigismund wusste auch an wen er sich hier zu wenden
hatte. Am 12. September 1413 war zwischen ihm und dem
Herzog von Orleans ein Bündnis geschlossen worden.[1]) Bei
dieser Partei konnte Sigismund auf das meiste Entgegenkommen
rechnen. Die hier noch nicht ausgestorbenen Sympathien für
Benedict und die Feindschaft gegen Burgund trafen zusammen,
um den Unionsbestrebungen, welche von vornherein gegen
Johann gerichtet waren und von· ihm sowohl, als von Burgund
bekämpft wurden, eine günstige Aufnahme zu sichern. Es
fragt sich nun aber, ob nicht doch die natürliche Eifersucht
gegen Sigismund, welcher plötzlich auf kirchlichem Gebiet
Frankreich den Rang abgelaufen hatte, stärker war, als jene
Prämissen.

Anfang November 1413 kam die feierliche Gesandtschaft
Sigismunds an den Pariser Hof mit der Bitte, das geplante
Konzil zu besuchen oder durch Gesandte zu beschicken, auch
eine zahlreiche Beteiligung seitens der Geistlichkeit des Landes
zu veranlassen, zugleich mit der Versicherung der »altbewähr-
ten Zuneigung ihres Herrschers für das Haus und Land seines
Verwandten«.[2]) Die Aufgaben des Konzils waren nur unbestimmt angedeutet. Möglich, dass die Gesandten mündlich
bestimmtere Erklärungen abgeben konnten. Die Antwort betonte ausdrücklich, dass man Johann für den rechtmässigen
Papst halte. Man konnte es sich auch nicht versagen auf die
langjährigen Verdienste hinzuweisen, welche sich die Krone
Frankreichs um die Einheit der Kirche erworben habe. Allein
soweit kam man entgegen, dass man versicherte, niemanden
an dem Besuch des Konzils verhindern zu wollen. Ja man
gab sogar die Möglichkeit zu, dass Johann abdanke.

Unter den bestehenden Verhältnissen konnte die Antwort
nicht günstiger ausfallen.[3]) Ihre immerhin reservierte Haltung

---

[1]) Archives de l'Empire, Inventaires et Documents. Monuments hist.
par Jules Tardif. S. 435, Nr. 1899.

[2]) Relig. V, 204 ff. Als Aufgabe des Konzils wird bezeichnet »ut sci-
retur, quis trium contendencium de papatu legitime presideret«, und demnach
die Krönung des römischen Königs zu vollziehen habe.

[3]) Wenn Schmitz S. 6 sagt, dass die französiche Regierung durch diese
Antwort entschieden Stellung gegen die Leitung des Konzils durch Sigismund nehme, so trägt er den Verhältnissen gar nicht Rechnung. Wenn er
aber nun mit dieser Antwort die spätere Haltung der französischen Gesandtschaft auf dem Konzil in Zusammenhang bringt, und zwar so, dass er diese

aber ist zunächst auf die Eifersucht zurückzuführen, welche naturgemäss das französische Königshaus gegen Sigismund erfüllte. Es kam hinzu, dass die innern politischen Verhältnisse durchaus nicht geklärt waren. Die Orleans, welche augenblicklich im Besitz von Paris waren, fühlten sich damals noch nicht sicher genug um nach aussen eine entschiedene Politik einzuschlagen. Es handelte sich auch jetzt nicht mehr bloss um Orleans und Burgund: in der Person des Dauphin, der von einigen Fürsten unterstützt wurde, dem auch ein Mann wie Juvenal des Ursins sich anschloss, war eine dritte Macht hinzu gekommen, welche jetzt gerade mit den Orleans konkurrierte.[1]) Dass sich der Dauphin freundlich zu Sigismund und der Unionsbewegung stellen würde, war kaum zu erwarten; hatte doch einst wahrscheinlich sein beginnender Einfluss bei dem Zustandekommen jenes Konkordates mit Johann XXIII mitgewirkt. Dieser Einfluss mag auch jetzt — kurze Zeit nach der Reaktion, welche der Dauphin angeführt hatte — noch wirksam gewesen sein. Wie gefährlich er den Orleans werden konnte zeigte sich ja bald nachher als er seinen Schwiegervater zu Hülfe rief. Jedenfalls ist er ein Faktor, dem in mehr als in dieser Beziehung noch Rechnung getragen werden muss.

Dass die Einladung Sigismunds in der orleanistischen Partei einen günstigen Boden fand, dafür zeugt ihre Aufnahme bei der Universität, in welcher orleanistisch gesinnte Elemente damals überwogen. Am 7. Mai 1414 antwortete diese einem an sie ergangenen Einladungsschreiben unter Spendung reichen Lobes für Sigismund.[2]) Sie verspricht der Einladung Folge zu leisten, »si regi supremo, Domino nostro, res accepta sit«. Ein unbedingtes Versprechen konnten sie ja unter den obwaltenden Verhältnissen nicht geben. Wer konnte wissen, ob das Regiment der Orleans von Dauer sein würde? — Ein

---

auf das Bündnis Sigismunds mit dem König im Sommer 1414 zurückführt, so schafft er ein eigenartiges Problem — eine Gesandtschaft, deren Sendung durch das Bündnis Sigismunds veranlasst ist, nun aber von vornherein den Zweck hat, diesem selben Sigismund entgegenzuarbeiten — ein Problem, welches schon an und für sich beweist, dass in dieser Konstruktion etwas faul ist. Vgl. noch Lenz, König Sigismund und Heinrich V von England, S. 53 f.

[1]) Es ist ein Mangel aller bisherigen Arbeiten auf diesem Gebiet, dass diese Thatsache nicht genügend gewürdigt ist. Auch die französischen Geschichtsschreiber Michelet und Martin heben sie zu wenig hervor. Für das Konzil von Konstanz sollte sie von grosser Bedeutung werden. Der genauere Nachweis, soweit er sich in dem Rahmen dieser Arbeit geben lässt, folgt im 2. Kap. dieses Abschnitts.

[2]) Bul. V, 266.

kräftiges königliches Regiment über den Parteien, auf welches
man hätte rechnen können, fehlte. Von dem Dauphin war ein
solches nicht zu erwarten. Dieser Lage entwächst ihr klagender
Ausruf: »o quam populis gaudiosum quantaque regno gloria
principem habuisse circumspectum, cui mens clara in corpore
claro«. — Deutlicher zeigt sich die Gesinnung der Universität
in einer ungefähr gleichzeitigen Instruktion für einen Gesandten,
der nach Schottland, dem alten Bundesgenossen Frankreichs,
gehen sollte.[1] Ohne Zweifel hatte diese Gesandtschaft auch
eine politische Seite, denn sie ging nicht nur an die neue
Universität Schottlands, sondern auch an die Fürsten und Stände;
und deshalb sind die Orleans dabei mit im Spiel gewesen.
Um so bedeutsamer wird die Instruktion: Schottland soll für
das Konzil von Konstanz gewonnen werden. Dabei wird die
unio in erster Linie als Aufgabe des Konzils genannt. Wichtig
aber ist vor allem die Stellung, welche die Instruktion zu dem
Konzil von Pisa einnimmt: Der Gesandte soll dasselbe nur
nebenbei erwähnen, ohne es zu verteidigen, vielmehr »apparen-
ciis in contrarium intendendo«. Damit ist der Standpunkt ge-
kennzeichnet, welchen auf dem Konzil die Oppositionspartei,
zunächst die Franzosen unter Ailli und Fillastre, vertritt. Derselbe wurde also schon im Frühjahr 1414 von der Universität Paris eingenommen, und — wir dürfen weiter schliessen —
überhaupt von der orleanistischen Partei.[2]

V. Der Feldzug gegen Johann von Burgund.

Seit der Reaktion, genauer seit dem Process gegen Jean
Petits Irrlehre waren die massgebenden Kreise der Universität,
insbesondere die französische Nation derselben mit der Partei
Orleans eng verbunden. Der Sommer 1414 bot der Universität Gelegenheit wiederum in die Politik einzugreifen. Als
während des burgundischen Feldzuges der Herzog von Brabant
und die Gräfin von Hainaut, die Geschwister Johanns von
Burgund, Verhandlungen anknüpften und besonders den Dauphin
zu gewinnen suchten,[1] da tritt auch ein Gesandter der Uni-

---

[1] Jourdain, Index chronolog. chart. pertinentium ad hist. universitatis
Paris. Nr. 1083, S. 232 f. Vgl. J. Schmitz, S. 7.
[2] Eine bei Bul. V, 268 f. abgedruckte Instruktion für einen Gesandten
an einen deutschen Reichstag (wahrscheinlich den zu Speier im Juli 1414)
befiehlt, vor allem das Konzil zu betreiben — ostendendo necessitatem — pro
extirpatione haeresum et pro reformatione Ecclesiae in capite et in membris.

versität, Guillaume Beauneveu, auf und hält eine heftige Rede gegen Johann »ad honorem almae Universitatis Parisiensis«. In einer Eingabe an Berri, der als Gouverneur von Paris zurückgeblieben war, stellt dann die Universität die Forderung, dass Burgund nicht eher zu Verhandlungen zugelassen werde, als bis er über die Sätze Jean Petits, insbesondere soweit sie die Gebote »non occides« und »non perjurabis« betreffen, befriedigende Erklärungen abgegeben und die kirchliche Absolution für sein Verbrechen erlangt habe.[2]) Am 10. Juni veranstaltete die französische Nation eine Gedächtnisfeier für den ermordeten Herzog von Orleans.[3])

Diese Haltung der Universität entsprach durchaus der orleanistischen Politik. Ehe der Feldzug gegen Burgund begonnen wurde, hatten die Orleans zu ihrer Sicherheit alle Beteiligten, auch die Königin und den Dauphin, durch Eide verpflichtet, auf Verhandlungen mit Burgund sich nicht einzulassen, bevor dieser entweder völlig besiegt sei oder sich gedemütigt und unterworfen hätte.[4])

So blieben denn auch die Verhandlungen, welche die Geschwister Johanns versuchten, zunächst erfolglos. Erst als vor Arras das bisherige Kriegsglück ins Stocken kam, und Unzufriedenheit unter den Truppen entstanden war, wurde der Dauphin Herr der Situation. Auf seine Entscheidung hin kam am 4. September im Lager der Friede zustande. Die Herzöge von Orleans und Bourbon, sowie der Erzbischof von Sens, ein Bruder jenes unglücklichen Montaigu und des Pariser Bischofs, weigerten sich zwar denselben zu beschwören; allein schliesslich mussten sie sich dem Dauphin fügen, da der augenblicklich zurechnungsfähige König eben dahin entschied. Auch Paris war anfangs mit diesem Resultate unzufrieden.[5]) Eine Feuersbrunst zerstörte das Lager vor Arras und zwang zu schleunigem Abzug. Am 14. Oktober zog das königliche Haus, an der Spitze der kaum von einem Krankheitsanfall genesene König, in Paris ein. Hier aber änderten sich die Machtverhältnisse sehr bald. Die Stellung, welche der Dauphin im Lager vor Arras und noch einige Zeit nachher einnahm, konnte er nicht länger behaupten. Die Verhandlungen mit Burgund, welche noch nicht abgeschlossen waren, gerieten ins

---

1) Monstrelet III, 224.
2) Relig. V, lib. 35. Monstr. III, 208.
3) Bul. V, 270.
4) Monstr. III, 210 f.
5) a. a. O. 253 f.

Stocken. Die Feindseligkeiten setzten sich fort, und Orleans-Armagnac kam wieder ans Ruder.[1]) Wie sich Frankreichs Stellung zu Sigismund und zum Konzil gestaltet haben würde, wenn der Feldzug gegen Johann von Burgund im Sinne der Orleans weiter geführt worden wäre, und Johann zu einer völligen Unterwerfung sich hätte entschliessen müssen, ist eine müssige Frage, denn wahrscheinlich würde sich, ehe es dazu gekommen wäre, England energisch ins Mittel gelegt haben. Es erschien während des Feldzuges eine englische Gesandtschaft in Paris mit den unverschämtesten Forderungen. Aber das darf man mit Sicherheit aussprechen: Wenn den Orleans bei dem Unternehmen gegen Burgund alles nach Wunsch gegangen wäre, so würden sie sich nicht so entgegenkommend zu Sigismund gestellt haben. Im Besitz von Frankreich würden sie die kirchlichen Prinzipatsansprüche wieder energisch aufgenommen und auf die eine oder die andere Weise gegen Sigismund geltend gemacht haben. Nun aber war die Lage eine andere. Ihre Herrschaft über Frankreich konnten sie nur mit Mühe behaupten. Im wichtigsten Moment war sie ihnen sogar für eine Zeit lang entrissen worden. Sie bedurften eines Bundesgenossen; und Sigismund, durch das glückliche Zusammentreffen einer Reihe von Ereignissen plötzlich zu einer ungeahnten Machtstellung erhoben, war der begehrenswerteste. Bisher hatten sie trotz jenes Bündnisses seinen Intentionen gegenüber eine reservierte Haltung eingenommen. Die Bemühungen des Papstes, das Einvernehmen, welches zur Zeit der burgundischen Herrschaft zwischen ihm und der französischen Regierung geherrscht hatte, wiederherzustellen, hatten Erfolg gehabt. Man liess die gallikanischen Bestrebungen fallen. Das frühere Konkordat blieb bestehen. Noch im August 1414 wurde es gelegentlich jenes Universitätsstreites von der französischen Nation gegen die normannische ausgespielt. Allein wenn schon der Antrag des Ursinus Taillenande auf eine Unsicherheit des Verhältnisses schliessen lässt, so zeigen erst recht jene Kundgebungen der Universität, dass der Papst hier auf keine getreue Gefolgschaft rechnen konnte. Eine wirkliche Interessengemeinschaft, wie sie ihn mit dem Haus Burgund verband, bestand nicht zwischen ihm und den Orleans. Vielmehr konnte er sich auf einen offenen Bruch gefasst machen, sobald eine veränderte Situation diesen einen engern Anschluss an Sigismund dienlich erscheinen liess. Und das war im Lauf des Feldzuges gegen Burgund der Fall.

---

1) Im 2. Kap. dieses Abschnitts komme ich darauf zurück.

Noch unter ihrem Einfluss war am 25. Juni 1414 ein Bündnis zwischen Sigismund und dem König selbst, sowie den orleanistischen Prinzen zustande gekommen. Es war ausdrücklich gegen Johann von Burgund gerichtet.[1]) Natürlich hatte dies Bündnis Geltung nur solange als die Regierung Frankreichs von der Partei Orleans·gehandhabt wurde. Der Friedensschluss vom 4. September machte es illusorisch. Aber nach der .Rückkehr kam in Paris der orleanistische Einfluss wieder zu Kräften, und damit erhielt das Bündnis seine Bedeutung zurück. —

VI. Die causa Johannis Parvi und die kirchliche Frage.

Der für die Orleans unglückliche Ausgang des Feldzuges machte es notwendig, die Bekämpfung Burgunds nun auf einem andern Weg zu betreiben. Als dazu geeignet bot sich die Petitsche Angelegenheit dar. Auch dieser Weg aber — und darin beruht die Bedeutung der Sache -- führte vom Papst weg zu Sigismund und der Unionspartei.

In den Verhandlungen vor Arras war der Prozess zur Sprache gekommen. Man hatte einen friedlichen Ausgleich in Aussicht genommen.[2]) Die königlichen Erlasse gegen Burgund sollten redressiert werden unter der Bedingung, dass Burgund eine befriedigende Erklärung über seine Stellung in dieser Glaubensfrage abgäbe. Sie erfolgte am 9. Oktober.[3]) Ihr Wortlaut ist leider nicht erhalten. Sie muss aber sehr unklar und unbestimmt gewesen sein. Die Patrioten, welche einen Teil ihrer Hoffnungen auf sie gesetzt hatten, waren völlig enttäuscht. Die Gegner mochten frohlocken über den unbeugsamen Stolz Johanns, der ihnen hier wiederum einen Vorteil an die Hand gab. Das Konzil von Konstanz stand vor der Thür. Sie waren entschlossen diese Angelegenheit auszunutzen und hier auf neutralem Boden um so eindrucksvoller gegen ihren politischen Feind auszuspielen. Das Bündnis mit Sigismund sollte ihnen dazu als Grundlage dienen. Denn auf den Papst war nicht zu rechnen; wie wir sehen werden, wurde nach dem Friedensschluss von Arras die Appellation Johanns gegen das Pariser Urteil an der Kurie aufgenommen, und eine

---

[1]) Lenz, König Sigismund etc. S. 43 ff.
[2]) Dies erhellt aus den spätern Verhandlungen, insbesondere aus der Erklärung, welche Burgund abgab. Vgl. w. u.
[3]) Bul. V, 337.

Untersuchung eingeleitet. Um so interessanter ist es nun, dass gleichzeitig und eng verbunden mit dem Ausspielen der Petitschen Angelegenheit die gallikanischen Bestrebungen wieder auftauchen und von der Regierung unterstützt werden.

Die Prälatenversammlung, welche »de mandato domini nostri Francorum regis« im November 1414 sich versammelt, beschliesst nicht nur eine geordnete Vertretung Frankreichs auf dem Konzil, sondern ihr Vorsitzender, der Erzbischof von Bourges, erklärt auch ausdrücklich, dass man das Urteil des Pariser Bischofs über Jean Petit und seine Lehre anerkenne.[1]) Den Gesandten aber wird der Auftrag, auf dem Konzil die Sanktion der gallikanischen Verfassung durchzusetzen.

Schon vorher hatte die Universität angefangen über die Konstanzer Gesandtschaft zu beraten.[2]) Es handelte sich um die Frage, ob man die mit Überreichung des rotulus[3]) an den Papst schon beauftragten Gesandten beibehalten solle, oder ob eine neue Gesandtschaft zu wählen sei. Die Frage hatte eine tiefere Bedeutung: ihre Entscheidung schloss eine bestimmte Stellungnahme zum Konzil ein. Behielt man die schon ernannten Gesandten bei, so erkannte man damit indirekt die päpstliche Oberhoheit über das Konzil an; ernannte man eine neue Vertretung, so drückte man aus, dass jetzt Konzil und Papst getrennte Autoritäten seien. Man hatte bisher gedacht mit einer Gesandtschaft, wie man sie alljährlich an den Papst zu senden gewohnt war, sich begnügen zu können. Die inneren politischen Machtverhältnisse wirkten nun dahin, die Stellung der französischen Regierung und damit auch der Universität zum Konzil zu präzisieren. In der letztern brachen darüber heftige Streitigkeiten aus, welche bei Predigten und Prozessionen über die Grenzen der Genossenschaft hinausdrangen. Wer die streitenden Parteien waren, lässt sich nur ahnen. Aus Bulaeus wissen wir soviel, dass die französische Nation zuerst mit der Wahl eines eigenen Gesandten die streitige Frage entschied, und dann die anderen Körperschaften der Universität ihr folgten.[4])

---

1) Bul. V, 337.
2) a. a. O. 275.
3) Die Universität schickte alljährlich ein Verzeichnis derjenigen ihrer Mitglieder an den Papst, welche sie für würdig und bedürftig hielt, ein Benefiz zu erlangen. Dies Verzeichnis heisst kurzweg rotulus.
4) Bul. giebt keine Quelle an. Der kurze zusammenfassende Bericht lässt die einzelnen Momente nicht scharf hervortreten.

Der Streit hatte bis tief in den November hinein gedauert. Ein königlicher Erlass vom 19. November hatte eingegriffen[1]) und wahrscheinlich die Entscheidung herbeigeführt. Hier ist die Rede von »seditieux et troubleurs de paix«, welche man ausstossen und dem Conseil namhaft machen solle. Im Zusammenhang damit folgte die Weisung, dass man zum Konzil nur solche Männer schicken dürfe, deren »reichstreue Gesinnung« ausser Frage sei, welche insbesondere bereit seien »la condemnation de la Proposition de feu Messire Jean Petit, la quelle nous avons prins et prenons à soutenir et faire defendre comme notre propre cause« zu vertreten. Die Universität antwortete am 4. Dezember.[2])

Ihr Redner feierte den König als Vereinigung von vier Kardinaltugenden: die Forderung, welche er an die Universität gestellt habe, entspreche diesen. Er kommt dann auf den Frieden des Reiches zu sprechen und erörtert dies Thema in vier considerationes, zu welchen ihm 12 Betrachtungen Gersons — jene am 4. Oktober 1413 verfasste und an Johann von Burgund gesandte Verteidigung des Prozessverfahrens — als Grundlage dienen: Ohne Glaube kein Frieden, das war der Grundsatz, welcher die Universität bei der Verdammung der Rede Jean Petits geleitet hat. Ein Vertrag, welcher wie der von Chartres Häresien enthält, kann nicht gültig sein. Häresien zu bekämpfen fördert, wie das Pariser Glaubenskonzil am Andreastag 1413 erkannt hat, nur den Frieden. In der zweiten consideratio giebt der Redner einen Überblick über die Irrtümer der justificatio Petits, indem er zur Einleitung die besondern Umstände des Mordes aufzählt. Nachdem endlich ein günstiger Zeitpunkt eingetreten, ist die Angelegenheit durch das freie Urteil der Pariser Theologen, welches selbst für Päpste immer bestimmend gewesen ist, entschieden worden. Nun giebt es keine Entschuldigung mehr. Ein jeder hat die Pflicht diese Sache zu vertreten und zur Besserung der Irrenden mitzuwirken. Auch bei Beurteilung des Papstes und der Kardinäle darf diese Frage nicht ausser Acht gelassen werden.[3]) Die Rechtmässigkeit des Pariser Urteils ist erst jüngst auf der Synode der Pariser Prälaten durch den präsidierenden Erz-

---

[1]) Gers. Op. V, 233.
[2]) a. a. O. V, 333—38.
[3]) a. a. O. V, 337: additum est in relatione pro correlario, quod si Papa quod absit deprehenderetur notorie favere praedictae justificationi aut Domini Cardinales; ita esset vehementior et apertior causa depositionis eorum, quam fuerit in altero contendentium nunc secum de Papatu, vel suorum Anti-Cardinalium.

bischof von Bourges anerkannt worden. Sie ist gewährleistet
durch die völlige Freiheit der Abstimmung.[1]) Der Gerechtigkeit aber ist durch die jüngste Erklärung Johanns am 9. Oktober
nicht Genüge geschehen, denn sie war viel zu allgemein gehalten als dass sie ausreichen könnte, wo es sich um die
Grundlagen des Glaubens und der Sitte handelt. Mit Recht
höre er sagen: »Quid iste loquitur pax, pax, et ecce turbatio,
non pax.« Infolge der Milde des Dauphin leidet der letzte
Friede an einer verhängnisvollen Verwirrung, da Gerechtigkeit
und Glaube darin nicht ausdrücklich gewahrt sind. Höchstens
der Passus »honor regis maneat illaesus« bietet einen Anhaltspunkt. Man muss aber zuerst Gott die Ehre geben, will man
wirklich den Frieden als ein Geschenk von ihm empfangen.
In diesem Fall deckt sich die Ehre des allerchristlichsten
Königs mit der Ehre Gottes. Es kommt hinzu die Kindes-
pflicht, welche der junge Herzog von Orleans hat, die Erfahrung der letzten Jahre, insbesondere auch die Erfahrung,
welche der Redner selbst bei einer frühern Gelegenheit gemacht habe Diese Überlegungen müssen dazu bestimmen,
das Pariser Urteil über Jean Petit zu behaupten und ihm
weitere Anerkennung zu verschaffen, zumal es sich nicht um
eine Bestrafung Johanns von Burgund handelt, »sed procuratur
ejusdem absolutio, salvatio et reconciliatio stabilis apud Deum
et homines«.[2])

Diese Rede bezeichnet einen weiteren Fortschritt der orleanistischen Politik. Ihrem Anlass gemäss sollte sie nur eine
Antwort auf das königliche Mandat sein. Thatsächlich hatte
sie den Zweck für die Bestrebungen der Orleans und der mit

---

[1]) Dies zu belegen wird aus den Verhandlungen ein Fall erwähnt, dass
ein Lic. von einem ältern Magister wegen seiner Aeusserungen bedroht wurde,
und dieser deshalb fortan den öffentlichen Sitzungen fern bleiben musste. Der
Name des Magisters wird verschwiegen. Ein ähnlicher Fall wird in den Akten
von Gerson berichtet, nur mit dem Unterschied, dass Gerson sich deshalb
nicht zurückzuziehen brauchte. Es war während der letzten Abstimmung.
Beide Fälle mögen identisch gewesen sein. Der Redner aber, der kurz darauf
von dem Kanzler der Universität spricht, wird absichtlich Gersons Schuld
haben vertuschen wollen. Vgl. S. 86.

[2]) Gerson war nicht der Redner. Es ist von ihm als dritter Person die
Rede. Der Verfasser erwähnt, dass er, als er schon früher vor dem König
gesprochen und ihn vor einem Zusammensturz seines Thrones gewarnt habe,
deshalb verläumdet, von der Universität aber in Schutz genommen worden sei.
Dies würde auf Gersons Opposition im Jahre 1411 passen. Da aber Gerson
der Redner nicht sein kann, so wird es Bénoit Gentien gewesen sein, welcher
im Frühjahr 1413 eine Rede über Reform der Verwaltung gehalten hatte und
wegen verdeckten Angriffen auf Burgund angeklagt, von seinen Genossen aber
verteidigt wurde.

ihnen verbündeten Universitätskreise Propaganda zu machen,
insbesondere sollte sie auf den König einwirken. Man hatte
deshalb eine feierliche Versammlung nach S. Paul berufen.
Der Erfolg stellt sich dar in der am 27. Dezember erlassenen
Proklamation.[1])
Dieselbe beginnt mit einer historischen Grundlegung der
besondern religiösen Stellung des französischen Reiches seit
der Taufe Chlodwigs, geht dann zu einem Preis der Universität, jenes zweiten Edens, über, wobei der vierte Strom, die
theologische Fakultät, deren Sprüche sogar für den römischen
Stuhl bestimmend sind, besonders gefeiert wird. Dieser Einleitung folgt ein Bericht über Veranlassung und Verlauf des
Prozesses, zunächst über die unheilvollen Folgen jenes Mordes
und seiner Verteidigung. Dann werden die Irrtümer der letztern aufgezählt. Als anerkanntermassen aus der Rede Jean
Petits sinngemäss ausgezogen wird der erste von Gersons acht
Sätzen angeführt, während die am 5. Januar 1413 eingesetzte
Kommission ja diese Sätze fallen gelassen und eine dem Wortlaut und dem Zusammenhang entsprechendere Fassung vor-
gezogen hatte. Dass trotz Verzeihung und Verträgen — des
jüngst geschlossenen Friedens geschieht sonst mit keinem Worte
Erwähnung — die alte Wunde wieder geöffnet werde, wird
mit der Erkenntnis »ohne Wahrheit kein Friede«, welche man
jetzt erst erlangt habe, entschuldigt. »Quale rursus illud est,
pacem verbis, operibus bellum gerere!« Dieser Unwahrheit
muss ein Ende gemacht werden, zunächst durch deutliche
Brandmarkung der Irrtümer — das ist schon geschehen, soll
jetzt aber von neuem geschehen und »dum collectum est Ge-
nerale Concilium« zu aller Kenntnis gebracht werden —, dann
aber auch, — das ist allerdings nur zwischen den Zeilen zu
lesen — indem der Mörder und Urheber dieser Lehre gestraft
wird. »Den verstockten Sünder wird endlich die Strafe um
so empfindlicher treffen.«[2]) »Im Vertrauen auf Gottes Gerechtigkeit und das Urteil des Papstes und aller Gläubigen wollen
wir unsere Macht anwenden ad exterminationem portentorum
hujusmodi, ne vireant.«
Der Erlass war dazu bestimmt, was bisher geschehen war,
zu sanktionieren und, indem nachdrücklicher als je das Interesse des königlichen Hauses von Frankreich an dieser Angelegenheit geltend gemacht wurde, auf das Konzil einen
Druck auszuüben. Die theologische Redaktion kann dies

---

[1]) G. Op. V, 338—342.
[2]) a. a. O. 342.

Schriftstück nicht verleugnen. Wie kaum anderswo, tritt hier das innige Bündnis zu Tage, welches die hochgespannten Ansprüche der theologischen Fakultät zu Paris mit französischem Patriotismus eingegangen war. Nach Stil und Gedanken können wir an keinen andern Verfasser denken, als an Gerson. Auch die Verwendung des Satzes »Quilibet tyrannus etc.« spricht für seine Autorschaft. Wie hatte sich doch unmerklich seine Stellung geändert! Bei Beginn des Prozesses konnten wir noch sagen: Nicht im Dienste der Orleans unternahm er diese Sache, sondern lediglich unter dem Drang innerer Überzeugung auf den Wunsch der Männer, die unter der Not der letzten Jahre all ihr Denken auf das Vaterland gerichtet hatten. Aber die Hoffnung dieser Kreise auf ein kräftiges Regiment über den Parteien war unerfüllt geblieben. Sie waren in das Lager der einen Partei getrieben worden. Wir sahen, dass der Pariser Prozess selbst nicht wenig dazu beigetragen hat, die Spaltung, welche seit mehr als 30 Jahren sich vorbereitet hatte, zu vollenden. Bei G. können wir diese Wandlung erst jetzt feststellen. Noch immer trägt ihn eine edele Begeisterung in dieser Sache; aber er ist selbst ein Mann der Partei geworden. So kommt es ihm denn auch nicht darauf an, seine frühere Meinung mit einer andern zu vertauschen, die dem Interesse seiner Partei mehr entspricht.

Sonnabend den 5. Januar 1415 wurde eine Gedächtnisfeier für den ermordeten Herzog von Orleans in der Kathedrale von Notre-Dame abgehalten. Die beiden Söhne des Ermordeten, die Herzöge von Berri, Alençon, Bourbon, Ludwig von Bayern, die Grafen von Richemont, de la Marche, d'Eu und andere nahmen in tiefer Trauer daran teil. Auch der König war zugegen, trug aber kein Trauergewand. Ebenso die Kardinäle Simon Cramaut und Aleman Ademar von Pisa. G. hielt die Predigt. Er rühmte die Person und das Regiment des Ermordeten — einst hatte er, in seiner ersten Staatsrede im November 1405, nicht undeutlich einen scharfen Tadel gegen dies selbe Regiment fallen lassen — und forderte Demütigung und volle Genugthuung von dem Mörder. Die Verurteilung und Verbrennung der Rede Jean Petits sei mit Fug und Recht geschehen. Aber es sei damit nicht genug. Deshalb erklärt sich der Redner bereit überall und gegen Alle diese Angelegenheit weiter zu vertreten.[1] Diese Rede entschied über

---

[1] Monstr. III, 268 ff. Le Fèvre 196 ff. Dieser Feier folgten noch zwei andere in der Kapelle der Cölestiner und dem Kolleg von Navarra. Bei ersterer redete Jean Curtecuisse »en ensuivant le propos de maître Jean Gerson«. Wir dürfen diese Rede als den Beweis einer politischen Wandlung des königl. Almoseniers anmerken.

seine Ernennung zum königlichen Gesandten für das Konzil. Es heisst nach dem Bericht über G.'s Rede: »après lequel sermon les ducs d'Orleans et de Berri et le comte de Vertus recommandèrent au roi ledit prêcheur.« Aufs neue tritt hier der Einfluss hervor, welchen unter den bestehenden Machtverhältnissen die Petitsche Angelegenheit auf Frankreichs Stellung zum Konzil hatte. Und wenn man beachtet, wie jener Redner vom 4. Dezember 1414 diese Frage zu einem Kriterium für die Rechtmässigkeit des Papstes und der Kardinäle macht, so wird man ermessen können, welchen Spielraum die Unionsfrage — zunächst die wichtigste Aufgabe des Konzils — den verschiedenen Interessen bot. —

VII. Resultat. — Die burgundische Appellation.

Wir sahen: Mit der päpstlichen Sache stand es schlecht in Frankreich. Obgleich man ungern den deutschen Sigismund an der Stelle sah, wo bisher nur Frankreich gestanden, obgleich man seiner Einladung gegenüber eine stolze Zurückhaltung beobachtet hatte, jetzt war man auf dem besten Weg mit ihm völlig gemeinschaftliche Sache zu machen. Sigismund hatte sich freiwillig erboten, den Traditionen seines Hauses Frankreich gegenüber treu zu bleiben; und er hatte keinen Zweifel darüber gelassen, wen er als die Vertreter der französichen Regierung ansah. Auf das private Bündnis mit dem Herzog von Orleans, dem ältesten Sohn des Ermordeten, war ein Bündnis mit dem König gefolgt. Die Orleans sahen in dem Luxemburger ein willkommenes Werkzeug zur Durchführung ihrer innern und äussern Politik. Unter dieser Voraussetzung waren sie geneigt, auf die unionistischen Bestrebungen einzugehen, welche immer unverhüllter von Sigismund und seinem Anhang vertreten wurden. Die Partei, welche einst in Frankreich die päpstliche Sache verteidigt hatte, war jetzt im Begriff in das Lager der radikalen Unionisten überzugehen. Und die an der Universität leitenden Männer, G. an der Spitze, stimmten bereitwillig ein. Über die Konsequenzen des Pisanum ging man, wie Aillis Vorschlag am 7. Dezember 1414 zeigt,[1]) mit einem kühnen Sprung hinweg: Pisanum und Constantiense sind ein Konzil. Letzteres nur die Fortsetzung des erstern. Die Anwendung ergiebt sich leicht: folglich müssen die in Pisa anerkannten Grundsätze weiterhin auf die bestehenden Verhält-

---

1) Hefele VII, 73.

nisse angewandt werden. — Diese Position der Franzosen wird nur verständlich unter Berücksichtigung der politischen Geschichte Frankreichs, insbesondere des in den Jahren 1411 bis 1413 sich vollziehenden Übergangs der Patrioten in das Lager der Orleans und der Annäherung, welche hauptsächlich infolge des verfehlten Ausganges des Feldzuges gegen Burgund zwischen diesen und Sigismund stattfindet. Was hat Johann XXIII unter diesen Umständen gethan? — Zunächst haben wir schon bemerkt, dass sein Legat, der Kardinal von Pisa, unausgesetzt in Frankreich thätig war. Seit dem Februar 1413 war er in Paris anwesend.[1]) Später hat er Paris wieder verlassen, um dann Anfang 1414 zurückzukehren. Damals trat er den gallikanischen Bestrebungen entgegen, welche durch jenen Erlass vom 25. Oktober 1413 wieder zur Geltung kommen sollten, und verhinderte dessen Ausfertigung. Im April desselben Jahres ordnete er die Ausführung der päpstlichen Privilegien für die Universität und das Parlament an. Noch im Januar 1415 begegnen wir ihm bei jener Orleansfeier, zusammen mit Simon Cramaut. Bald nachher muss er nach Konstanz gegangen sein — sein Name tritt zum ersten Mal am 24. März auf —, während Cramaut zurückgeblieben zu sein scheint. Soviel mag erreicht worden sein, dass die französische Regierung als solche in der Unionsfrage zunächst eine neutrale Stellung einnahm und es vermied, offen für Sigismund's Kirchenpolitik sich auszusprechen. Allein eine Spannung war vorhanden. Das päpstliche Interesse und das der Orleans vertrugen sich je länger, je weniger.

Es kam hinzu, dass der Papst bald nach dem Frieden von Arras die burgundische Appellation aufnahm. Die Veranlassung gab ein erneuter, von Seiten Burgunds beeinflusster Antrag.[2]) Hier heisst es, dass man »propter turbationes, quae fuerunt in regno Francie et quaedam alia« den ersten Termin habe verfallen lassen. Obgleich solche Klagen bisher vor der Kurie nicht verhandelt worden seien, möge der Papst einen römischen Prälaten mit den nötigen Vollmachten dazu ausrüsten. Der Papst ernannte daraufhin die Kardinäle Orsini, Pancerini und Zabarella zu Kommissaren. Auf Antrag des Dominikaners Pierre Cauchon, welcher in Vertretung des Haupt-Prokurators Johann von Löwenberg als burgundischer Anwalt fungierte, wurde die Vorladung des Bischofs und des

---

[1]) Bul. V, 233.
[2]) G. op. V, 500 ff. Vgl. München, Das kanonische Rechtsverfahren, Bd. I, 544 f.

Inquisitors von Paris beschlossen. Es heisst nun in dem offiziellen Bericht der Kommission: bevor die betreffenden Vorladungen ausgefertigt worden seien, sei Johann XXIII abgesetzt worden. Allein die Bemerkung »non obstante lapsu primi fatalis« führt uns, da nach kanonischem Recht dieser erste Termin auf den letzten Tag einer sechsmonatlichen Frist, von dem Tag der erhobenen Appellation an gerechnet, fällt, in den Anfang September. Wenn nun nach Beendigung des Krieges die Appellationssache eingeleitet wurde, so kann die Ausfertigung der ersten Vorladungen nicht bis in den Mai des folgenden Jahres gedauert haben. Die Sistierung wird daher schon früher erfolgt sein. Das Konzil kam dazwischen. Die Kommissare siedelten mit dem Papst nach Konstanz über. Hier aber war es der Einfluss Sigismunds, welcher zunächst die Vertagung des Streites veranlasste.

Dies und seine Wideraufnahme zu verstehen, sowie die weitere Entwickelung der französischen Kirchenpolitik zu verfolgen, müssen wir nach Konstanz selbst uns begeben und zunächst der französischen Nation auf dem Konzil unsere Aufmerksamkeit widmen.

Zweites Kapitel.

Die französische Nation auf dem Konzil zu Konstanz bis zur Flucht Johanns XXIII.

Johann XXIII gedachte das Konzil möglichst rasch zu beendigen. An diesem Ort und unter den Auspicien Sigismunds schien es ihm mit Recht gefährlich. Nur eine augenblickliche Notlage hatte ihm die Zustimmung dazu erpresst. Als diese vorüber war, hätte er gern sich wieder zurückgezogen. Allein die öffentliche Meinung würde ihn bedingungslos verurteilt haben. Und sie war schon eine Macht geworden. Auch die Kardinäle wirkten in diesem Sinne auf ihn. Bei rascher Erledigung konnte indessen das Konzil seine Stellung sogar nicht wenig kräftigen. Eine unverhältnismässig grosse Zahl italienischer Prälaten folgten ihm, bereit, dem päpstlichen Interesse durch ihre Stimme die nötige Stütze zu geben.

Allein von Anfang an bestand auf dem Konzil eine Opposition, die nicht gewillt war, sich einfach dieser unselbstständigen Majorität zu unterwerfen. Sie hatte an Sigismund einen mächtigen Rückhalt. Obgleich er noch in Aachen zur Krönung weilte, war man in Konstanz schon klar über seine Intentionen. Der Schutz, welchen er Hus gewähren liess, schien Beweis genug. Sigismund hatte ausdrücklich kundgegeben, dass in dieser Sache vor seiner Ankunft nichts geschehen solle. Trotzdem war Hus am 28. November verhaftet worden, und der Prozess gegen ihn eingeleitet. Man sagte, der Papst wolle diese Angelegenheit benutzen, um die schon im Gange befindlichen Erörterungen über die Unionsfrage zurückzudrängen.[1]) Er setzte sich allerdings durch diesen Schritt dem Unwillen des reizbaren Sigismund aus. Eine solche Ablenkung mag daher nötig gewesen sein. Johann war seiner eigenen Kardinäle nicht sicher.

I. Peter von Ailli und die Dezemberanträge.

Schon im November versammelten sich kleinere Kreise, besonders Abgesandte von Universitäten und überhaupt graduierte Theologen, um über die Aufgaben des Konzils zu beraten. Den ersten Anlass zu Versammlungen in grösserem Stil gab die gewaltsame Entfernung des Wappens Gregors XII an der für seinen Legaten Johannes Dominici gemieteten Wohnung in der Nacht vom 19. auf den 20. November. Zunächst handelte es sich darum, ob innerhalb der Obedienz Johanns die Abzeichen des Gegenpapstes und seiner Kardinäle zu dulden seien. Das führte aber weiter zu einer Debatte über die wichtigste Aufgabe des Konzils, und da am 17. Dezember die zweite feierliche Sitzung des Konzils stattfinden sollte, so ging man von verschiedenen Seiten daran, Vorlagen für dieselbe vorzubereiten.

Am 17. November war Ailli in Konstanz angelangt. Er kehrte zurück von einer längern Legationsreise in Deutschland. In seinem »tractatus agendorum« lag bereits ein Konzilsprogramm vor. Erst kürzlich hatte er in einem offenen Brief dem Papst die Reformation »in capite et in membris« an das Herz gelegt und dabei hohe Erwartungen von dem bevorstehenden Konzil ausgesprochen.[2]) Es dauerte nicht lange, so stand er in Konstanz im Mittelpunkt jener Verhandlungen. Schon am 7. Dezember überreichte er dem Papst zwei Programme, von denen das eine gründliche Reform der päpstlichen Regierung, vor allem Einschränkung ihrer Machtvollkommenheit zu Gunsten der Kardinäle verlangt, das andere die Schwierigkeiten zu lösen sucht, welche für die unio aus der Anerkennung des Pisanum erwuchsen; der Gedanke an Auflösung des Konzils wird hier scharf verurteilt. Zu dem letztern Programm hatte Ailli selbst einige bestätigende Bemerkungen gemacht; es war hervorgegangen aus einer Be-

---

[1]) Schon im Frühjahr hatte der Papst versucht, den kirchlichen Eifer der Universität Paris auf diese Glaubensangelegenheit abzulenken. Bul. V, 267 f.

[2]) Ueber seine bisherige Stellung zu Johann XXIII vgl. P. Tschackert, Peter von Ailli IV, 4.

ratung der in Konstanz bereits eingetroffenen Franzosen, während das erstere wahrscheinlich auf einen Kreis italienischer Reformfreunde, an deren Spitze der begabte Kardinal Zabarella stand, zurückzuführen ist.[1]) Sie widersprechen sich nur darin, dass die Italiener die Reform in den Vordergrund stellen und die Unionsfrage durch Bestätigung und Ausführung der Pisaner Beschlüsse meinen lösen zu können, die Franzosen die Herstellung der Union als die wichtigste Aufgabe des Konzils und die Bestätigung des Pisanum als ein leicht zu umgehendes Hindernis derselben betrachten. Ailli machte es sich zur Aufgabe, zwischen diesen beiden Richtungen zu vermitteln. Er betonte, dass die kirchliche Einheit selbst ein Stück der erwünschten Reformation sei. Andererseits wies er darauf hin, dass unter Umständen und mit den nötigen Garantien (Konstituierung eines mit allen Vollmachten ausgerüsteten Konzilsausschusses, in welchem die verschiedenen Nationen vertreten sind) eine Suspendierung des Konzils nicht ausgeschlossen werden dürfe. Er hatte selbst einen Entwurf ausgearbeitet, welcher teils eine Geschäftsordnung des Konzils enthielt, teils den Weg angab, wie die Union zu bewerkstelligen sei: da die »via facti«, die gewaltsame Unterdrückung der beiden Gegenpäpste, zu schwierig sei, so empfahl er dringend erneute Verhandlungen mit ihnen und ihren Obedienzen; zuvor solle sich aber das Konzil über eine genügende Entschädigung der beiden Gegner im Fall ihrer Abdankung einigen. Bald nach dem 7. Dezember begründete er den letztern Gedanken in zwei eng zusammengehörigen Elaboraten. In dem zweiten hatte er sich zugleich gegen einen ihm gemachten Vorwurf zu verteidigen; im ganzen sollten sie eine Vermittelung zwischen den unter den Konzilsfreunden hervorgetretenen beiden Richtungen anbahnen. Der Verfasser selbst überreichte sie dann auch in öffentlicher Versammlung dem Papst.

Bei diesem und seinem Anhang fand er indessen wenig Entgegenkommen. Ein Doktor der Theologie aus diesem Kreis stellte ihm eine Reihe Thesen entgegen, worin die Verpflichtung des Papstes zu gütlichen Verhandlungen mit den Gegenpäpsten entschieden geleugnet und der durch das Pisanum geschaffene Rechtsboden als die einzig mögliche Voraussetzung des gegenwärtigen Konzils verteidigt wurde. —

---

[1]) Zabarella war auch bei Einbringung einer päpstlichen Hausordnung beteiligt. Wann und von wem dieselbe eingebracht ist, wissen wir nicht; aber sie gehört jedenfalls auch in den Dezember. Zum ersten Mal richtig gewürdigt von H. Finke, Forschungen und Quellen zur Geschichte des Konstanzer Konzils, Paderborn 1889, S. 117 f.; ebenda S. 251 erwähnt, abgedruckt Hardt IV, 25.

Ailli hatte versucht, das Pisanum zu umgehen: einerseits hatte er es formell anerkannt und Johann als rechtmässigen Papst vorausgesetzt, andererseits dasselbe bei seinem Plan ganz ignoriert. Aus dieser unhaltbaren Situation wurde er nun herausgedrängt. Er fasste in 12 Thesen seine bisherigen Aeusserungen zusammen und ging in der Behauptung, dass Konzilien irren könnten, also auch bei dem Pisanum der Irrtum nicht ausgeschlossen sei, einen wichtigen Schritt weiter.[1] Diese Verhandlungen waren indessen nur ein resultatloses Vorspiel. Der Papst setzte allen Vorschlägen der Konzilsfreunde einen passiven Widerstand entgegen. Und diese besassen nicht Einfluss genug, um gegen ihn etwas erreichen zu können. Von beiden Seiten war man auf Sigismunds Ankunft gespannt. Immerhin aber war es von grosser Wichtigkeit für die Entwickelung des Konzils unter der persönlichen Führung Sigismunds, dass sich schon vorher Parteien gebildet hatten, und die Lebensfragen des Konzils in Fluss gekommen waren. Ebenfalls während des Dezembers kam es in der Glaubensfrage zu einem Prinzipienstreit über das Verhältnis des Papstes zum Konzil. Auch hier führte Ailli das Wort und trat für die höhere Autorität des Konzils ein.[2] — Es ist klar: Ailli war der Führer der Liberalen. Neben ihm steht sein Landsmann und Genosse im Kolleg, Wilhelm Fillastre, Kardinal von

---

[1] Diese Verwertung der Dezemberanträge, welche Hardt II, Pars VIII, capp. II—VII abgedruckt sind, beruht im wesentlichen auf den Forschungen H. Finkes (Quellen und Forschungen, S. 117—130). Entgegen meinem Zweifel in Theologische Literaturzeitung 1890, Nr. 11, S. 287 habe ich mich zunächst davon überzeugt, dass die Anträge »Quia Christi fidelibus«, »Quia in praesenti« und »Ad humilem instantiam« von einem Verfasser sind. Als solchen nehme ich Ailli an, weil offenbar die Randglossen in cp. VI (Hardt a. a. O.), welche urkundlich auf Ailli zurückgeführt werden, von dem Verfasser der »schedula« selbst herrühren, und weil in den von Finke charakterisierten Thesen Aillis (a. a. O., S. 124—127) eine gründliche Verwertung aller dieser Schriftstücke stattfindet. Aillis Standpunkt und der der französischen Thesen (Hardt a. a. O. cp. IV) sind aber scharf auseinander zu halten. Seine Bemerkungen zu diesen heben nur das Gemeinsame hervor. Von Finke weiche ich ausserdem ab in der Ansetzung der verschiedenen Elaborate: »Quia Christi fidelibus« ist das älteste, denn »Quia in praesenti« und »Ad humilem instantiam« hängen von ihm ab. Die 12 Thesen sind das jüngste, denn sie setzen alle andern voraus. Die nähere Begründung, welche hier zuviel Platz einnehmen würde, gebe ich an einem andern Ort. — Wenn ich Zabarella in Zusammenhang mit dem Antrag »presupposita materia fidei« (Hardt IV, 23 f.) gebracht habe, so hat mich dazu die spätere Haltung dieses Kardinals bewogen. Den viel verkannten »italienischen« Antrag, der uns nicht erhalten ist, möchte ich identificieren mit den Thesen des »quidam sacre theologie magister« (Finke, a. a. O. S. 128), welche Aillis 12 Thesen veranlassten.

[2] Vgl. Tschackert, a. a. O. S. 190 ff.

S. Marco; hinter ihnen die bereits eingetroffenen französischen
Prälaten und Doktoren.[1]) Ihr Programm ist prinzipielle Voran-
stellung der Union, ihre These das über dem Papst stehende
freie Konzil. Sie glaubten, einen Rückhalt an Sigismund zu
haben. Ailli selbst setzte grosse Hoffnungen auf ihn. In
einer Adventsrede, welche aber nicht gehalten wurde, giebt
er ihnen Ausdruck; allein nicht ohne einen versteckten Protest
gegen die Ueberschätzung der kaiserlichen Majestät auf kirchlichem Gebiet.

II. Die Unionsverhandlungen und die Zessionserklärung Johanns XXIII.

Sigismund zog in der Christnacht in Konstanz ein. Zwei
Monate hatte der Papst auf ihn gewartet. Bisher war nichts
geschehen. Auch die Untersuchung gegen Hus war nicht viel
weiter gekommen. Es schien, als sei erst durch die Ankunft
des Kaisers das Konzil konstituiert. —
Es ist charakteristisch und könnte als ein böses Omen
angesehen werden, dass Sigismunds Auftreten in Konstanz
mit einem Konflikt begann. Er hatte einen Gesandten des
Herzogs von Mailand, welcher ihm begegnet war, verhaften
und abführen lassen. Das war einer jener unüberlegten Streiche,
deren Sigismund so viele in plötzlicher Aufwallung seiner Ge-
fühle begangen hat. Natürlich war man in Konstanz, besonders
auf Seiten des Papstes und der Kardinäle, über diese Verletzung
der Stadtfreiheit sehr aufgebracht. Am 1. Januar machte Ailli
namens der Unzufriedenen dem Kaiser Vorstellungen; er verlangte insbesondere auch völlige Freiheit für den Prozess gegen
Hus. Der Kaiser antwortete »gratiose«. Am 4. Januar liess
er seine Versicherungen feierlich wiederholen. Jenem Prozess
wollte er freien Lauf lassen, aber es sollte die Unionsangelegenheit darunter nicht leiden. Auf eigene Faust hatte er
schon Verhandlungen mit den beiden anderen Obedienzen geführt und wünschte nun, dass das Konzil Stellung nähme zu
den Anträgen der Gregorianischen Gesandten. Noch in derselben Sitzung wurde darüber verhandelt, namentlich ob man
die Gesandtschaft mit den Abzeichen ihrer Würden in Konstanz
zulassen solle. Ailli trat entschieden dafür ein. Er mag sich

---

[1]) Die Thesen (Hardt, a. a. O. cap. IV) sind hervorgegangen aus einer
Beratung französischer Prälaten und Doktoren, an welcher auch Fillastre beteiligt war.

dadurch nicht wenig bei Sigismund in Gunst gesetzt haben.[1]) Obgleich die Majorität ihm zustimmte, wagte man wegen des Widerstandes der päpstlichen Partei nicht, einen Beschluss zu fassen. Erst am 13. Januar machte diese Sigismund ein Zugeständnis.[2]) Die auf den 14. Januar hinausgeschobene zweite Sitzung des Konzils wurde wiederum vertagt — wie es in den von Finke veröffentlichten Konzilsakten heisst — »ad instanciam dom. regis Romanorum«. Er habe noch die Ankunft der Franzosen, Engländer, Polen und Böhmen abwarten wollen. Unter diesen war ihm an den Engländern wohl am meisten gelegen. Mit ihrem König stand er ja in besonders gutem Einvernehmen. Nirgends hatte seine Einladung zum Konzil eine solche Bereitwilligkeit gefunden, als am englischen Hof. Im Juli 1414 sandte Heinrich V Bevollmächtigte zur Abschliessung eines gegenseitigen Schutzbündnisses. Im Oktober traf eine glänzende Gesandtschaft in Aachen zur Krönung ein. Ludwig von der Pfalz, der Schwager Heinrichs V, damals die rechte Hand Sigismunds, vermittelte diese Beziehungen.[3]) Ludwig war zugleich das Haupt der gregorianischen Partei. Er war entschlossen, unter allen Umständen die unio durchzusetzen. Er mag Sigismund nicht wenig gerade in dieser Beziehung beeinflusst haben; denn obgleich dieser der Obedienz Johanns sich angeschlossen hatte, war er immer schwankend

---

[1]) Hierher gehört die cedula »Quotuplex« (Hardt, II, 202 ff.). Sie zeigt deutlich Anklänge an »Quia Christi fidelibus« und dürfte deshalb mit dieser trotz der Gegengründe Tschackerts (a. a. O. S. 373 f.) Ailli zuzusprechen sein. Es handelt sich um Zulassung der Gesandten der beiden andern Obedienzen. Im Namen des selbstständigen Konzils soll der König mit ihnen verhandeln. Vgl. Finke a. a. O. S. 130 ff.

[2]) Hardt IV, 34 aus Schelstrate; Finke, a. a. O. S. 252—255.

[3]) Vgl. Lenz, König Sigismund und Heinrich V von England, Berlin 1874, S. 31—65, u. Caro, das Bündnis von Canterbury, Gotha 1880, S. 12—22. Caro hat die intimern Beziehungen Sigismunds zu England, welche Lenz nachweist, nicht genügend berücksichtigt. Im übrigen muss ich seiner Beurteilung Sigismunds beipflichten, denn es geht nicht an, Sigismund weitausgedehnte detaillierte Pläne zuzutrauen; insbesondere besass er gerade die Verstellungskunst gar nicht, welche nötig gewesen wäre, um die feindseligen Absichten, die er nach Lenz schon damals gegen Frankreich gehegt haben soll, zu verdecken. Überdies wird diese Annahme hinfällig durch die Stellung, welche Sigismund vor seiner Abreise nach Nizza in der Petit'schen Angelegenheit eingenommen hat. Darüber siehe letztes Kapitel. Dass er mit beiden Seiten zugleich anknüpfte, machte seine kirchliche Politik notwendig. Wem er aber die grössern Sympathien — nur um solche kann es sich vorläufig handeln — entgegenbrachte, ist nicht zweifelhaft. 'Die politischen Verhältnisse Frankreichs waren höchst unsichere; selbst bei den Orleans hatte er nicht annähernd das Entgegenkommen gefunden, was ihm von England aus wurde.

geblieben.[1]) Am 17. Januar wurde Ludwig von dem Kaiser selbst feierlich eingeholt. Am 21. Januar kam auch die englische Gesandtschaft an, am 22. die Gesandten Gregors, der Kardinal Johannes Dominici und der Patriarch Johannes von Konstantinopel. Am 25. und 26. Januar wurde offiziell mit ihnen verhandelt.

»Praelati de qualibet natione, deputati per sacrum concilium ad assistendum regi pro parte sacri concilii« standen hierbei Sigismund zur Seite. Dieser Ausschuss unterschied sich von einem früheren dadurch, dass das Kardinalskolleg daran nicht beteiligt war.[2]) Mit Johann und seinen Kardinälen wollten die Anhänger Gregors nichts zu thun haben. Sie knüpften ihre Teilnahme an die Bedingung, dass Johann dem Konzil nicht präsidiere. Das Kardinalkolleg Johanns konnte daher bei den Verhandlungen nicht unmittelbar mitwirken.

Die Anerbietungen der Gregorianer gaben nun den Anstoss zu einer für Johann verhängnisvollen Bewegung. Es hiess, Gregor wolle abdanken, falls die beiden andern ebenfalls abdankten; und die Gesandten, Ludwig an der Spitze, machten sich anheischig, dieses Versprechen wahr zu machen.[3])

Auf päpstlicher Seite hatte man die durch Ludwig von von der Pfalz am 26. Januar eingereichte cedula einer eingehenden Kritik unterzogen. Diese ging aus von der Voraussetzung, dass Johann der rechtmässige Papst sei, und die unio demnach schon im Prinzip bestehe. Ihre weitere Vollendung ruhe in Gottes Hand. Falls die Obedienz Gregors ihre Forderungen in diesem Sinne verstehe, sei ihr Beitritt willkommen. Dieses votum liess man Sigismund als «consilium Concilii« zu-

---

[1]) Vgl. die Beschwerde der Bischöfe von Bamberg, Würzburg und Eichstädt gegen Konrad von Susa (Finke a. a. O. S. 306 f.).
[2]) Hardt IV, 31, 37. Muratori, rerum Italic. scriptores III, 2 p. 847. Martène et Durand, Ampl. Coll. VII, 1405. Leider fehlt in den von Finke auszüglich mitgeteilten Konzilsakten diese Partie. Wir sind daher auf Cerretan angewiesen. Er hebt den Unterschied zwischen beiden Ausschüssen hervor, indem er den ersten nur aus Kardinälen gebildet sein lässt. Derselbe wurde am 29. Dezember auf Bitten Sigismunds gebildet, um die Verhandlungen mit dem Konzil für ihn zu erleichtern. Jedenfalls waren auch andere Prälaten daran beteiligt. — Ich glaube ein besonderes Gewicht auf den zweiten Ausschuss legen zu müssen, da derselbe mit wenigen Veränderungen bis zur Abreise Sigismunds fungiert hat. Wäre in der Zwischenzeit, besonders nach der Flucht Johanns ein neuer Ausschuss gebildet worden, so würden wir darüber eine Nachricht haben. Ebenso ist der Einfluss der Verhandlungen mit den Gregorianern bisher ganz unberücksichtigt geblieben. —
[3]) Die Hardt II, 204/5 abgedruckte Zessionsformel gehört wohl noch nicht hierher. Soweit kann Gregor damals noch nicht gegangen sein. Immerhin aber wurde zuerst von seiner Seite das Mittel der Zession vorgeschlagen.

kommeh.[1]) Die Hauptfrage, welche man bisher zu umgehen versucht hatte, war nun gestellt. Es handelte sich um Anerkennung oder Nichtanerkennung Johanns und seines Rechtes. Da die Obedienz Gregors unter keiner Bedingung zu ersterer sich herbeiliess, so kamen die Verhandlungen ins Stocken. Der lang verborgene Zwiespalt zwischen Johann und Sigismund brach jetzt hervor. Andere Schwierigkeiten kamen hinzu.

Im Schosse des Konzils begann eine Bewegung, welche zunächst wenig zu bedeuten schien, thatsächlich aber von dem grössten Einfluss für die weitere Entwickelung der ganzen Versammlung sein sollte. Von Anfang an hatten sich nationale Kreise in Konstanz gebildet. Dieselben hatten einen durchaus privaten Charakter. Man besprach hier die wichtigsten Angelegenheiten. Die Entstehung mancher nachher offiziell eingereichten Vorlage ging in diese Konferenzen zurück. — Bis zum Pisanum waren die Konzilien nichts weiter als päpstliche Synoden gewesen. Auf dem Pisanum hatten die vereinigten Kardinäle die Stelle des Papstes vertreten. Allein dieses Konzil hatte doch schon einen wesentlich andern Charakter, als die früheren. Der Glaube an die Macht einer solchen Vertretung der Christenheit war unter dem Druck der Not wieder aufgelebt, und damit war der Anstoss zu Reformen gegeben. In den vorberatenden Kommissionen hatte man zu Pisa eine Vertretung der einzelnen Kirchenprovinzen angeordnet; bei Zusammensetzung der Deputationen waren die verschiedenen Nationalitäten berücksichtigt worden. — Jetzt gaben die Verhandlungen mit den beiden andern Obedienzen die Anregung, eine selbstständige Gestaltung des Konzils zu versuchen; und die überwiegende Zahl der italienischen Prälaten drängte dazu, auf Mittel zu sinnen, wie man dem nachteiligen Einfluss begegnen könne, welchen dieser Umstand auf den Gang jener Verhandlungen schon gehabt hatte und noch haben konnte. — Es tauchten verschiedene Vorschläge auf. Man dachte an Ausdehnung des Stimmrechtes auf den niedern Klerus und die Doktoren der Theologie und des kanonischen Rechtes. Vor allem aber ging man von Seiten der landsmannschaftlichen Vereinigungen daran, Rat zu schaffen. Unter ihnen wurde eine lebhafte Agitation ins Werk gesetzt mit dem Ziel, das bisherige Kopfsystem umzustossen und eine Abstimmung nach den nationalen Gruppen einzuführen. Die ganze Bewegung verlief wesentlich innerhalb der Grenzen jener Vereinigungen

---

[1]) Hardt IV, 38.

und entzieht sich so unsern Blicken. Wir können deshalb nicht beurteilen, welche Rolle einzelne Männer darin gespielt haben; wir wissen kaum, wie sich die verschiedenen Gruppen dazu verhalten haben. In den letzten Tagen des Januar und den ersten des Februar ist diese Agitation betrieben worden. Der nächste Anlass war die Stockung, welche in den kaum begonnenen Verhandlungen mit der Gregorianischen Obedienz eintrat. Für eine Weile wurde die Unionsangelegenheit ganz bei Seite gesetzt. Die Verfassungsfrage war brennend geworden. Allein sie war noch nicht gelöst, als es gelang, von einer andern Seite her die Unionsverhandlungen wieder in Fluss zu bringen.[1]) —

Im Anfang der zweiten Woche des Februar machte unter den einzelnen Gruppen der Versammlung eine Flugschrift die Runde, welche die verschiedenen Wege zur unio erörterte. Sie stammte, wie sich bald herausstellte, aus der Feder des Kardinals Wilhelm Fillastre.[2])»Videns quod ostium apertum esset in Dominis, quod tamen nullus volebat aut audebat ingredi, cum magnae simulationes et turbationes essent inter Papam et Regem, et quia de unione erat silentium«, hatte er zur Feder gegriffen. Er ging zurück auf die Pariser Unionsvorschläge von 1394: Zession ist unter den obwaltenden Umständen auch für Johann Pflicht. Er kann dazu vom Konzil gezwungen, ja im Weigerungsfall abgesetzt werden. Ailli gab seine Einwilligung zu diesem votum. Es kam in die Hände Sigismunds, von da»ad omnes congregationes omnium nationum.« Was man schon längst in der Stille gewünscht hatte, war hier offen ausgesprochen. Neu aber war der Nachweis, dass Johann

---

[1]) In diese Zeit fallen eine Menge von Flugschriften zusammen, welche Hardt II, 208—231 abgedruckt hat. Sie beziehen sich teils auf die Zessionspflicht Johanns, teils auf die Erweiterung des Stimmrechtes und rühren abgesehen von drei Gegenschriften alle von Ailli und Fillastre her. Eine chronologisch genaue Ansetzung der beiden Gruppen scheint nicht möglich zu sein. Die einzigen Anhaltspunkte sind die sehr unbestimmten Formeln, »his actis incidit quaestio«, Hardt II, 224, womit die zweite Gruppe an die erste angeknüpft wird, und »in hac quaestione pendente incidit quaestio«, Hardt II, 230, womit an die letztere ein kurzer Bericht über die Nationenfrage sich anschliesst. Auf diese müssen wir w. u. näher eingehen. Im Zusammenhang damit wird uns vielleicht auch eine chronologische Ansetzung der verschiedenen Gruppen gelingen.

[2]) Hardt II, 208/9. Ein Brief der Wiener Universitätsgesandten vom 7. Februar (Archiv für Kunde österreich. Geschichtsquellen XV, 14 f.) erwähnt von der cedula Fillastres noch nichts. Ich möchte deshalb glauben, dass sie erst um den 7. Februar veröffentlicht wurde. Die einleitenden Angaben der Handschrift sprechen für einen längern Zwischenraum zwischen der letzten Verhandlung mit den Bevollmächtigten Gregors und der Veröffentlichung.

zedieren müsse. Die alten unionistischen Kategorien, welche
mit dem Pisanum begraben schienen, waren wieder aufgelebt.
Diese Schlüsse erwiesen sich jetzt als eine kirchenrechtliche
Doktrin ersten Ranges von unbeschränkter Gültigkeit. Die
Wirkung der Schrift war eine ungeheuere. Schon der Um-
stand, dass ein Kardinal diese Meinung ausgesprochen hatte,
wirkte. Johann war entrüstet. Seine Partei verbreitete eine
Widerlegung. Nun trat auch Ailli öffentlich für jene Ansicht
auf. Es entwickelte sich eine literarische Fehde zwischen
Päpstlern und Unionisten. Vor allem aber nahmen nun die
Verhandlungen mit Gregors Obedienz einen günstigen Fortgang.
Man kam überein, dass beide Päpste zedieren sollten. Am
15. Februar wurde darüber eine Urkunde aufgesetzt. Als
Parteien fungieren darin auf der einen Seite die französiche,
deutsche und englische Nation »majorem partem hujus sacri
Concilii facientes et repraesentantes«, auf der andern Seite Ludwig
von der Pfalz und die Gesandten Gregors. An demselben Tag
versuchte man auch die italienische Nation herüberzuziehen.
Der Bischof Vitalis von Toulouse hielt dort mit augenschein-
lichem Erfolg eine ergreifende Rede. Allein — wenn wir
Dietrich von Niem glauben dürfen — so gab doch den Ausschlag eine schwerwiegende Anklage gegen Johann, welche
von einem Italiener ausging und den Papst arg hätte kompro-
mittieren können, falls sie zu öffentlicher Besprechung gekommen wäre. Schon in jener Versammlung der italienischen
Nation versicherten Anhänger Johanns, dass er den Weg der
Zession annehmen werde.[1] Am 16. Februar liess der Papst
durch Zabarella, den Kardinal von Florenz, eine schriftliche
Erklärung seiner Bereitwilligkeit verlesen.

III. Ailli und Fillastre, die Führer der Unionisten.

Das war der erste nennenswerte Erfolg des Konzils, ein
Erfolg, der, verglichen mit den Aussichten, welche das Konzil

[1] Nach Cerretan (Hardt IV, 41 f.) gab an diesem Tag auch die italienische Nation ihre Einwilligung. Der Brief der Kölner Universitätsgesandten
(Mart. et Dur., Thesaurus novus II, 1612), welcher von Verhandlungen mit
den Italienern am 15. Februar erzählt, ist leider unvollständig. Die von Finke
(a. a. O. S. 257 f.) mitgeteilten Konzilsakten enthalten näheres. Hiernach kam
die italienische Nation nicht zu einem Beschluss (»terminum tamen ad delibe-
ratius respondendum postularunt«). Cerretan, der diese Akten wahrscheinlich
benutzt hat, zeigt noch in andern Fällen die Neigung, wo er über Verhandlungen berichtet, von einem Resultat zu erzählen, während sehr häufig — und
auch in diesem Fall — ein solches nicht zu verzeichnen ist. Niems Nachricht
(Hardt II, 391/2) erhält dadurch eine indirekte Bestätigung.

in seinen ersten Anfängen bot, ein grosser genannt werden darf. Und wenn wir uns nun fragen, wem derselbe hauptsächlich zu verdanken war, — so müssen in erster Linie Pierre d'Ailli und Guillaume Fillastre genannt werden, die beiden 1411 ernannten französischen Kardinäle. Sie waren von Anfang an die Führer der Opposition gewesen. Gewiss hatte die ganze Entwickelung des Konzils, besonders die Verhandlung mit Gregors Obedienz, auf die Zession Johanns hingedrängt. Aber kein Schritt dieser Entwickelung war erfolgt ohne hervorragende Beteiligung der beiden französischen Kardinäle. Immer haben sie die Wünsche und Gedanken der Unionsfreunde formuliert und begründet. Wo es zu einer wichtigen Entscheidung kam, gab ihr Auftreten den Ausschlag.

Erst jüngst hatten sie wieder gezeigt, dass ihnen eine selbstständige, freie Ausgestaltung des Konzils am Herzen lag. In längern Gutachten verteidigten sie die Ausdehnung des Stimmrechtes. Ailli — darin kommt der ehemalige Professor der Pariser Universität wieder zum Vorschein[1]) — sprach vor allem für Zulassung der Doktoren der Theologie, »deren Vollmacht in der ganzen Welt zu predigen und zu lehren mehr wiege, als die eines unwissenden Titularbischofs«. Fillastre ging noch weiter: auf Grund der Einheit des ordo, welcher Bischöfe und Diakonen gleichmässig umfasse — die Bischöfe hätten nur ihrer geringen Zahl wegen höheres Ansehen — fordert er Stimmrecht für den gesamten niedern Klerus; ja meint sogar, man könne jeden zulassen, der ein kirchliches Amt habe. Beide wollten auch — wenigstens in der Unionsfrage — die weltlichen Fürsten und ihre Gesandten zugelassen wissen.[2]) Wie sollen wir diese Haltung der beiden ehemaligen Anwälte des Papsttums verstehen? —

Tschackert[3]) hat bei einer Analyse von Aillis Schrift de potestate ecclesiastica, welche dieser am 1. October 1416 in der Paulskirche zu Konstanz verlesen liess, darauf aufmerksam gemacht, dass in dieser Schrift wichtige Grundsätze, so der von der Irrtumsfähigkeit des Papstes und der Konzilien, die er als junger Magister vertreten, wiederkehren. In diesen ist sich also Ailli gleich geblieben. Finke hat nun hauptsächlich auf eine solche Stabilität seinen Beweis gebaut, dass Ailli an

---

[1]) Vgl. Tschackert, Peter von Ailli, S. 203.
[2]) Die Anregung zur Erörterung dieser Frage ist nicht von der deutschen Nation ausgegangen, wie man bisher anzunehmen geneigt war. Die Avisamenta Constanciensia gehören, wie Finke, a. a. O. S. 29 Anm. 1 nachweist, nicht hierher.
[3]) a. a. O. V. Abschn., 5. Kap.

der Abfassung einer Verteidigungsschrift des Kardinalkollegs gegen die Superioritätsdekrete des Konzils aus dem April 1415 nicht beteiligt gewesen sei.[1]) Allein schon die Thatsache seiner Wandlung vor dem Pisanum[2]) mahnt in solchen Folgerungen vorsichtig zu sein. Die theoretischen Grundprinzipien seiner Anschauungen sind wohl immer dieselben gewesen, aber schon ihnen haftete jene Halbheit an, welche den Charakter nicht nur der Lehre, sondern auch der Wirksamkeit dieses Mannes bezeichnet. Tschackert führt dieselbe zurück auf den nominalistischen Skepticismus. Ich möchte eher einen Charakterfehler darin sehen, denn auf derselben philosophischen Erkenntnistheorie fussend, bietet doch Aillis Schüler, Johannes Gerson, in seinem Wirken ein ganz anderes Bild dar. Während der vorsichtige Politiker, der Ailli als Bischof und als Kardinal war, niemals aus sich herausgeht, erfreut uns der Kanzler der Universität immer wieder durch den ungefälschten Ausdruck freier Uberzeugung. Es ist bezeichnend, dass sich Ailli in dem Moment, wo er in seinen Hoffnungen getäuscht und bei allen Parteien komprommittiert Weltschmerz empfand, an Gerson um Trost wandte. Dieser war der Stärkere.[3]) — Ailli kann nicht zu den Vertretern des reinen Konziliarismus gerechnet werden. Es wird überhaupt nicht möglich sein, ein geschlossenes kirchliches Programm von ihm festzustellen. Ein doppeltes, ein nationales und ein Standesinteresse bestimmt seine Haltung auf dem Konzil. Er ist Franzose, und er ist Kardinal. In seiner Schrift über die kirchliche Gewalt treten diese beiden Motive deutlich hervor. Diese Schrift war darauf berechnet, unmittelbar in dem Kampf der Konzilsparteien zu wirken. Damals war Ailli in der glücklichen Lage, dass das nationale und das Standesinteresse sich deckten. Das ist nicht immer der Fall gewesen. Wenn wir jene spätere Periode mit der vergleichen, welche wir bis jetzt verfolgt haben, so fällt sofort ein Unterschied auf: Wenn Ailli dort von dem Konzil redet, so denkt er immer zugleich an seine Zusammensetzung, vor allem an sein Verhältnis zur Hierarchie. Welche Stellung gebührt der ecclesia Romana, d. h. in diesem Fall den Kardinälen innerhalb des Konzils? — diese Frage zu lösen, hat er in seine Schrift jene Thesen des Kardinalkollegs aufgenommen. Er hat sie modificiert.[4]) Aber was wollen diese

---

[1]) Die Thesen sind abgedruckt Hardt II, 287. Vgl. Finke a. a. O. S. 93 ff.
[2]) Vgl. Tschackert a. a. O. III. Abschn. 3. Kap. und IV. Abschn. 1. Kap.
[3]) Tschackert a. a. O. S. 165.
[4]) Vgl. die verdienstliche Zusammenstellung bei Finke, a. a. O. S. 98 f.

Modificationen bedeuten gegenüber der Thatsache, dass Ailli
in den zahlreichen cedulae aus der ersten Periode des Kollegs
und seines Verhältnisses zum Konzil nur einmal gedenkt, und
auch da nur vorübergehend![1]) — Wollten wir Ailli nach diesen
Schriften beurteilen, so müssten wir sagen: er hat sich jetzt
zu dem liberalsten Konziliarismus bekehrt; er ist über den
Standpunkt von 1409 noch hinausgegangen. Dann müssten
wir aber seine Schrift »de potestate ecclesiastica« aus einer
abermaligen Wandlung erklären. Das geht nicht an. Wir
würden jeden Massstab, zu seiner Beurteilung damit ver-
lieren. Allerdings sind seine theoretischen Prinzipien wandel-
bar. Aus ihnen heraus konnte er das konziliare wie das
hierarchische Interesse verteidigen, wenn es ihm nötig schien.
Ich vermag mich daher nicht davon zu überzeugen, dass
Ailli nicht auch an der Abfassung jener Thesen aus dem
April 1415 beteiligt gewesen sein könnte. Ailli darf eben nicht
auf irgend ein System hin untersucht werden; er will in jedem
Moment nach der Komplikation der Interessen und Machtfragen
beurteilt sein. Und bei seinem Kollegen Wilhelm Fillastre ist
es nicht anders. — Auf jener Pariser Synode im Winter 1406/7
hatte er in scharfer Rede Benedict gegen die Radikalen verteidigt, welche dem Papst den Gehorsam glaubten aufkündigen
zu müssen, weil er sein Zessionsversprechen nicht erfüllt hatte.
Jetzt war er es, der zuerst Johann die Verpflichtung abzudanken
vorhielt. —
        Unter diesen Umständen genügt es auch nicht den Eifer
für das Wohl der Kirche zur Motivierung der Haltung dieser
Männer heranzuziehen.[2]) Aillis reformatorischer Brief an den
Papst ist gewiss ein beredtes Zeugnis desselben. Dass er sich
aber den »Mut der freien Rede« in dieser Zeit bewahrt hat,
findet in den politischen Verhältnissen, insbesondere in der
Entwickelung der innern Lage Frankreichs eine bessere Erklärung. In der That was liegt näher als Aillis unionistische
Haltung mit der orleanistischen Politik in Verbindung zu bringen,
welche augenblicklich die Politik der französischen Regierung war?
Musste nicht jetzt dem Kardinal die Vergangenheit sich wieder
mächtig aufdrängen, — als der königliche Beichtvater, dann
Bischof von Cambrai, im Einverständnis mit dem jungen Herzog
von Orleans dem radikalen burgundischen Unionismus entgegen-

---

[1]) In der cedula »Quotuplex« Hardt II, 202 f. Hier heisst es, dass in
Ausnahmefällen der Kaiser oder die Kardinäle ein Konzil berufen können.
Die Kardinäle treten aber vor dem Kaiser ganz zurück.
[2]) gegen Tschackert, S. 176—180.

getreten war? — Der Tod Orleans' hatte die Fortsetzung dieser Politik unmöglich gemacht. Der Bischof hatte sich notgedrungen mit dem Gedanken eines papstlosen Konzils befreundet, dann hatte er sich auch mit dem gefährlichen Nachbar auf einen bessern Fuss gestellt. Eine politische Überlegung Johanns XXIII hatte ihm den Purpur eingebracht. Keine Art von Sympathie verband ihn mit diesem Papst. Ein Generalkonzil »ultra montes« scheint von Anfang an die Losung des Kardinals gewesen zu sein.[1]) Sollte er nicht hierbei schon den Gedanken an die Unionspolitik gehabt haben, welche er in Konstanz einschlug? —- Und nun war in Frankreich die Partei an das Ruder gekommen, in deren Dienst er seine ersten Lorbeeren gesammelt hatte. Nach dem römischen Konzil war er zum Legaten für Deutschland und die Niederlande ernannt worden. Es liegt nahe zu denken, dass die Verbindung Sigismunds und der Orleans nicht ohne das Mitwissen des Legaten erfolgt sei. Wenigstens verbinden ihn mit Sigismund von Anfang des Konzils an freundschaftliche Beziehungen. Ihn wählt man aus, um dem Kaiser die Beschwerden des Konzils vorzutragen. Er feiert den Kaiser in einer eigenen Rede und gründet auf die kaiserliche Autorität die Selbstständigkeit des Konzils.[2])

Eine deutliche und erschöpfende Erklärung für Aillis und Fillastres Unionismus in den Anfängen des Konzils giebt uns nur diese Kombination mit der politischen und kirchlichen Entwickelung, welche die letzten Jahre der französischen Geschichte ausmacht. Das Recht dieser Kombination erweist sich daran, dass die beiden Kardinäle auf die in Konstanz eingetroffenen französischen Prälaten und Doktoren sich stützten. Die sechs Thesen vom 7. Dezember waren in diesem Kreis entworfen worden. Am 21. Dezember fand nach Dacher[3]) ein grösserer Zuzug aus Frankreich statt, angeblich auch Gesandte des Königs und der französischen Fürsten. »Uff fritag vor sant Thomastag«, berichtet Reichenthal,[4]) »do komen die schulpfaffen und die gelerten lüt uss Frankrich, von Pariss und der warend XXII und mit inn vil ertzbischoff desselben landes, als mit vollem gewalt des küngs und aller fürsten und herren desselben lands«. Da die königlichen und die Universitäts-

---

[1]) Vgl. Schmitz, Die französische Politik etc. Diss. S. 3; M. Lenz, Drei Traktate etc. Marburg 1876. S. 86. Anm. 1.

[2]) Vgl. Tschackert a. a. O. S. 195 und die cedula »Quotuplex«.

[3]) Hardt IV, 27.

[4]) Ulrichs von Richental Chronik des Constanzer Concils, herausgeg. von M. R. Buck in Bibliothek des litt. Vereins in Stuttgart. CLVIII. S. 34.

gesandten erst im Februar und März in Konstanz eintrafen und eine Verwechselung hiermit nicht möglich ist, so kann sich diese Angabe nur auf die Vertretungen der einzelnen Kirchenprovinzen beziehen, welche auf der Pariser Synode im November ernannt worden waren. Auch diese kamen ja schon mit bestimmten Aufträgen der Regierung. Wir wissen nur, dass dieselben sich auf die gallikanischen Freiheiten bezogen. Und alles spricht dafür, dass man von Frankreich nicht mit einem fertigen liberalen Programm auf das Konzil gekommen ist. Dasselbe hat sich erst allmählich im Kampf mit der päpstlichen Partei entwickelt. Zunächst hielt man daran fest, dass die unio die erste Aufgabe des Konzils sei. Dann trat man den Mitteln näher. Die Forderung gütlicher Verhandlungen mit den Gegenpäpsten wurde gegen die einseitige Berufung auf den durch das Pisanum geschaffenen Rechtsboden erhoben. Man hatte dann den Kardinal Gregors mit den Abzeichen seiner Würde in Konstanz empfangen. Die Verhandlungen mit seiner Obedienz leisteten dem Zessionsgedanken Vorschub. Johanns Verpflichtung wurde Gegenstand öffentlicher Debatte. Im Zusammenhang damit wurde auch der Konzilsgedanke ausgebaut. Der traditionelle Charakter einer päpstlichen Synode von Prälaten und Aebten wurde mit Bewusstsein aufgegeben. Die französische Nation — wenn von einer solchen schon die Rede sein kann — war unter der Leitung der beiden Kardinäle tonangebend gewesen.

IV. Die Schwenkung Aillis und Fillastres und die Konzilsnationen.

Nachdem Johann im allgemeinen sich bereit zur Zession erklärt hatte, wünschte man seitens des Konzils Garantien. Erfahrungen bei früheren ähnlichen Versprechen der schismatischen Päpste machten die Versammlung misstrauisch. Die vom Papst gewählte Formel genügte ihr nicht. Sie legte ihm dieselbe vor, welche Gregor XII vorgeschlagen und von ihm auch angenommen worden war.[1]) Allein hierauf liess sich der Papst nicht ein. Erst nach längern Verhandlungen nahm er am 1. März eine von den Nationen entworfene, mildere Formel

---

[1]) Hardt II, 204 f. 236 f.; der Einblick in diese Verhandlungen ist durch die Zerstückelung der Berichte, welche Hardt vorgenommen hat, sehr erschwert. Ich werde in Briegers Zeitschrift für Kirchengeschichte Bd. XIII, 1 dieser Frage näher treten.

an. In feierlicher Sitzung, »der zweiten des Konzils«, wurde die Annahme am 2. März wiederholt und bekräftigt.

Nun kamen auch die Verhandlungen mit der Gregorianischen Obedienz sowohl, als mit den Gesandten Benedicts und des Königs Ferdinand von Arragonien wieder in Fluss. Letztere hatten am 24. Februar mit ihrer Abreise gedroht. Man hatte sie bis jetzt hingehalten. Sie bestanden auf einer persönlichen Zusammenkunft Sigismunds und Benedicts. Anfangs war der Termin derselben auf den April festgesetzt. Da man aber voraussah, dass bis dahin die notwendigsten Geschäfte des Konzils noch nicht erledigt sein würden, so kam man jetzt überein, den Termin auf den Juni hinauszuschieben. Sollte bei dieser Zusammenkunft etwas erreicht werden, so musste man von Johann ausreichende Vollmachten haben, um eventuell sofort seine Zession ausführen zu können. Dieser Wunsch schien um so berechtigter, als auch Gregor darauf eingegangen war, durch Prokuratoren seine Abdankung zu vollziehen.[1] Schon bald nach der zweiten Sessio[2] wurde dem Papst vorgestellt, er möge Sigismund und die, welche mit ihm nach Nizza gehen würden, zu seinen Prokuratoren ernennen. Sowohl beim Papst, als auch bei den Italienern stiess man mit dieser Forderung auf einen heftigen Widerstand. Es kam zu erregten Auftritten. Man sprach zum grossen Ärgernis der päpstlichen Partei schon von einer Neuwahl. Sogar von Zwangsmitteln gegen Johann scheint die Rede gewesen zu sein.[3] Der Papst — so ging das Gerücht — wollte Konstanz mit seinem Anhang verlassen. Daraufhin liess Sigismund die Thore der Stadt bewachen. Und als der Papst Beschwerde bei einigen Fürsten und dem Magistrat führte, wurde die Massregel zwar zurückgenommen und entschuldigt, allein jene

---

[1] Das Tagebuch Fillastres (Finke a. a. O. S. 167) sagt, dass die Gesandten Gregors hierfür kein »speciale mandatum« gehabt hätten. Die Tendenz dieser Mitteilung erhellt aus dem, was Ailli und Fillastre in der Versammlung am 16. März (Finke a. a. O. 263) über Benedicts Absichten aussagen. Trotzdem kann die Mitteilung auf Wahrheit beruhen. Die Gesandten Gregors müssen aber eine sehr weitgehende allgemeine Vollmacht gehabt haben.

[2] Nach Cerret. am 9., nach Schelstrate am 11. März. Hardt IV, 54. Das Tagebuch Fillastres (Finke a. a. O. S. 167) scheint ebenfalls den 11. März anzunehmen; die offiziellen Konzilsakten (Finke a. a. O. S. 261), aus denen Cerretan geschöpft hat, setzen die Beschlussfassung der drei Nationen auf den 9., die erste Kundgebung auf den 14. März. Damit stimmt — näher betrachtet — Cerretan völlig überein. Hardt hat seinen Bericht auseinandergerissen und den zweiten Teil statt auf den 14. März auf den 15. verlegt. Vgl. Hardt IV, 56.

[3] Hardt IV, 55 ff. II, 159 f.

Forderung wurde energisch erneuert unter Hinzufügung der
andern, dass weder das Konzil verlegt, noch der Papst dasselbe verlassen sollte.[1]) Johann liess am 16. März darauf antworten: eine Verlegung des Konzils in die Nähe von Nizza
scheine ihm sehr dienlich; er überlasse die Entscheidung darüber
aber dem Konzil. Was jedoch seine Abdankung anlange, so
sei er entschlossen, so lange Krankheit ihn nicht hindere, in
eigener Person dieselbe zu vollziehen und deshalb selbst sich
zu einer Zusammenkunft mit Benedict nach Nizza zu begeben.
Die Zession durch Prokuratoren greife seine Ehre an, da Benedict seinerseits darauf niemals eingehen würde. Dieser Punkt
wurde von Ailli und Fillastre bestätigt.[2]) Nun stieg die gegen-
seitige Erbitterung auf das Höchste. Ungestüm bestanden
Engländer und Deutsche in einer Kongregation am 17. März
auf jener Forderung. Die Franzosen wollten noch weiter beraten. Am 19. März kam es in einer gesonderten Versammlung der Franzosen zu einem der denkwürdigsten Auftritte in
der Geschichte des Konzils. Von der einen Seite erschienen
hier fünf Kardinäle, unter ihnen Ailli und Fillastre, um die
Beschlussfassung der Nation im päpstlichen Sinn zu beeinflussen;
von der andern Seite kam Sigismund selbst in Begleitung von
Engländern und Deutschen, um den Abfall der Franzosen zu
verhindern. —

Ehe wir diesem Ereignis und seinen Folgen uns zuwenden,
müssen wir die Thatsache ins Auge fassen, dass die beiden
Franzosen Ailli und Fillastre seit dem 16. März plötzlich auf
Seiten der päpstlichen Partei stehen und am 19. März sogar
Sigismund entschieden entgegen wirken.

Waren sie nicht noch den Januar und Februar hindurch
im besten Einvernehmen mit Sigismund gewesen? — Im Einverständnis mit ihm hatte Ailli die Aufnahme des gregorianischen Kardinals durchgesetzt. Dem römischen König hatten
sie zuerst jene cedula Fillastres eingehändigt; und dieser hatte
sie freudig begrüsst. Was hatte diese Freundschaft plötzlich
gestört? Hatten die beiden Kardinäle etwa prinzipielle Bedenken gegen die Zession durch Prokuratoren? Es ist kaum
glaublich. Derartige Vorschläge waren schon vor Pisa ge-

[1]) Das Tagebuch Fillastres (Finke a. a. O. S. 168) verlegt die Antwort
des Papstes auf Freitag den 15. und erzählt erst danach von dem Schliessen
der Thore. Dasselbe zeigt überhaupt nicht die Genauigkeit, welche man erwarten sollte, falls es wirklich von Fillastre selbst geführt worden wäre. Die
offiziellen Konzilsakten sind hier (Finke a. a. O. S. 261 f.), wie an andern
wichtigen Partien bei weitem zuverlässiger.
[2]) Finke a. a. O. Aus offiziellen Konzilsakten S. 263.

macht worden; und Männer, welche die Verpflichtung des Papstes zur Zession so unbedingt anerkannt hatten, konnten unmöglich an diesem Modus an und für sich Anstoss nehmen. Die Bemerkung Cerretans, dass die Opposition der Kardinäle sich auch gegen die Abstimmung nach Nationen richtete, könnte uns vielleicht einen Anhaltspunkt zur Lösung dieses Problems bieten.[1]) Tschackert (Peter von Ailli, S. 204) meint, durch die Entwickelung der Konzilsnationen sei der Vorschlag Aillis, welcher nur eine Ausdehnung des Stimmrechtes bezweckte, überboten, und so er selbst in das konservative Lager getrieben worden. Damit ist indessen zu wenig erklärt. Weshalb sollte Ailli an und für sich diesen Modus missbilligt haben? Er enthielt freilich eine durchgreifende Neuerung, aber vor Neuerungen ist Ailli niemals zurückgeschreckt, wenn sie seinen Zwecken dienten. Die Bedenken, welche er später in seiner Schrift über die kirchliche Gewalt gegen dieselbe geltend macht,[2]) beschränken sich auf die Ausschliessung des Kardinal-Kollegs und die Geltung der Engländer als Nation. Dass die Abstimmung nach Nationen an und für sich dem Interesse des Papstes und der Kardinäle nicht widersprach, bezeugt die Thatsache, dass auf dem Konzil zu Pavia (Siena) dieser Modus ohne weiteres beibehalten wurde. Zu Basel erst ist er wieder aufgegeben worden. Der Widerspruch Aillis und seines Kollegen Fillastre hängt vielmehr mit der Genesis desselben zusammen.

Ailli selbst hatte in dem Entwurf einer Geschäftsordnung für das Konzil die Berücksichtigung der verschiedenen Nationalitäten empfohlen. In jenen Dezemberanträgen schlägt er die Bildung eines Ausschusses aus den verschiedenen Nationen vor, welcher für die Dauer der Suspendierung des Konzils dasselbe mit allen Vollmachten vertreten soll.[3])

Es war nun ferner natürlich, dass die Landsleute sich zusammenschaarten und einzelne Gruppen unter der Versammlung bildeten. Deren scheint es mehr als vier gegeben zu haben. Vor allen sind die Franzosen unter Leitung Aillis und Fillastres zu einer solchen Gruppe zusammengetreten. Auch

---

[1]) Die offiziellen Konzilsakten (Finke a. a. O. S. 264) verhüllen diese Tendenz, indem sie berichten, dass die Kardinäle in der französischen Nation für eine Abstimmung nach Kirchenprovinzen eingetreten wären. Dieser Modus innerhalb einer Nation hat keinen Sinn. Wir wissen aber, dass Ailli später diesen Vorschlag wiederholt hat, und da war er auf nichts anderes berechnet, als die Abstimmung nach Nationen umzustossen. Vgl. Tschackert S. 250 f. Finke 32 f.

[2]) Hardt VI, 39 f.

[3]) Vgl. Hardt II, 189. 191. 197.

die Deutschen hatten sich zusammengeschlossen. Am 5. Januar berichten die Kölner Universitäts-Gesandten nach Haus,[1]) dass sie schon zwei Versammlungen der deutschen Nation beigewohnt hätten, wo man die Unionsangelegenheit besprochen habe. Das war nichts Neues. Schon in Pisa hatten sich nationale Vereine unter der Versammlung gebildet. Etwas Neues war erst der Ausschuss, welchen Sigismund zwecks der Verhandlungen mit Gregors Obedienz bildete. Diese wollte unmittelbar mit Johann und seinen Kardinälen nichts zu thun haben. Es musste also eine neutrale Vertretung des Konzils geschaffen werden. Als Grundlage dazu bot sich allein die nationale Gruppierung dar. Und man scheint schon hier die altkirchliche Einteilung in vier Gruppen benutzt zu haben, auf Grund deren von jetzt an bei jeder Gelegenheit eine Vier-Gliederung hervortritt. So bestand wahrscheinlich auch dieser Ausschuss aus vier mal sechs Prälaten. Das Kardinalskolleg war in demselben nicht vertreten.

Mit diesem Ausschuss war nun aber eine Vertretung des Konzils geschaffen, welche allmählich zu einer völligen Veränderung seines Charakters führen musste. Das Konzil war nun nicht mehr eine Synode Johanns XXIII, sondern die Versammlung der in vier Hauptgruppen zerfallenden abendländischen Christenheit, welche im Begriff war zu einem obersten neutralen Tribunal sich aufzuwerfen. Die päpstliche Partei hatte zu spät die Gefahr bemerkt, welche in jenem Schritt lag; sie machte noch alle Anstrengungen, um diese Wendung aufzuhalten. Von Seiten der Gregorianer war, wie es scheint, der Vorschlag laut geworden, nach den drei Obedienzen abzustimmen.[2]) Schon am zweiten Tag der Verhandlung erliessen die Anhänger Johanns einen energischen Protest. Jener Vorschlag war natürlich nicht durchführbar; allein er zeigt wenigstens, wo die Tendenz nach Umgestaltung der Geschäftsordnung ihren Sitz hatte. Alles drängte jetzt nach dieser Richtung hin. Der Gedanke, die Abstimmung nach den Nationen vorzunehmen, lag in der Luft. Es bedurfte nur eines Anstosses, um ihn zu verwirklichen. — Die erste Nachricht von dieser Bewegung bietet ein Brief der Wiener Universitätsgesandten vom 7. Februar.[3]) Die 2. Sitzung, welche am 24. Januar stattfinden sollte,

[1]) Mart. et Dur. Thes. Nov. II, 1609.
[2]) Hardt IV, 38. Wenigstens haben die Anhänger Johanns eine Stelle der von den Gregorianern eingereichten cedula so verstanden. Vielleicht hatten diese mündlich sich unverhohlener ausgesprochen. Vgl. S. 124.
[3]) Archiv für österr. Geschichtskunde XV, 14.

war wiederum — Engländer und Franzosen wünschten es — bis zum 4. Februar verschoben worden. Allein auch an diesem Tag findet die Sitzung nicht statt »quia de scrutinio votorum, an scilicet per nationes aut singula capita habendum foret, inter nationes quaestio oriebatur«. Aus den von Finke (a. a. O. S. 256) veröffentlichten Akten erfahren wir näheres: Am 3. Februar versammlen sich die Kardinäle, Prälaten und Gesandten, um die Sitzung des folgenden Tages vorzubereiten. Allein »per aliquas difficultates emergentes ex parte nationis Anglicanae« vertagt man die Sitzung noch einmal bis zu Mittwoch den 6. Februar. Allein hier erscheinen weder Papst noch König. Nur Franzosen sind in grösserer Anzahl anwesend. Dann treten Deputierte der englischen und der deutschen Nation auf und geben die Erklärung ab, dass ihre Nationen an der Sitzung nicht teilnehmen würden, wenn nach Köpfen abgestimmt würde. Sie verlangen »quod totidem et in pari numero de qualibet natione ac oratores admitterentur, qui facultatem haberent tractandi et concludendi ea, que ad unionem perfectam et reformacionem ecclesiae pertinent«. Daraufhin wird die Sitzung aufgehoben. Offenbar herrschte grosse Verwirrung. Im stillen, heisst es, sei die Sitzung bis zum 15. Februar vertagt worden.[1] Am folgenden Tag wird in einer Versammlung der französischen Nation der englisch-deutsche Antrag gestellt und durchgebracht. Schon die Wiener Universitätsgesandten melden von demselben Tag, dass Engländer, Deutsche und Franzosen für diesen Abstimmungsmodus seien, während die Italiener sich noch sträubten.[2]

---

[1] Mit dem Bericht der Akten habe ich verbunden, was Finke a. a. O. S. 31, Anm. 1 aus einem Frankfurter Codex mitteilt.

[2] Cerretan (Hardt IV, 10) berichtet von einem allgemeinen Beschluss des Konzils, durch welchen dieser Modus eingeführt sei. Auch die informationes Papae (Hardt II, 156) reden von einer ordinatio. Man wusste aber schon aus der Martène et Durand, Ampl. Coll. VII, 1411 abgedruckten Summa Concilii Constantiensis, dass an diesem Tag nur eine Beschlussfassung innerhalb der französischen Nation stattgefunden habe. — Die Entstehung der Konstanzer Konzilsnationen ist erst seit Fr. Steinhausen (Analecta ad historiam Concilii Gen. Const. Diss. Berol. 1862) Gegenstand wissenschaftlicher Untersuchung geworden. Er hat Cerretans Bericht ganz abgelehnt; J. Schmitz hat in einer wertvollen Abhandlung (Die französische Politik und die Unionsverhandlungen des Konzils von Konstanz, Düren 1879) wieder zurückgelenkt. Er meint, es habe zwar kein förmlicher Beschluss stattgefunden, aber doch durch die Entscheidung von drei Nationen sei an diesem Tag der neue Modus thatsächlich eingeführt worden. Die von Finke veröffentlichten Quellen geben nun über die Vorgänge dieser Tage ein weit klareres Bild. Man darf indessen die Entscheidung der drei Nationen nicht überschätzen, wie dies Finke thut, wenn er sagt S. 31: »Ohne allgemeinen Konzilsbeschluss war innerhalb weniger

Was man früher schon ahnen konnte,[1]) ist durch die neuen, von Finke edierten Quellen nun sicher gemacht: der Anstoss zu dieser Umgestaltung der Geschäftsordnung ist von den Engländern ausgegangen. Auf ihre Ankunft hatte Sigismund vor allem gewartet, ehe er etwas Definitives unternahm. Am 21. Januar waren sie gekommen. Am folgenden Tag zogen die Bevollmächtigten Gregors in Konstanz ein, an ihrer Spitze Herzog Ludwig von der Pfalz, der Schwager Heinrichs V. Und nun begannen mit Hülfe jenes Ausschusses, in welchem auch die Engländer als selbstständige Nation vertreten waren, die Unionsverhandlungen. Dieses Zusammentreffen war nicht zufällig. Die Engländer haben sich weiterhin mehrfach durch einen fanatischen Eifer für die Herstellung der unio im Sinne der Gregorianischen Obedienz ausgezeichnet. Sie mögen von vorn herein dahingehende Instruktionen mitgebracht haben. Ihr geistliches Haupt, der Bischof Robert Halam von Salisbury, trat mit ungewöhnlicher Schärfe dem Papst Johann entgegen. Ihre geringe Anzahl[2]) aber machte es nun für sie notwendig, auf einem andern Weg den der Bedeutung ihres Königs entsprechenden Einfluss auszuüben. Dazu bot sich in jenem Modus der Abstimmung das beste Mittel dar.

Seit Benedict XII war man gewohnt vier Gruppen in der Christenheit zu unterscheiden: Deutschland mit England und Ungarn, sowie dem ganzen Nord-Osten Europas, Frankreich, Spanien und Italien.[3]) Jetzt wo die Spanier fehlten, gab es sich von selbst, dass die Engländer — an politischer Bedeutung schon damals den Spaniern weit überlegen — ihre Stelle einnahmen.

Tage eine grosse Revolution im Geschäftsgang des Konzils vor sich gegangen.« Thatsächlich hat es doch noch lange gedauert, bis der neue Geschäftsgang völlig ausgebildet war. Immer noch wird das richtigste Bild von dem, was im Februar 1415 geschah, der Bericht des Fillastreschen Tagebuches bei Hardt II, 231 geben: »Interim nationes ulterioris Galliae, Germaniae, et Angliae, et ita postea Italiae, per se ipsas se congregaverunt et deciderunt de facto quaestionem, utrum per nationes vel per capita singula procederetur. Et congregaverunt se separatim.«

[1]) In den informationes Papae heisst es, »Anglicis perturbantibus« seien vier Nationen gebildet worden. So bei Bourgeois, Nouvelle histoire du conc. de Constance, Preuves S. 320 ff. Hardt II, 155 steht: »praeoccupantibus«.

[2]) Nach den informationes Johanns XXIII bestand die Gesandtschaft aus drei Prälaten und neun Clerikern. Dabei sind aber die weltlichen Glieder nicht mitgerechnet. Sie hatte ein Gefolge von 800 Pferden (Lenz, König Sigismund und Heinrich V von England, S. 64); also war sie doch recht stattlich. Im Verhältnis zu den übrigen Nationen war nur der geistliche Stand schwach vertreten.

[3]) Vgl. Ailli, de potestate ecclesiastica, Hardt VI, 40 f.

Sigismund griff jenen Plan mit lebhaftem Interesse auf. Er ist späterhin sein eifrigster Anwalt. Und in der That musste er ja seine ganze Sympathie gewinnen. Denn nur so konnte der König hoffen, die Leitung des Konzils, welche durch die Verhandlungen mit den beiden andern Obedienzen schon zum grossen Teil in seiner Hand lag, ganz zu behalten. In den nationalen Verbänden konnte er leichter seinen Einfluss geltend machen, als in grössern gemischten Versammlungen. Auf zwei Stimmen, die der Deutschen und Engländer, durfte er sicher rechnen, auf die der Franzosen, wenn nichts dazwischen kam, auch. Wie leicht konnten dagegen bei dem bisherigen Abstimmungsmodus Sonderinteressen eine gefährliche Zersplitterung herbeiführen! So dürfen wir annehmen, dass Sigismund seinen ganzen Einfluss aufbot, um diese Änderung durchzusetzen. Er blieb von jener Sitzung am 6. Februar zurück und liess statt dessen durch Gesandte der beiden ihm nahe stehenden Nationen die Sache verfechten. Die Franzosen, welche ihn bisher immer so bereitwillig unterstützt hatten, hielten zurück. Erst am 7. Februar erklärten sie ihren Anschluss. Wie derselbe erfolgt ist — wissen wir nicht. Aber zu denken giebt die kühle Art, in der das Tagebuch Fillastres von dieser Neuerung erzählt. Es bietet uns hier nur kurze Notizen. Nach der Mitteilung der cedulae Aillis und Fillastres über die Erweiterung des Stimmrechtes heisst es: »in hac quaestione pendente incidit quaestio, quomodo deciderentur agenda in Concilio et fieret scrutinium votorum? Utrum per nationes in genere . . ., vel per capita singula?« Obgleich rechtmässig, fährt es fort, nur die Abstimmung nach Köpfen sei, so — hier bricht die Konstruktion, ab, man erwartet: so sei die andere Abstimmung doch vorzuziehen — wegen der unverhältnismässig grossen Anzahl der italienischen Prälaten, und weil Johann nicht nur ihre Zahl noch vermehre, sondern auch andere Prälaten sich zu verpflichten suche, so dass bei einer Abstimmung nach Köpfen nur geschehen werde, was er wolle.[1] Scheute sich der Verfasser etwa diese Entwickelung auch nur gutzuheissen? — Jedenfalls sucht er sie zu entschuldigen. Aber sie ist ihm selbst unangenehm. Er erwähnt sie erst am Schluss, nachdem er berichtet, woran der Kardinal beteiligt gewesen ist. Das aber ist gerade das Auffallende, dass er offenbar bei dieser Änderung der Geschäftsordnung sich nicht betheiligt hat. —

---

[1] Hardt II, 230. Finke a. a. O. 166.

Ailli und Fillastre, die bisherigen Führer der Liberalen, haben sich in dieser Angelegenheit ganz zurückgehalten. Sie, die bisher in jeder wichtigen Frage das Wort ergriffen hatten, haben hier geschwiegen. Sie mochten die Gefahr ahnen, welche diese Einrichtung kraft ihrer Entstehung für sie in sich barg, war doch das Kardinalkolleg dabei von vornherein ganz unberücksichtigt geblieben. Der Ausschuss, in welchem sie gar nicht vertreten waren, die Verhandlungen mit Gregors Obedienz, bei welchen sie direkt nicht mitwirken konnten, hatten die Anregung dazu geboten. Es bildete sich hier eine Vertretung des Konzils, welche ohne einigen Konnex mit den hierarchischen Spitzen desselben eine unbeschränkte Autorität sich anmasste. Und wie denn oft kleinliche Interessen nicht das Wenigste gewirkt haben, so mag bei den der Eitelkeit zugänglichen Franzosen, die bisher immer die Ersten gewesen waren, der Umstand einen nicht geringen Anstoss erregt haben, dass nun andere Elemente ihnen den Rang streitig machten. Insbesondere bildete ja die Person Sigismunds einen vielumworbenen Anziehungspunkt. Er hatte bisher in bestem Einvernehmen mit den beiden Kardinälen gestanden. Das Verhältnis lockerte sich nun. Sollte nicht schon seine enge Verbindung mit den Engländern abkühlend auf die Söhne Frankreichs gewirkt und auch ihre Haltung in dieser Angelegenheit bestimmt haben? — Vorläufig blieb aber ein offener Bruch noch aus.

Dem Beschluss der französischen Nation haben sich die beiden Kardinäle nicht widersetzt. Derselbe hatte aber auch, ebenso wie die der beiden anderen Nationen, wenig Bedeutung. Vor wie nach hatte der Ausschuss unter Sigismunds Leitung die Geschäfte in der Hand. Man gelangte ohne die Anwendung einer öffentlichen Abstimmung zu dem nächsten Ziel. Fillastres Flugschrift war es, welche die Aufmerksamkeit der Versammlung vorerst ganz in Anspruch nahm.

Dass Fillastre gerade zu der Zeit, wo die Nationenfrage am lebhaftesten erörtert wurde, mit seiner Schrift hervortrat — wenn dieselbe nicht vor dem 7. Februar erschienen ist, so fällt ihre Entstehung in die bewegte erste Woche des Februar — dürfte nicht zufällig sein. Aus der Einleitung der Schrift im Tagebuch lesen wir dieselbe Stimmung heraus, wie aus dem spätern Bericht über die Entscheidung der Abstimmungsfrage. Die Wichtigkeit derselben will er nicht anerkennen. Die unio ist ihm die einzig wichtige Frage; und es klingt wie ein Vorwurf, wenn er sagt: »Anglici etiam et Poloni venerant, qui proponendo multa dixerant de pace Ecclesiae, sed nihil expresse.« Da muss der Kardinal denn kommen und das entscheidende Wort sprechen. — In der That, wenn wir alle Umstände beachten, so liegt die Annahme sehr nahe, dass die beiden französischen Kardinäle bei diesem Schritt von dem Wunsche geleitet wurden, sich wieder in den Mittelpunkt des Konzilslebens zu setzen. Und wenn sie auch für die Erweiterung des Stimmrechts das Wort ergriffen, so kann dem bei den bestehenden Verhältnissen kein anderes Interesse zu Grunde liegen, als den neuen Abstimmungsmodus überflüssig zu machen. Beide schliessen sich allerdings nicht aus. Man hat später, als die Abstimmung nach Nationen sich völlig eingebürgert hatte, die Frage des Stimmrechtes wieder in Erwägung gezogen. Allein die Thatsache ist nicht zu leugnen, dass zunächst nach jener »Revolution« vom 4. — 7. Februar diese Frage kein Interesse mehr hatte. Die Nationen haben lange Zeit bestanden und gewirkt, ohne dass man es für nötig fand ihr näher zu treten. Wenn nun trotzdem Ailli und Fillastre sich für dieselbe, mit allem Eifer engagierten, so muss ein nicht in der Sache selbst liegendes Motiv sie bestimmt haben. Und dieses ergiebt sich ganz natürlich aus ihrer Abneigung gegen die Abstimmung nach Nationen. — Man könnte einwenden: weshalb haben sie diese nicht offen bekämpft? — Nachdem drei Nationen sich dafür entschieden hatten, war das aussichtslos. Im Gegenteil: sie hätten die andern nur bestärkt. Wenn sie aber die Gefahr, welche wohl viele zur Annahme dieses neuen Modus bestimmt hatte, das Übergewicht der italienischen Prälaten, beseitigten, so konnten sie hoffen, dass die Neuerung, deren völliger Einführung und Handhabung noch viele Schwierigkeiten im Wege standen, von selbst wieder abkommen würde.[1]

In dieser Hoffnung haben sie sich nun freilich verrechnet. Die erste cedula Fillastres erregte allerdings grosses Aufsehen. Er wurde in den Kreisen der Konzilsfreunde gefeiert. Allein

---

[1] Diese chronologische Ansetzung der Flugschriften Hardt II, 208—231 stützt sich auf die Ansetzung der ersten Flugschrift Fillastres »In generali concilio«. Sie ist verfasst erst nach der Ankunft der Polen (29. Januar). Sie hat auf dem Konzil grosses Aufsehen erregt. Die Wiener Universitätsgesandten erwähnen sie noch nicht in ihrem Brief vom 7. Februar. Folglich kann sie erst an diesem oder einem der folgenden Tage ausgegeben worden sein. Die Flugschriften über Erweiterung des Stimmrechts fallen nach Fillastres Tagebuchbericht mit der ersten Gruppe zeitlich zusammen. Die Nationenfrage aber, welche beiden vorausging, erwähnt das Tagebuch absichtlich erst am Schluss. »In hac quaestione pendente incidit« ist also ungenau. Thatsächlich war diese neue Frage schon erledigt, als die beiden andern aufgeworfen wurden. Nur die Debatte über sie mag noch fortgedauert haben.

schliesslich dienten doch die Anstrengungen der beiden französischen Kardinäle nur dazu, die Radikalen zu stärken. Fillastres Idee wurde Gegenstand lebhaftester Erörterungen der einzelnen Nationen. An dieser Debatte fanden sie gerade einen Anlass, sich auszubilden.[1]) Die drei verbündeten Nationen gaben als gemeinsamen Beschluss zu Protokoll, dass beide Päpste zedieren sollten. Die Italiener, welche sich ganz ferngehalten zu haben scheinen, galten als überstimmt. Sigismund sollte im Namen des Konzils Johann diesen Beschluss mitteilen. Entsprechend verpflichteten sich auch die Häupter der Gregorianischen Obedienz. Am 7. Februar hatten sie Gregor ihre Forderungen übersandt.[2]) Der weitere Verlauf ist uns bekannt.

Ailli und Fillastre sind in den Verhandlungen über die Zessionsformel nicht hervorgetreten. Dieselben wurden hauptsächlich in dem Lokal der deutschen Nation unter Leitung des Ausschusses[3]) geführt. Noch einmal hatten die beiden Franzosen versucht die geistige Leitung der Versammlung sich zu erhalten. Sie hatten nur einen vorübergehenden Erfolg zu verzeichnen. Seit jener nationalen Organisation des Konzils war die Unionsbewegung in eine Strömung eingelenkt, welche sich nicht mehr zurückdämmen liess, die Führerschaft der beiden französischen Kardinäle notwendig abstossen musste. Insbesondere verloren sie mehr und mehr ihren Einfluss auf die französische Nation. Von diesem ist aber ihr Einfluss auf das Konzil von jetzt an abhängig. — Für die Beurteilung des weiteren Verlaufes der Konzilsgeschichte ist es wichtig zu konstatieren, dass es die englisch-deutsche Bundesgenossenschaft war, welche seit dem Ende Januar mit den beiden Franzosen rivalisierte und sie verdrängte.

---

[1]) Wann die Nationen selbst in Wirksamkeit getreten sind, ist sehr unsicher. Man darf nicht annehmen, dass immer, wo ein Beschluss auf sie zurückgeführt wird, sie wirklich eine Beschlussfassung vollzogen haben. In der Zeit bis zum 15. März scheint der Ausschuss alles besorgt zu haben. Erst von diesem Tag an heben sowohl die offiziellen Konzilsakten, als das Tagebuch Fillastres besonders hervor, dass die Nationen sich versammelt und gesonderte Beratungen abgehalten haben. Ist dies richtig, dann haben erst die Vorgänge innerhalb der französischen Nation im Zusammenhang mit der Prokuratorenfrage den Anstoss dazu gegeben. Darüber w. u.

[2]) Hardt IV, 468/9.

[3]) Es scheint, dass die Beratungen der Zessionsformeln fast ausschliesslich in den Sitzungen des Ausschusses stattfanden, zu dem beliebig andere hinzugezogen wurden; so z. B. die Gesandten der Pariser Universität. Vgl. Hardt II, 236 f. Allein auch die deutsche Nation scheint gesonderte Beratungen darüber abgehalten zu haben. Vgl. Hardt II, 241: »et ego dedi (sc. die Worte »voveo et juro« der Formel) in Avisamentis meis in Natione«.

V. Die Entwickelung der französischen Nation.

Der offene Bruch erfolgte, wie gesagt, erst als man die Prokuratorenfrage erörterte. Sigismund wollte für die beabsichtigte Zusammenkunft in Nizza von Johann sich mit ausreichenden Vollmachten zur Ausführung der Zession versehen lassen.[1]) Johann sollte ihn und seine Begleiter zu Prokuratoren ernennen. Wiederum war hierbei von den Kardinälen keine Rede. Man hatte sie zwar, wie die »officiellen Konzilsakten« und das Tagebuch Fillastres übereinstimmend berichten,[2]) zu den Verhandlungen mit den spanischen Gesandten hinzugezogen. Das war schon ein Fortschritt in Anbetracht dessen, dass sie den Verhandlungen mit den Gregorianern ganz ferngeblieben waren. Allein die Prokuratorenfrage scheint hierbei gar nicht berührt worden zu sein. Die Verabredung, welche mit den Gesandten über die Zusammenkunft getroffen wurde, bestand davon ganz unabhängig. Von der Beratung jener für das Kolleg viel wichtigern Frage hielt man es fern. Allein diesmal wollte das Kolleg sich nicht wieder zurückdrängen lassen. Man hatte schon bei den minderwichtigen Verhandlungen mit Gregors Obedienz diesen Fehler begangen; derselbe hatte seine Früchte getragen. Jetzt, wo viel mehr noch auf dem Spiele stand, musste alles versucht werden, um das Kollegium zu rehabilitieren. Die örtliche Entfernung erhöhte die Bedeutung der Prokuratur nicht unbeträchtlich; und zu dem fing man schon an von der zukünftigen Papstwahl zu sprechen. Das Kolleg entschloss sich sofort in einer gemeinsamen Vorstellung bei Sigismund auf die Bedeutung dieser Verhandlungen hinzuweisen: zu Nutz und Ehre des römischen Stuhles, des Konziliums und des römischen Königs selbst, auch um ihrer selbst willen sei eine Vertretung des Kollegs dabei notwendig. Sie schlugen Jordan des Ursins, Ailli, Amedäus von Saluzzo und Franziskus Zabarella vor. Die Bestätigung dieser Gesandten stellten sie dem König anheim. Allein Sigismund wich aus. Er wies sie an die Deputierten, welche »principaliter« darüber zu entscheiden hätten. Hier aber liess man sie ganz ohne Bescheid.[3]) Die Kardinäle mögen von vorn

---

[1]) Hardt IV, 47. 265 ff. Vgl. S. 133.
[2]) Vgl. Finke a. a. O. S. 167. 259.
[3]) Die »officiellen Konzilsakten« (Finke a. a. O. S. 259), mit denen hier wiederum Cerretan (Hardt IV, 47) übereinstimmt, erzählen, dass Sigismund selbst um die Begleitung von Kardinälen gebeten habe, nachdem diese ihn erst zu der Reise nach Nizza aufgefordert hätten. Dieser Bericht ist schon deshalb falsch, weil S. bereits viel früher eine Zusammenkunft mit Benedict und dem König von Arragonien verabredet hatte (Hardt IV, 35. II, 495).

herein diese Instanz für sich garnicht anerkannt haben. Als man ihrem Interesse keine Berücksichtigung zuteil werden liess, war ihre Stellung entschieden. Sie opponierten gegen die Prokuratur überhaupt. Ailli und Fillastre, die bisher im Kolleg eine Sonderstellung eingenommen hatten, standen hier geschlossen mit ihren Kollegen zusammen. Sofort aber machte sich diese Schwenkung auch unter den Nationen bemerklich. Die Franzosen, welche bisher zu Sigismund gehalten hatten, wurden bedenklich. Sie entzogen der Prokuratorenfrage ihre Unterstützung. Sigismund stand plötzlich mit den Engländern und Deutschen allein.[1]) Gegen eine Vereinigung der Franzosen und Italiener konnte er nichts ausrichten. Sollte das ange-

Dass S. nun selbst um die Begleitung der Kardinäle gebeten habe, wird durch einen Bericht der Kardinäle vom 28. Mai (Hardt IV, 265 ff) widerlegt. Der Anfang des Berichtes gehört in diese Zeit. Später ist über die Zusammenkunft als solche nicht wieder verhandelt worden. Nur ihr Termin wurde noch einmal hinausgeschoben. Von jener Bitte und Gegenbitte der Kardinäle und des Kaisers erfahren wir aber aus diesem Bericht nichts; und doch hätten sie hier nicht übergangen werden können. Die Wahrheit des Berichtes der Kardinäle erweist sich daran, dass er allein uns eine Erklärung des Konfliktes giebt. Schwab (S. 520), Hefele (VII, 138), Tschackert (204. 209 f.) haben die Bedeutung desselben überhaupt und für die Beurteilung der französischen Kardinäle insbesondere nicht erkannt. Schmitz wendet den beiden Kardinälen keine Aufmerksamkeit zu. Friedrich Müller (Der Kampf um die Autorität auf dem Konzil zu Konstanz, Jahresb. der städt. Gewerbeschule, Berlin 1860. S. 7 f.) hat in seiner trefflichen Abhandlung die Schwenkung Aillis nur in derselben Weise, wie nach ihm Tschackert, zu erklären versucht. Wilhelm Bernhardt (Der Einfluss des Cardinal-Collegs etc. Leipz. Diss. 1877) geht darüber nicht hinaus. Seine Arbeit ist in den hier in Betracht kommenden Partien mehr als oberflächlich. Dass das Kardinal-Kolleg keine geschlossene Grösse war, wie Bernhardt fast durchweg vorraussetzt, wird im Lauf meiner Darstellung noch klarer werden.

[1]) Hardt II, 156. Die Mitteilungen der informationes Papae, jener für Frankreich bestimmten Verteidigungsschrift des Papstes (Hardt II, P. X, 152—163) sind gewiss mit Vorsicht zu gebrauchen (vgl. Finke, a. a. O. S. 64 f.). Allein sie enthalten gerade über die Entwickelung der Nationen, insbesondere der französischen, eine Reihe von Mitteilungen, welche nicht erfunden sein können. Dahin gehören die Nachrichten über den Patriarchen von Antiochien. Da die informationes keinen chronologischen Bericht geben, sondern eine Reihe von einzelnen Verteidigungsmotiven aufzählen, so bieten sie der historischen Verarbeitung besondere Schwierigkeiten. Der obigen Darstellung liegt der 4. Absatz zu Grunde. Ich habe geschwankt, ob er hier oder zum 7. Februar zu verwenden sei. Ich habe mich für das erstere entschieden: 1) weil sonst die Trennung des 4. von dem 3. Absatz, wo die Bildung der Nationen erzählt wird, nicht zu begreifen wäre. Der 4. Absatz muss sich also auf ein besonderes davon getrenntes Ereignis beziehen. 2) würde der Versuch Sigismunds, mit Hülfe der Universitätsgesandten eine Organisation der französischen Nation zu vollziehen (s. w. u.), nicht verständlich sein, wenn eine Organisation durch den Patriarchen vorhergegangen wäre. —

fangene Unionswerk nicht zu Grunde gehen, so musste er dieses Bündnis verhindern und der Franzosen sich versichern. Dazu bot sich in dem Patriarchen Johannes Maurosii von Antiochien ein geeignetes Werkzeug.

Wir wissen von dieses Mannes Vergangenheit sehr wenig. Die einzige Quelle sind die »informationes Papae« (Hardt II, 156 ff.); und diese sind durchaus tendenziös. Eine Notiz der Chronik des Mönches von S. Denys (III, 437) zeigt uns diesen Prälaten in der Umgebung des 1407 ermordeten Herzogs von Orleans. Gehörte er zu dessen Anhang, so war er auch Anhänger Benedicts. Dies ist es nun, was die »informationes« berichten. Es heisst hier [1]: »erexit (sc. Sigismundus) idolum, videlicet Patriarcham Antiochenum Petri de Luna familiarem«, welcher bisher in Porto Venere die Schmähbriefe gegen den König von Frankreich gemacht habe. Es ist derselbe Mann, welcher dann nach Tschackerts verdienstvoller Beobachtung (S. 190 ff.) im Dezember 1414 gelegentlich der Verhandlungen über Wiklif und Hus Ailli entgegentrat und das Recht des Papstes über die Konzilien verteidigte. Nach Finke wäre er damals von Johann zum Vicekämmerer ernannt worden. Dieser Mann, einstens Parteigenosse Aillis, nun sein Nebenbuhler und Feind, wurde von Sigismund gewonnen. Je mehr sich das Verhältnis Sigismunds zu den beiden französischen Kardinälen lockerte, desto mehr scheint sich der Patriarch dem König genähert zu haben. Schon am 1. März sehen wir ihn an der Spitze des Ausschusses, dem er wahrscheinlich von Anfang an angehört hat. Hier überreicht er namens des Konzils dem Papst die Zessionsformel in ihrer Endredaktion. Als nun Ailli und Fillastre sich von der Unionspartei Sigismunds lossagen und die französische Nation hinter sich herzuziehen drohten, springt der Patriarch auf Sigismunds Weisung hin ein.

Die französische Nation war in ihrer Entwickelung hinter der deutschen und englischen Nation zurückgeblieben. Zwar hatte man sich am 7. Februar hier ebenfalls für die Abstimmung nach Nationen entschieden. Allein da die beiden Kardinäle Ailli und Fillastre, welche bis dahin die Führerschaft der Franzosen in Händen hatten, diesem Plan von Anfang an gleichgültig, wenn nicht ablehnend gegenüber standen, so unterblieb die jenem Beschluss entsprechende

---

[1] Hardt II, 156. — Finke hat Römische Quartalschrift II, 165 einige Nachrichten über diesen merkwürdigen Mann zusammengestellt, der in der That ein eigenartiges psychologisches Problem uns darbietet.

Konstitution.[1]) In der deutschen Nation machte der überwiegende Einfluss Sigismunds, in der englischen ihre Ge-
schlossenheit als Gesandtschaft eine solche vorerst überflüssig.
Die französische Nation entbehrte dagegen dieses Zusammen-
haltes. Sie war eine freie Vereinigung von französischen
Prälaten und Doktoren. An Mannigfaltigkeit der Zusammensetzung kam sie der deutschen Nation allerdings nicht gleich,
aber sie bedurfte doch auch einer leitenden Autorität. Das
Nationalgefühl konnte diese nicht ersetzen. Als deshalb Ailli
und Fillastre, die hier bisher tonangebend gewesen waren, von
der nationalen Organisation des Konzils sich ganz fernhielten,
da trat ein bedenklicher Mangel derselben hervor. Es fehlte
in der französischen Nation an dem notwendigen Zusammenhang zwischen dem zugehörigen Teil des Ausschusses und der
Nation. Hierauf aber kam es an, sollten die Nationen die
beabsichtigte Rolle ausüben; und zwar musste dieser Zusammenhang ein organischer sein. Auch bei der deutschen und
englischen Nation war dies nicht der Fall. Die der neuen Stellung
entsprechende Ausgestaltung der nationalen Korporation war
noch bei keiner der vier Gruppen erfolgt.[2]) Es fehlte überall

---

[1]) Ich glaube unterscheiden zu müssen zwischen dem Beschluss, nach
Nationen abzustimmen, und der entsprechenden Konstituierung der einzelnen
Nationen. Diese ist erst allmählich erfolgt, denn es lag kein dringendes Bedürfnis dazu vor. Der Ausschuss hatte die Geschäfte völlig in seiner Hand.
Er leitete sie, ohne von den einzelnen Nationen dazu jedesmal autorisiert zu
sein. Dieser Mangel der Geschäftsordnung musste sich aber bei der französischen Nation vorerst allein bemerklich machen, weil ihr allein die Elemente
fehlten, welche als legitim zur Konstituierung angesehen wurden. Die Informationes drücken das aus, wenn sie von ihr sagen, dass sie »tunc carebat
capite, Ambassatoribus videlicet praedictis, imo et nullis Praelatis Regni existentibus, duobus simpliciter exceptis«. Hardt, II, 155.
[2]) Die Italiener hielten sich überhaupt von dieser Entwickelung noch
ganz zurück. Dass sie gesonderte Versammlungen abhielten und hier über
Konzilsfragen berieten, ist kein Beweis dagegen. So lange sie der konziliaren
Strömung überhaupt Widerstand leisteten, kann keine Rede davon sein, dass
sie den neuen Abstimmungsmodus gebilligt hätten. Das italienische Gutachten,
von dem Finke a. a. O. S. 35 f. berichtet, ist nicht massgebend für die ganze
Nation. — Das Diarium Victor. bei Bourgeois du Chast. berichtet von einem
bisher nicht beachteten Versuch Sigismunds, die italienische Nation für die
von den drei andern festgestellte Zessionsformel zu gewinnen. Wahrscheinlich
— die Chronologie ist hier verwirrt — fand derselbe Donnerstag den 28. Februar statt. Er misslang. Nur 12 Prälaten der italienischen Nation, darunter
der Erzbischof Pileus von Genua, schlossen sich an. Dieser Bericht bezeugt
einerseits die ablehnende Haltung der italienischen Nation, auch nach dem
16. Februar; andererseits bestätigt er durch seine Details die Vermutung, dass
bis zum 1. März eine Abstimmung nach Nationen noch nicht stattgefunden hat.
Wenn, wie es hier heisst, Sigismund die italienische Nation zu der Versammlung der beiden andern beruft, so kann es sich dabei nur um eine Ausschuss-

an einer durchgebildeten einheitlichen Geschäftsordnung, welche die Deputierten (Ausschussmitglieder) aus der Nation herauswachsen liess. Die Nationen und der Ausschuss wurden lediglich durch den persönlichen Einfluss der leitenden Männer zusammengehalten. Wo dieser fehlte, ergab sich, wie wir sehen, ein unhaltbarer Zustand. Dieser Fehler der neuen Organisation konnte nur gehoben werden, wenn man den Schwerpunkt der Verfassung in die nationale Korporation (statt, wie bisher, in den Ausschuss) verlegte. Die eigentümlichen Verhältnisse der französischen Nation gaben den Anlass. Indem sie dazu führten, hier die andere Linie der Entwickelung einzuschlagen, überholte die französische Nation die deutsche und englische, hinter denen sie anfangs zurückgeblieben war. [1])

Sigismund war bemüht, dem Schaden in der französischen Nation abzuhelfen. Als am 21. Februar [2]) die Pariser Universitätsgesandte kamen, forderte er sie auf, die Konstituierung der Nation in seinem Sinn zu übernehmen. Die Gesandten versprachen ihr Möglichstes zu thun. Allein die Konstituierung unterblieb. Sie schlossen sich zwar bei den Verhandlungen über die Zessionsformel der deutschen und englischen Nation an. Am 27. Februar wurde ihnen die Formel vorgelegt. Sie baten um Bedenkzeit. Am folgenden Tag sprach sich ihr Wortführer Bénoit Gentien entschieden für die Zession aus und beantragte sogar die Verschärfung der Formel durch die Worte »voveo et juro«, welche schon in der deutschen Nation beantragt worden war. Allein dies Votum gaben sie als Universitätsgesandte, nicht als Vertreter der französischen Nation ab.[3])

sitzung handeln. — Wie die italienischen Mitglieder des im Januar gebildeten Ausschusses sich während dieser Zeit verhalten haben, wissen wir nicht. Wahrscheinlich haben sie sich seit jener »Revolution« ebenso wie die ganze Nation von aller Mitwirkung zurückgehalten.

[1]) Diese Darstellung beruht auf Beobachtungen, welche im weiteren Verlauf der Arbeit niedergelegt sind. Ihre Hereinziehung in diese Darstellung würde dieselbe unnötig erweitern und die geschichtliche Entwickelung, welche gegeben werden soll, stören. Ich muss deshalb auf Späteres verweisen.

[2]) Die »offiziellen Konzilsakten« (Finke a. a. O. S. 259) setzen ihre Ankunft auf den 26. Februar fest. Das muss auf einem Schreibfehler beruhen. Die Wiener Akten, welche Hardt II, 236 f. benutzt hat, berichten von einer Zusammenkunft Sigismunds mit ihnen am 24. Februar. Das Diarium Victorinum (bei Bourgeois du Chastenet, Nouv. hist. du Conc. de Const. und bei Bul. V, 275 f.) giebt den 21. Februar an, Cerretan (Hardt IV, 43.) den 18. Er berichtet hier in Bausch und Bogen. Die Angaben des Diar. Vict. sind die genauern. Hiernach war am Tag nach ihrer Ankunft Petri Stuhlfeier; deshalb erhielten sie erst am 23. Audienz beim Papst, am 24. beim König.

[3]) Hardt II, 238 f.

Jener Schaden machte sich nun aber, wie gesagt, besonders bemerklich, als in der Prokuratorenfrage der offene Bruch zwischen Sigismund und den beiden französischen Kardinälen, Ailli und Fillastre, erfolgte. Das muss in der Zeit zwischen dem 4. und dem 9. März geschehen sein. [1]) Dadurch wurde die Haltung der französischen Nation erst recht unsicher. Selbst die französischen Ausschussmitglieder müssen ins Wanken gekommen sein. Da veranlasste Sigismund den Patriarchen von Antiochien, einen neuen Ausschuss aus der französischen Nation zu bilden, damit diese selbst zu organisieren und als Konzilsnation zu konstituieren. Dies geschah. Es wurden neue Deputierte aus der Nation gewählt. Wie die »informationes« berichten, waren es Prälaten, welche teils dem französischen Reich nicht unmittelbar angehörten, teils ausgewiesen worden waren. [2]) Mit diesem Ausschuss versuchte man nun weiter zu operieren. Offenbar besass der Patriarch schon einen grossen Einfluss innerhalb der Nation; sonst wäre ihm das Unternehmen nicht geglückt. Es fragt sich nun aber, ob widerstrebende Elemente ihm seine Herrschaft nicht streitig machen werden.

---

[1]) Am 9. März — so berichten die »offiziellen Konzilsakten« (Finke a. a. O. S. 261) — beschliessen die Franzosen mit den Deutschen und Engländern »quod dom. rex Romanorum et alii per concilium deputandi ... procuratores ad renuntiandum papatui constituerentur per dom. n. papam Johannem XXIII«. Dem Wunsch der Kardinäle ist hier keine Rechnung getragen. Man war über ihren Antrag zur Tagesordnung übergegangen. Das Tagebuch Fillastres (Finke a. a. O. S. 167) erwähnt an demselben Tag eine Versammlung, bestehend aus vier vom Papst deputierten Kardinälen, den Deputierten der Nationen und den Gesandten Gregors XII. Der Zweck derselben ist nicht klar. Die letztern bieten die Zession Gregors an »vigore mandati«, obgleich sie kein Specialmandat haben. »Et agitur de modo conventus cum aliis in Nicia«. Der Antrag der Kardinäle ist möglicherweise erst an diesem Tage gestellt worden. Dann folgte der Bruch unmittelbar darauf durch jenen Beschluss der drei Nationen (besser gesagt des Ausschusses).

[2]) Ob ehemalige Anhänger Benedicts, oder politische Verbannte darunter zu verstehen sind, bleibt dahingestellt. Das »omnibus de regno ejectis« ist wohl eine Übertreibung. Hardt II, 156. Finke a. a. O. S. 37 verkennt diese Nachricht, wenn er von einem aus lauter Franzosen bestehenden Ausschuss spricht. Davon ist in der That gar nicht die Rede, sondern nur von sechs Deputierten, welche der Patriarch aus der französischen Nation »sich beigesellt«. Diese repräsentieren nur den vierten, französischen Teil des grossen Ausschusses. Der Patriarch scheint die Stelle eines Präsidenten eingenommen zu haben. Er begegnet uns später als Mitglied des Ausschusses, ohne Deputierter zu sein. —

VI. Die Versammlung der französischen Nation
am 19. März 1415.

Am 16. März [1]) hatte der Papst die Ernennung von Pro-kuratoren abgelehnt. Am 17. erklärten die Franzosen dem ungestümen Drängen der Engländer und Deutschen gegenüber: sie würden noch weiter beraten, ehe sie in dieser Frage sich entschieden. Diese Notiz der Konzilsakten würde weniger bemerkenswert sein, wenn nicht dieselben Akten berichteten, [2]) dass die französische Nation mit den beiden andern sich dahin geeinigt habe, die Ernennung Sigismunds und seiner Begleiter nach Nizza zu Prokuratoren vom Papste zu fordern, und dass am 16. März Sigismund diese Nationen beruft und nach längerer Beratung ihre Deputierten zum Papst schickt, um ihm die Wünsche derselben vorzutragen. Wollen wir nicht eine plötz-liche Umwandlung der ganzen französischen Nation annehmen — und dazu berechtigt nichts, — so lässt sich diese schein-bare Differenz nur so erklären, dass es sich vor dem 16. März nur um den unter Sigismunds und des Patriarchen Leitung fungierenden Ausschuss handelt, während später am 17. März eine Reaktion aus dem Schosse der französischen Nation statt-findet. Diese Vermutung, welche ein weiteres Zeugnis für jene eigentümliche Entwickelung der französischen Nation dar-bietet, wird gerechtfertigt, · wenn wir die Zusammensetzung dieser Nation beachten und die Ereignisse des nächstfolgenden Tages in Betracht ziehen. [3])

Am 21. Februar war die Gesandtschaft der Pariser Uni-versität angekommen. Bulaeus (V, 275) nennt uns als solche nur: Johannes Gerson, Johannes Dachery, Johannes Despars, Benedict Gentien und Johannes de Templis. Diese waren die hervorragendsten Mitglieder. Bei Dacher und Reichenthal ist ein vollständiges Verzeichnis. [4]) Gerson wird hier nicht erwähnt; er steht bei Dacher (Hardt V, 28) unter den Doktoren, welche ausser der Ordnung nach Universitäten aufgeführt werden. Ausser den bei Bulaeus Genannten finden sich in diesen Ver-zeichnissen noch: Joh. Baldevvini (Baldawini), Normanne, Pro-

---

[1]) Dass dies nach Fillastres Tagebuch am 15. geschah (vgl. Finke a. a. O. S. 168) kommt gegenüber dem detaillierteren Bericht der Akten (ebenda S. 261 f.) nicht in Betracht.

[2]) Hardt IV, 56, 57 nach Cerretan, Finke a. a. O. S. 261. 263 f.

[3]) Zudem hätten wir hier einen deutlichen Beweis für unsere obige Be-hauptung, dass in den Akten sehr häufig von einer Mitwirkung der Nationen geredet wird, wo thatsächlich nur der grosse Ausschuss in Betracht kommt.

[4]) Vgl. Hardt V, 22. Richental, ed. Buck S. 185.

fessor der Theologie; Petrus de Pronino (Promino) und Joh. de Villa nova, zwei Dekretisten aus der französischen Nation; Joh. Sippandi (Sippardy), ein Dekretist aus der normannischen Nation; Heinrich Dipont (Dy Pont), Artist und Mediciner, ebendaher; Adam Bourgin aus der pikardischen Nation (de Pritania); Simon Pinardi aus der normannischen; Wilhelm Lochem (Lochein) und Matthäus Jakobi aus der englischen Nation, sämtlich Artisten und Baccalauren der Theologie. [1]) — Nach diesem Verzeichnis war die Gesandtschaft so geordnet, dass die theologische, dekretistische und medicinische Fakultät durch je drei Mitglieder, die artistische durch vier vertreten waren. Nach Bul. V, 275 war aber Johannes de Templis von der französischen Nation gewählt, während er nach der Anordnung des Verzeichnisses bei Dacher und Reichenthal Vertreter der medicinischen Fakultät sein müsste. Wahrscheinlich hat also die Wahl der Gesandten nach dem nationalen Gesichtspunkt stattgefunden. Hierauf angesehen, ergiebt das Verzeichnis das Resultat, dass die Gesandtschaft sich aus 4 Franzosen, 4 Normannen, 3 Pikarden, 2 Engländern zusammensetzt. Bei dieser Annahme löst sich auch die Schwierigkeit, dass scheinbar unter den Vertretern der Artisten-Fakultät kein Mitglied der französischen Nation sich befindet. Man müsste also annehmen, dass 13 Glieder die übliche Stärke einer Pariser Universitätsgesandtschaft war, dass man nun in diesem Fall nicht nach Fakultäten, sondern nach Nationen wählte und in dem angegebenen Verhältnis die 13 Stellen auf die vier nationalen Gruppen, welche in der artistischen Fakultät geltend waren und von da auch die andern Fakultäten durchzogen, verteilte. Wir hätten dann einen weitern interessanten Beweis für die Thatsache, dass die Beschickung des Konzils durch die Universität vorzugsweise von politischen Rücksichten beeinflusst war. Gerson nahm hier eine Ausnahmestellung ein. Er gehört mit zu der Gesandtschaft; nach dem Diar. Vict. redet er neben Dachery und Benedict Gentien als Gesandter der Universität am 23. Februar vor dem Papst. Seine Auslassung in dem Verzeichnis mag daher kommen, dass er nachträglich vom Hof ernannt wurde und, indem er zugleich Gesandter des Königs war, den speziellen Auftrag hatte, den Petit'schen Prozess zu führen. [2])

---

[1]) Die Namensformen der Klammern stammen aus Reichenthal.
[2]) Die offiziellen Konzilsakten (Finke a. a. O. S. 259) melden auffallenderweise, dass am 26. Februar eine aus 20 Professoren der Theologie und 10 Doktoren beider Rechte bestehende Gesandtschaft der Universität Paris

Wir sahen, dass die Pariser Gesandten den Wünschen
der Unionisten entgegen kamen. Nach dem, was wir über die
Entwickelung der Parteien innerhalb der Universität und über ihre
Stellung zum Konzil wissen, konnten wir nichts anderes erwarten.
Trotzdem haben sie die Organisation der französischen
Nation nicht in die Hand genommen. Ich möchte vermuten,
dass ihr Verhältnis zu den beiden französischen Kardinälen
sie abhielt. Ein Vorgehen in jener Richtung bedeutete ja,
wie die Dinge lagen, offenen Bruch mit diesen. Dem haben
sicher die leitenden Männer der Gesandtschaft, wie Joh. Gerson und Benedict Gentien, gewehrt. Sie versuchten zu vermitteln. Und damit ist die Politik der Gesandtschaft auch
für die Folgezeit bestimmt. Wir haben hierüber ein Zeugnis in den »conclusiones universitatis Parisiensis« (1415), welche
Finke a. a. O. 303 f. aus einem Wiener Codex mitteilt.
Sie müssen zwischen dem 16. und 19. März entstanden sein,
denn sie nehmen Stellung zu den Anerbietungen, welche der
Papst am 16. März den Nationen hatte machen lassen. Sie
empfehlen ihre Annahme. Der Papst soll aber ein procuratorium ausstellen — die Procuratoren sollen vom Konzil ernannt werden — ; dasselbe soll indessen nicht, wie Sigismund
und sein Anhang wünschten, ein unbedingtes sein; das Konzil
hat vielmehr die Fälle genau zu bestimmen, in welchen von
ihm Gebrauch gemacht werden soll. Die Zweckmässigkeit
einer Verlegung des Konzils, für welche der Papst plaidiert
hatte, vermögen sie vorerst nicht einzusehen. Die vermittelnde
Tendenz ist deutlich ausgesprochen in der 2. conclusio, wo es
heisst: »expediens videtur salvare per reverenciam et humi-
litatem omnem dominum nostrum papam et imperatorem in
bona concordia et ad hoc laborare similiter, ut servetur concordia nationum ad invicem«. [1])

ankam. Schon das Datum mussten wir korrigieren. Auch die Zahlen stimmen
nicht mit denen der andern zuverlässigen Quellen. Die Differenz findet vielleicht dadurch ihre Erklärung, dass zugleich mit den Pariser Gesandten die
der Universitäten Orléans und Toulouse ankamen und mit jenen zusammen-
geworfen wurden. Die Gesandten der letztern treten in der Sitzung am
19. März auf. Vgl. Finke a. a. O. S. 169.

[1]) Unklar ist mir die erste conclusio geblieben wegen des »apud futurum
concilium«. Weshalb soll erst das künftige Konzil die Versorgung des Papstes
und seines Gefolges bestimmen? — In den Dezemberanträgen hatte Ailli diese
Aufgabe gerade dem gegenwärtigen Konzil gestellt. Dazu kommt, dass es
hier heisst: die provisio soll festgestellt werden »ymo ad ordinacionem ejusdem
domini nostri et sacri concilii Constanciensis«. Waren die Gesandten etwa der
Ansicht, dass mit der Abdankung der drei Päpste die Aufgabe des gegenwärtigen Konzils erledigt sei? — Die sechste concl. werde ich w. u. verwerten. —

Am 5. März war endlich auch die königliche Gesandtschaft angekommen. Nach den offiziellen Konzilsakten (Finke a. a. O., S. 260) bestand sie aus dem Herzog Ludwig von Baiern-Ingolstadt, dem Bruder der französischen Königin, dem Erzbischof von Reims und den Bischöfen von Carcassone und Evreux.[1] Erst am 11. März erhielten sie öffentliche Audienz. Eine feierliche Sitzung, um welche sie nachgesucht hatten, wurde abgeschlagen wegen der damit verbundenen Umstände. Statt dessen fand ein consistorium publicum statt, bei dem auch der König zugegen war. Der Bischof von Carcassone hielt die Rede.

Im October 1413 hatte die französische Regierung eine offizielle Beteiligung am Konzil noch abgelehnt. Seitdem hatten sich aber die damals noch schwankenden Parteiverhältnisse wesentlich geklärt. Unter dem steigenden Einfluss der orleanistischen Partei war das Verhältnis Sigismunds zu Frankreich ein immer freundschaftlicheres geworden. Es liess sich erwarten, dass man den Wünschen des Kaisers, das Konzil betreffend, von dort möglichst entgegenkommen würde. Wir mussten die unionsfreundliche Haltung Aillis und Fillastres hiermit in Zusammenhang bringen. Gerade unter diesen Verhältnissen ist es aber auffallend, dass die königliche Gesandtschaft so spät erst eintraf — zu einer Zeit, wo die wichtigste Aufgabe des Konzils, die unio, prinzipiell schon erledigt war.

Die Universitätsgesandten hatten ihr verspätetes Eintreffen damit entschuldigt, dass sich in Frankreich das Gerücht verbreitet hätte, das Konzil sei wegen des Todes Ladislaus' von Neapel bis zum 1. April verschoben.[2] Allein dies Gerücht musste doch bald durch die aus Konstanz kommenden Nachrichten, insbesondere den Brief des Papstes richtiggestellt werden. Jene Entschuldigung kann kaum für die Universitätsgesandtschaft gelten, viel weniger für die königliche, welche 14 Tage später ankam. — Wir wissen leider nicht genau, wann die Gesandtschaft ernannt worden ist. Der Mönch von S. Denys ist gerade hier nicht zuverlässig.[3] Die Haltung,

[1] Vgl. Fillastres Tagebuch (Finke a. a. O. S. 167). Nach spätern Nachrichten und Hardt IV, 460 gehörten zu der Gesandtschaft noch der Benedictiner Pierre de Versailles und Wilhelm de Merla, Dekan von Senlis.
[2] Finke a. a. O. S. 118. Am 6. Dezember hatte Johann die französischen Prälaten dringend aufgefordert das Konzil zu besuchen, da ihr Ausbleiben der Erledigung der Aufgaben hinderlich sei. Finke a. a. O. S. 316 f.
[3] Sein Bericht enthält zwei Lücken. Die Gesandtschaft zerfällt in zwei Abteilungen, die königlichen und die Universitätsgesandten. Zu ersteren gehört: Ludwig von Baiern, ein Bischof, dessen Name fehlt, der Archidiakon von

welche die Gesandtschaft weiterhin in den Konzilsverhandlungen einnimmt, wird eine genügende Erklärung ihrer Verspätung ermöglichen.

Sowohl mit der Universitätsgesandtschaft, als mit der königlichen waren Elemente auf dem Konzil erschienen, welche geeignet waren, den Kern für eine selbständige nationale Vereinigung der Franzosen zu bilden. Die Universitätsgesandten hatten es bisher unterlassen, nach dieser Richtung hin die Initiative zu ergreifen. Die königlichen Gesandten kamen zu einer Zeit an, als die Wogen der Unionsbewegung am höchsten gingen. Der definitive Bruch Aillis und Fillastres mit Sigismund und der Eingriff des Patriarchen von Antiochien müssen bald nach ihrer Ankunft erfolgt sein. Die Gegensätze steigerten sich dann noch. Auf der einen Seite verlangten die Engländer,[1]) man solle den Papst gefangen nehmen, auf der Gegenseite tauchte der Gedanke auf, Konstanz zu verlassen. Wie die »informationes« berichten, legten gerade die französischen Gesandten Verwahrung gegen jenes Ansinnen der Engländer ein. Auch an der Reaktion gegen den Ausschuss am 17. März müssen sie beteiligt gewesen sein. Ihre Haltung am 19. März lässt darauf schliessen. Diese Reaktion ist überhaupt nur daraus zu verstehen, dass die französische Nation in den Pariser Universitätsgesandten und der königlichen Gesandtschaft einen Zuwachs erhalten hatte, der dem Einfluss Sigismunds und des Patriarchen von Antiochien gegenüber von vornherein eine selbständigere Haltung einzunehmen im stande war.

Den Verlauf dieser Reaktion und ihren Erfolg werden wir nun näher zu untersuchen haben.

Wir hatten hierüber bisher zwei Berichte, welche nicht unbedeutend von einander abweichen: die »informationes Papae«, jene Anklageschrift gegen das Konzil und seine Leiter, welche Johann nach seiner Flucht einem Brief an den französischen König beigab (Hardt II, 153 — 158), und die Auszüge Cerretans (Hardt IV, 57 — 58). Tschackert (S. 210 f.) hat seiner

Paris, und Pierre de Versailles; zu letzteren ebenfalls ein Bischof ohne Namen und Bénoit Gentien. Die Anordnung in diesem Buch der Chronik ist durchaus verwirrt. Der Gesandtschaftsbericht mag sich auf einen frühern Vorschlag gründen, der schliesslich noch zum Teil abgeändert wurde, denn ohne Zweifel hat Reginald von Chartres, der Erzbischof von Reims, der Gesandtschaft von Anfang an angehört; und ferner waren die Universitätsgesandtschaft und die königliche durchaus getrennt, so dass sie nicht nur zu verschiedenen Zeiten in Konstanz eintrafen, sondern auch unabhängig von einander auftraten. V, 438.

[1]) Hardt II, 159.

Darstellung lediglich den letzteren Bericht zugrunde gelegt. Wir haben nun aber durch die Publikation Finkes zwei weitere Berichte, aus dem Tagebuch Fillastres und den officiellen Konzilsakten, dazu erhalten. Durch die letztern ist Cerretan überflüssig geworden, da er wahrscheinlich diese Akten excerpiert hat. Ich stelle zunächst die drei Berichte nebeneinander:

Fillastre.	Konzilsakten.	Informationes

1. Die Verhandlungen am 17. und 18. März.

Die deutsche und englische Nation beschliessen, dass der Papst verpflichtet sei, Prokuratoren aufzustellen, und dieser Verpflichtung sofort nachzukommen habe. — Die französische Nation kann nicht so schnell beschliessen.	Am 17. März halten die deutsche, englische und französische Nation gesonderte Beratungen ab. Die erstern beiden beschliessen bei den aufgestellten Forderungen zu beharren. Die französische Nation antwortet, sie wolle noch weiter beraten. Die italienische beschliesst, das Resultat dieser Beratungen abzuwarten. Die Kardinäle schicken deshalb — und weil sie ungehalten über das Auftreten der deutschen und englischen Nation sind und von der Absicht des Papstes zu fliehen wissen — Viviers, Ailli, Challant, Fillastre und Saluces zu der französischen Nation, um sie vom Anschluss an die deutsche und englische abzuhalten; »sed spe sua frustrati sunt«. Sie verhandeln mit ihr und versuchen, um jenen Anschluss zu verhindern, durchzusetzen, »ut de agendis in eadem non per voces sed per provincias procederetur«. - Am 18. März versammelt sich die Nation. Die fünf Kardinäle sind zugegen. Der Patriarch von Antiochien, Johannes Maurosii, hält eine Rede über den Abstimmungsmodus und die Beschlüsse der andern Nationen. Man kommt zu keinem Resultat. Die Beratung wird auf den folgenden Tag verschoben.	berichten nur über die Vorgänge am 19. Sie leiten ihrenBericht ein: »licet in eisdem conciliis deberent voces esse liberae, multae tamen fuerunt cavillationes, promissiones, subordinationes, minae et terrores. Quibus causantibus remansit in paucis veritatis nunciandae voluntas.

Fillastre.	Konzilsakten.	Informationes.

2. Der Auftritt am 19. März.

Als sich die französische Nation am 19. wieder versammelt hat, kommen alle Prälaten, Doktoren, königlichen und fürstlichen Gesandten der deutschen und englischen Nation, ferner die fünf Kardinäle, Viviers, Ailli, Fillastre, Challant und Saluces, »tamquam de illa natione«. Dann kommt der römische König mit mehreren Herzögen, Markgrafen und Baronen dazu, so dass der Raum überfüllt wird.

Sigismund steht am 19. vor Tagesanbruch auf, »sollicitavit quos oportuit, ... congregatisque nationibus ad nationem Gallicanam . . ., ubi quinque cardinales supradicti intererant, divertit«.

»die XIX Martii Rex predictus in congregationem Gallicanam personaliter advenit, secum adducens nationem Anglicam et Germanicam.«

»ore proprio proponendo, quod duae dictae nationes deliberaverant super quadam schedula . . . quam deliberationem volebat ibidem communicare, ut et ipsi Gallici, ipsis, rege et nationibus praesentibus, deliberarent pariter«.

Der König berichtet von den Beschlüssen der deutschen und englischen Nation: sie seien gekommen, um sie der französischen mitzuteilen; »et videbantur velle interesse deliberacioni Gallicorum«.

Der König bittet man möge die Beschlüsse der Englischen und Deutschen Nation anhören.

Seitens der französischen Nation wird geantwortet, man wolle gern zuhören, dann selbst beraten und das Resultat ihnen mitteilen.

Die Beschlüsse der heiden andern Nationen werden verlesen: »quod omnino papa faceret procuratores in forma per concilium nominandos«. Dann warten sie darauf, dass die Franzosen in ihrer Gegenwart beraten.

Es wird ihnen aber zu verstehen gegeben, dass man allein beraten wolle.

Der König, darüber ungehalten, lässt Deutsche und Engländer abtreten und will nur mit einem Rat dabei bleiben.

Auch dagegen wird remonstriert.

Der König erwiedert »quod non erant solum

»pro parte dicte nationis fuit ei responsum, quod deliberaciones ipsarum nationum nullomodo audirent, nisi prius suam facerent.«— variae altercationes — der Patriarch von Antiochien führt an, dass man Tags zuvor den Erzbischof von Genua, der im Namen der italienischen Nation sprach, ebenfalls angehört habe. Daraufhin entschliesst sich die Nation, die Beschlüsse »per modum advisamentorum« anzuhören.

Ein Notar liest sie vor: »quod prime peticiones per dictas nationes facte«.

Der König bittet, dasselbe zu beschliessen. Man verlangt die Entfernung der beiden andern Nationen. Der König lässt sie abtreten, behält aber seinen Rat zurück. Auch dessen Entfernung wird verlangt.

Der König ist erregt, entschliesst sich mit seinem Rat

»Et quia per Ambasiatores Franciae et alios objectum extitit, quod cum ipsae nationes per se deliberassent, volebant et ipsi per se deliberare, et ipsis absentibus.«

»Quibus fuit per dictum Regem responsum, quod minor pars dictae nationis erat

Fillastre.	Konzilsakten.	Informationes.

Fillastre.

de regno Francie set et Sabaudie et Provincie, que subsunt imperio«.

Dann geht er weg »et tota illa congregacio turbata fuit«.

Mehrere andere gehen ebenfalls weg.

Die Versammlung beruhigt sich wieder und nimmt die Beratung auf: Man hört die Stimmen der Kardinäle, der königlichen Gesandten, der Gesandten des Königs Ludwig von Sicilien und des Königs von Cypern, der Universitäten Paris, Orléans und Toulouse.

»Fuit ordinatum, quod opiniones darentur in scriptis.«

»Et quia opiniones ambassiatorum et universitatum praedictorum fuerant, quod papa faceret procuratores in forma, quos vellet concilium,

Konzilsakten.

fortzugehen. Vorher die Worte: »Nunc videbitur, quis sit hic pro unione et fidelis Romano imperio«.

Ailli, darüber entrüstet, geht auch. Die vier andern Kardinäle bleiben, beklagen sich aber über die Beeinflussung der Abstimmung.

Man schickt zum König. Er lässt antworten: die Nation könne frei beschliessen; seine Worte seien in der Erregung gefallen. Er befiehlt bei Kerkerstrafe, dass alle, die nicht zur Nation gehören, ihre Versammlung verlassen.

Der Bischof von Carcassone liest eine Erklärung der königlichen Gesandtschaft vor: 1. das Konzil soll weder aufgelöst, noch verlegt werden, noch der Papst dasselbe verlassen, so lange das Konzil nicht anders bestimmt. 2. Es soll ein procuratorium ausgestellt werden für die, welche das Konzil ernennt, »in casu quo alii contendentes de papatu per procuratorem renunciare vellent«. 3. Dieses procuratorium soll bei einigen von dem Konzil zu bestimmenden Männern niedergelegt werden, damit die Prokuratoren es nur in dem erwähnten Falle benutzen können.

Informationes.

subjecta regi Franciae. Et cum ipsi Regi Romanorum tres partes dictae nationis essent subjectae, volebat, quod aliae duae nationes admitterentur.«

»Et in fine videns, non posse obtinere, furibundus quasi recessit, dicens: Videbo nunc qui contra honorem meum venient.«

»Qua de causa nullus vel saltem panci ausi fuerunt dicere veritatem, ob evidentem eis imminentem timorem.«

3. Der Beschluss der französischen Nation und seine Folgen.

et senciebatur, quod idem diceret major pars,« —

so flieht der Papst »nocte inter mercurii et jovis post mediam noctem«.

Dem Vorschlag der königlichen Gesandten schliessen sich alle »quasi de dicta natione« an. Dies geht hervor aus der am andern Tag erfolgenden schriftlichen Abstimmung.

»propter quod dom. n. papa videns dictas tres nationes in unum quasi propositum convenire, ad recessum clandestinum cepit intendere«.

Den genauesten Bericht liefern die Konzilsakten. Derselbe macht auch in jeder Beziehung einen durchaus unparteiischen Eindruck. Das Tagebuch Fillastres erzählt mehr summarisch. Es übergeht die Vorverhandlungen, hält sich dann aber länger bei dem Äussern der Versammlung am 19. März auf. Einige der französischen Prälaten müssen den eintretenden fürstlichen Gesandten Platz machen; so überfüllt ist der Saal. Das konnte nur ein Augenzeuge berichten. Aber gerade deshalb ist es auffallend, wie er über die Verhandlungen, ob man die Beschlüsse der andern Nationen hören wolle oder nicht, ganz hinweggeht, eingehender erst wieder die allmähliche Entleerung des Saales schildert, von den Worten des Königs nur die auf die Zusammensetzung der Nation bezüglichen heraushebt und über die Tendenz der Abstimmung nur ganz kurz, dagegen über die Abstimmenden ausführlicher sich auslässt. Dieser Charakter des Berichtes verträgt sich mit der Person Fillastres nur unter der Voraussetzung, dass der Kardinal seine Tagebuchnotizen in grosser Eile gemacht hat. Allein auch unter dieser Voraussetzung ist es schwer erklärlich, dass er, dem doch die Gegensätze völlig klar waren, über den Hauptpunkt, das Votum der königlichen Gesandten, uns eine, wie wir sehen werden, in ihrer Oberflächlichkeit geradezu verkehrte Nachricht giebt. Das ist doch nur möglich von einem Untergeordneten, dem die Sache, um welche es sich handelt, nicht ganz klar ist, und der deshalb mehr an die äussern Momente des Vorgangs sich hält.[1] Gerade die Abweichung auf diesem Punkt begründet den Vorzug des Berichtes der offiziellen Konzilsakten. Der Verfasser dieser hat ein ganz anderes Verständnis für die Bedeutung dessen, was er sah und hörte. Offenbar ist auch er Augenzeuge gewesen.

Eigentümlich sind die Abweichungen Cerretans[2] von seinem Original. Sie sind kaum zu erklären ohne die Annahme einer Tendenz, das Verhältnis Sigismunds zu den französischen Gesandten möglichst günstig darzustellen. Diese werden nach ihm erst auf Wunsch des Kaisers in der Versammlung gehört, vielleicht überhaupt erst zugelassen. Ihr Antrag ist durchaus im Sinne Sigismunds gehalten.

---

[1] Es würde hier zu weit führen, wollte ich die Verfasserfrage im ganzen Umfang untersuchen. Ich werde an anderm Ort darauf zurückkommen. Nur das möchte ich erwähnen, dass keins der Argumente, welche Finke (a. a. O. V. Kapitel) für die Autorschaft Fillastres anführt, zwingend ist. Sie passen alle auch auf eine dem Kardinal nahestehende Person, etwa einen französischen Schreiber.

[2] Vgl. über seine Person Finke a. a. O. S. 53.

Im schärfsten Gegensatz dazu stehen nun die »informationes«. Diese stellen das Verhältnis als ein durchaus gegnerisches dar; die Gesandten protestieren gegen die Anwesenheit der beiden andern Nationen. Sie berichten dann ausführlich über die Antwort Sigismunds auf diesen Protest, die hier mehr als in dem Tagebuch eine für das französische Königtum beleidigende Färbung hat. Diese Darstellung steht überhaupt ganz unter dem Einfluss grösster Erbitterung gegen Sigismund. Sie schweigt von der Anwesenheit der Kardinäle, um Sigismunds Verletzung der Freiheit der Nation schärfer hervortreten zu lassen; sie hat dann seine Worte beim Verlassen der Versammlung so gestaltet, dass sie den römischen König als einen eigenmächtigen, nur auf seine Ehre bedachten Tyrannen charakterisieren. Und dieser Tendenz entspricht auch der Schluss des Berichtes, dass durch Furcht zurückgehalten, die Wahrheit bei der Abstimmung nicht zu Worte kam. — Allein man ist doch in der Verwerfung dieser päpstlichen Darstellung zu weit gegangen. Und dieser Vorwurf trifft auch Finke (a. a. O. S. 64), obgleich er in der Lage gewesen wäre, durch Vergleichung mit den von ihm veröffentlichten Quellen sich ein besseres Urteil zu bilden. Gewiss ist hier alles in einem einseitigen Licht vorgeführt; allein deshalb sind die einzelnen Angaben noch nicht falsch. Wir fanden schon oben, dass die Angaben über den Patriarchen von Antiochien durchaus in das Bild der Lage passen, welches wir von anderer Seite her gewannen. Hier liegt die Sache so, dass gegenüber Cerretan die »informationes« den Vorzug verdienen, indem sie den Sachverhalt viel richtiger wiedergeben. In allen Hauptpunkten werden sie von den andern beiden Quellen bestätigt. Vor der Publikation dieser beiden Quellen ermöglichten allein die »informationes« eine richtige Vorstellung über die Stellung der französischen Gesandtschaft. Sie erhielten schon damals eine glänzende Rechtfertigung durch ein bis dahin ganz unbeachtet gebliebenes Aktenstück, welches Bourgeois du Chastenet (Nouv. hist. du Conc. de Const. S. 314) und Mansi (XXVII, 576) aus dem Diarium Victorinum mitteilen.[1])

Dasselbe war, wie die Überschrift bezeugt, am Tag vor der Flucht Johanns, also am 20. März, von den französischen und burgundischen Gesandten entworfen und eingereicht worden. Es nimmt zwar eine vermittelnde Haltung ein, stellt sich aber in allen massgebenden Fragen auf Seite des Papstes: eine Verlegung des Konzils ist unter Umständen nicht abzuweisen,

---

[1]) Allein Schmitz (S. 17 f.) hat bisher dieses Aktenstück benutzt.

sie soll aber nur mit Einwilligung des Papstes und des Königs und »cum deliberatione hujus sacri Concilii« geschehen. Der Papst soll durch Prokuratoren nur zedieren, wenn dies auch die beiden andern Päpste thun; für diesen Fall soll der Papst Prokuratoren ernennen und darüber schon jetzt behufs grösserer Sicherheit ein procuratorium aufstellen. Dasselbe soll aber unparteiischen, vertrauenswürdigen Personen übergeben werden und nur in jenem Fall zur Anwendung kommen. Niemals sollen sich Papst und Konzil scheiden. Das alles muss »in plena sessione« beschlossen werden; der Papst muss darüber eine Bulle ausstellen und die Klage wegen Freiheitsbeschränkung öffentlich widerrufen.

Dieser Entwurf deckt sich in allen wichtigen Punkten mit der Erklärung, welche nach den Akten im Namen der königlichen Gesandtschaft der Bischof von Carcassone in der Sitzung am 19. abgiebt. Die Identität beider ist deshalb nicht zu bezweifeln. Der Bericht der Akten weicht nur darin ab, dass die vom Konzil Deputierten auch Prokuratoren des Papstes sein sollen. Diese Frage umgeht der Entwurf. Die Verschiedenheit erklärt sich leicht aus einem Missverständnis des Protokollanten.

Der Thatbestand, welcher sich demnach ergiebt, ist folgender:

Die Verhandlungen über die Prokuratorenfrage sind bis zum 16. März vorzugsweise vom grossen Ausschuss geführt worden. Nachdem der Papst aber eine entschieden ablehnende Antwort am 16. März gegeben hat, fangen die Nationen selbst an, sich mit der Frage zu beschäftigen. Die deutsche und englische Nation erklären sich einverstanden mit den Forderungen des Ausschusses. Die französische Nation zögert. In der königlichen Gesandtschaft ist ein Element hinzugekommen, welches gegen die Führung des Patriarchen von Antiochien sich auflehnt. Diese Gesandtschaft verfolgt wahrscheinlich von Anfang an eine den radikalen Unionisten entgegengesetzte Politik. Hierbei lehnt sie sich an die französischen Kardinäle. Gestützt auf diese in der französischen Nation schon vorhandene Opposition versuchen diese im Auftrag ihres Kollegs die ganze Nation dem Bündnis mit Sigismund und den beiden andern Nationen zu entziehen, in welchem sie bisher durch den Patriarchen von Antiochien und den von ihm gebildeten Ausschuss festgehalten wurde. Sie richten ihren Angriff nicht nur gegen die in der Prokuratorenfrage aufgestellten Forderungen der beiden andern Nationen, sondern auch

gegen den Abstimmungsmodus überhaupt.[1]) Sie proponierten
Aillis Plan einer Abstimmung nach den Kirchenprovinzen.
Möglicherweise sollte dieser Modus zunächst nur innerhalb der
französischen Nation eingeführt werden.[2]) Sie stiessen indessen
schon hierbei auf Widerstand. Die Pariser Universitätsgesandten,
welche nach der ablehnenden Antwort des Papstes einen
vermittelnden Vorschlag gemacht hatten, erneuerten diesen und
fügten als sechste conclusio hinzu »ut fiat scrutinium per vota
et non per provincias«.[3]) Diese Haltung der angesehenen Gesandtschaft mag nicht wenig dazu beigetragen haben, dass die
Kardinäle nicht durchdrangen. Man vertagte die Sitzung. Am
folgenden Tag — es stand alles auf dem Spiel — erscheint
Sigismund mit zahlreichem Gefolge, hauptsächlich aus Mitgliedern der deutschen und englischen Nation bestehend, in
der Sitzung. Das Wagnis misslingt. Die Opposition, wahrscheinlich von der königlichen Gesandtschaft geführt, wird
dadurch nur gestärkt. Man beschliesst schriftliche Abstimmung,
nachdem die hervorragenden Glieder der Nation sich geäussert
haben; diese zieht sich in den folgenden Tag hinein. Die
Haltung der königlichen Gesandtschaft wird massgebend für
den grössern Teil der Nation, und sie ist eine dem Papst
freundliche. Allein diese Wirkung tritt zunächst noch nicht
hervor. Die Sitzung am 19. März hatte wiederum resultatlos
geendet. Ailli, der bedeutendste der vom Kolleg abgesandten
Kardinäle, hatte in höchstem Unwillen über Sigismund das
Lokal verlassen. Es war immer noch sehr zweifelhaft, wohin
die Majorität der Nation gravitieren würde; machte doch das
Votum der Pariser Universitätsgesandtschaft den Gegnern des
Papstes mehr Konzessionen, als diesem.

Aus dieser Lage ist es zu erklären, dass sowohl das
Tagebuch Fillastres als auch die Akten die Flucht Johanns
auf das Resultat dieser Sitzung zurückführen. Beide sagen,
die Majorität der Nation habe sich dem Votum der königlichen
Gesandtschaft angeschlossen. Wenn das —, dann wäre die
Flucht des Papstes nicht zu begreifen. Aber diese war eben —

---

[1]) Nachdem jetzt die einzelnen Nationen in Wirksamkeit getreten waren,
war diese Frage erst brennend geworden.

[2]) Seine Ausführung ist hier zwar schwer vorstellbar, allein da sowohl
in den Akten, als in der cedula der Universitätsgesandten (Finke a. a. O. S. 304)
der Gegensatz nicht die Abstimmung nach Nationen, sondern der nach Köpfen
ist, so scheint zunächst nur an eine Massregel innerhalb der französischen Nation
gedacht zu sein. Natürlich ist aber darin eine allgemeine Einführung mitgesetzt.

[3]) Vielleicht ist auch die Fortsetzung dieser sechsten conclusio durch
eine Äusserung der Kardinäle motiviert.

obgleich schon einige Tage vorher ein Gerücht darüber herumging — den meisten überraschend. Der Widerspruch in den Berichten über das Resultat jener Beratung ist wohl auch auf Rechnung der Aufregung zu setzen, welche nach der Flucht Johanns aller Gemüter sich bemächtigte.[1] Über jenen Thatbestand scheint später keine Aufklärung erfolgt zu sein. Die »informationes« hatten kein Interesse an einer solchen, sie würde ihre Tendenz, die Flucht des Papstes allseitig zu motivieren, durchkreuzt haben. — Der Papst selbst ist entweder falsch berichtet worden, oder sein Entschluss zur Flucht stand schon vorher fest.

Das persönliche Eingreifen Sigismunds in jener Versammlung giebt uns einen deutlichen Einblick in die Art, wie Sigismund die neue Verfassung des Konzils handhabte. Von einer Selbstständigkeit der einzelnen nationalen Korporation und von einer organischen Durchbildung der Geschäftsordnung ist bis dahin nichts zu bemerken. Der ausschliessliche Einfluss der Person des römischen Königs stand dem entgegen. Der Ausschuss, welchem eben der Halt an den einzelnen Nationen fehlte, war in seiner Hand. Die Nationen traten hinter dem Ausschuss ganz zurück.

Erst seit dem 16. März begegnen wir Spuren lebhafterer Mitwirkung derselben. Die Opposition innerhalb der französischen Nation giebt den Anstoss zur Ausbildung der Verfassung. Die französische Nation geht dabei voran, indem sie zunächst nur für sich eine Geschäftsordnung zu begründen versucht. Der Angriff, welchen die Kardinäle gegen die Abstimmung nach Köpfen richten, wird zurückgeschlagen. Entscheidend ist hierbei die Haltung der Pariser Universitätsgesandtschaft. Fortan war aber auch Sigismund genötigt die Selbstständigkeit der einzelnen Nationen zu achten.

Er hatte sein Übergewicht hier auf eine Probe gestellt. Es hatte dieselbe nicht bestanden. Unter andern Umständen — d. h. wenn der Papst nicht geflohen wäre — hätte jener

---

[1] Sämtliche Neuere (von Schwab bis Schmitz) mit Ausnahme von Friedrich Müller reden von einem für Sigismund günstigen Beschluss der französischen Nation. Weder Cerretan, noch die informationes, welchen beiden es nahe lag, sagen etwas davon. Die informationes klagen, dass die Wahrheit nicht zu Worte gekommen sei. Das kann auch heissen, dass überhaupt kein Beschluss, und namentlich keiner im Sinne der Kardinäle zu stande kam. Schelstrates Angabe im Compendium Chronolog. (S. XXXIII) ist, wie alle Nachrichten dieses Teiles seines »Tractatus de sensu et autoritate decretorum etc. Rom 1686«, viel zu allgemein gehalten. Er kombiniert hier frei, ohne sich auf eine bestimmte Quelle berufen zu können.

Auftritt in der französischen Nation für Sigismund und seine Partei sehr nachteilig sein können. — Die unselige Flucht Johanns in der Nacht vom 20. auf den 21. März hob diese Folgen auf. Sie stellte zwar alles bisher Erreichte in Frage, liess aber dem Ungestüm der radikalen Unionisten eine Rechtfertigung zu teil werden und verstärkte dadurch ihr Übergewicht. Sie inaugurierte eine neue Epoche des Konzils.

Ehe wir ihr uns zuwenden, gilt es noch die bemerkenswerte Thatsache in das Auge zu fassen, dass die königliche Gesandtschaft von Frankreich und die Gesandten Burgunds am 19. März auf dem Gebiet der kirchlichen Politik Hand in Hand gingen.

VII. Die kirchenpolitische Bundesgenossenschaft der königlichen und der burgundischen Gesandtschaft.

Am 19. Februar war eine Gesandtschaft des Herzogs von Burgund, bestehend aus einem Bischof und zwei Rittern, in Konstanz angekommen.[1]) Die erste Spur ihrer Thätigkeit ist jenes Aktenstück aus dem Diar. Vict. Bei der politischen und kirchlichen Stellung ihres Herrn unterliegt es keinem Zweifel, dass sie von vorn herein auf Seiten Johanns XXIII standen. Sigismund hatte ja im vergangenen Sommer ein Schutz- und Trutzbündnis mit Frankreich geschlossen, das sich ausdrücklich gegen Johann von Burgund richtete. Schon im Herbst 1413 hatte er mit den Orleans sich verbündet. Sigismunds Hauptgegner im Reich, Johann von Mainz, war ein Bundesgenosse Burgunds. Mit Anton von Brabant, dem Bruder des Burgunders, lag Sigismund im Streit über Luxemburg. Die Verhandlungen, welche man darüber im Sommer 1414 geführt hatte, waren vergeblich gewesen.[2]) Und Anton hatte eine derartig drohende Haltung angenommen, dass Sigismund nur mit Hülfe der rheinischen Kurfürsten zur Krönung in Aachen einziehen konnte. Wie der Kurfürst von Mainz, so hielt auch Johann von Burgund eifrig zu Johann XXIII; war doch das Konzil von Pisa hauptsächlich durch Burgunds Einfluss zu stande gekommen. Jetzt hatte er den Papst besonders nötig wegen der Appellation gegen das Pariser Urteil über Petits Lehre.

---

[1]) So die offiziellen Konzilsakten (Finke a. a. O. S. 259). Cerretan (Hardt IV 43) berichtet hier in Bausch und Bogen von drei Zuzügen, welche am 18. Februar stattfanden. Dazu gehört auch Friedrich von Österreich, der aber nach den Akten erst am 22. Februar ankam.

[2]) Deutsche Reichstagsakten VII, 176 ff.

Bald nach dem Friedensschluss von Arras war dieselbe aufgenommen worden. Eine Kommission von drei Kardinälen wurde eingesetzt. Auf dem Konzil sollte die Sache weitergeführt werden. Die burgundischen Gesandten kamen mit dahingehenden Instruktionen nach Konstanz. Allein Sigismund hatte den Papst bestimmt, die Untersuchung vorläufig fallen zu lassen.[1]) Es war ihm darum zu thun, alles, was die unio etwa hindern könnte, aus dem Weg zu räumen. Deshalb hatte er auch den Prozess gegen Hus geflissentlich zurückgedrängt. Am 11. März hatte Johann von Mainz mit Entrüstung das Konzil verlassen. Man hatte in einer Kongregation von der Papstwahl gesprochen; er hatte erklärt, er würde keinen andern Papst als Johann anerkennen. Als daraufhin Schmähungen gegen den Papst laut wurden, war er aufgesprungen und von dannen gegangen. Am 19. März treten für des Papstes Interesse die burgundischen Gesandten neben den französischen ein. Nicht eine zufällige Konstellation, sondern die Politik des burgundischen Hauses steht dahinter. Um so mehr bedarf das Zusammengehen der burgundischen und französischen Gesandten einer Erklärung.

Die politischen Ereignisse in Frankreich werden uns dieselbe liefern und zugleich das Verständnis für den weitern Verlauf der Konzilsgeschichte erleichtern. Der Friede mit Burgund am 4. September 1414 war ein Werk des Dauphin.[2]) Hinter ihm standen einige Fürsten, insbesondere der Graf von Richemont, der Bruder des Herzogs der Bretagne, mit welchem er seit dem Frieden von Auxerre eng verbunden war. Auch der Graf von Alençon scheint dabei beteiligt gewesen zu sein. Der augenblickliche Gesundheitszustand des Königs kam dazu. Seine persönliche Entscheidung — so wenig sie in der That wert war — musste berücksichtigt werden. Auch er entschied gegen die Fortsetzung des Krieges. Am 4. September wurde der Friede verkündet. Nur gezwungen und mit Unwillen beschworen die Herzöge von Orleans und von Bourbon, sowie der Erzbischof von Sens, der Bruder des Pariser Bischofs, den Vertrag. Senlis war der nächste Ruhepunkt für den fluchtähnlich abziehenden königlichen Hofstaat. Hier scheint der König wieder krank geworden zu sein. Aber vorher hatte er noch den Dauphin zum »gouverneur et dispenseur de toutes les finances du royaume de France« ernannt.[3]) Schon der alte, wenig ener-

---

[1]) Gersonii opp. V, 650 f.
[2]) Vgl. S. 108.
[3]) Monstrelet III, 258 f.

gische Berri versuchte sofort dagegen Opposition zu machen.
Die selbständige Stellung des Dauphin wurde immer schwächer,
der Einfluss Orleans und seines Anhangs immer stärker. Noch
waren die Verhandlungen mit Burgund nicht beendigt. Zu
Senlis sollten sie zum Abschluss gebracht werden; die Gräfin
von Hainaut und Anton von Brabant sollten sich hier wieder
einfinden. Sie zogen vor Gesandte zu schicken. Die Deputierten der flandrischen Städte waren bis Senlis gefolgt. Hier
verweilte man den ganzen September.[1]) Am 1. Oktober wurde
der kranke König nach S. Denys gebracht. Dort wurden die
Verhandlungen fortgesetzt; allein schliesslich entliess man die
Gesandten mit dem Bescheid, am 1. November wieder in Senlis
zu erscheinen. Der Grund ihrer Entlassung wird verschieden
angegeben. Monstrelet (III, 191) schiebt dieselbe auf die
Krankheit des Königs. Indessen dies kann nicht der Grund
gewesen sein, da man seit langer Zeit gewöhnt war, mit dem
König nicht mehr zu rechnen, und die jeweilig dominierende
Partei seine Vertretung in jeder Angelegenheit ausübte. Die
neue Vollmacht, welche Johann von Burgund am 19. Oktober
seinen Bevollmächtigten und Gesandten ausstellte,[2]) erwähnt:
man habe ihre ungenügende Vollmacht als Grund angegeben.
Der Mönch berichtet,[3]) dass man allgemein den Abschluss
des Friedens erwartet habe, dass aber die geheimen Beratungen, welche der Dauphin mit den übrigen Fürsten in
S. Denys abgehalten, fruchtlos gewesen seien, und man deshalb
schliesslich die Gesandten entlassen habe. Die unzureichende
Vollmacht mag nur den Vorwand abgegeben haben. Der
Grund aber lag vielmehr darin, dass jetzt der Dauphin den
Elementen gegenüber, welche dem Abbruch der Belagerung
von Arras sich widersetzt hatten, nicht mehr mächtig genug
war. Sein Kanzler, der Seigneur de Traignel, Juvenal des
Ursins, welcher den Frieden nicht wenig gefördert hatte, wurde
beseitigt und durch den Bischof von Chartres, den bisherigen
Kanzler Berris, ersetzt.[4]) Der König scheint am 14. Oktober
wieder gesund gewesen zu sein. Er kehrte an diesem Tag
an der Spitze der Fürsten nach Paris zurück. Indessen der
Bericht des Mönches »regem Parisius reduxerunt« lässt darauf
schliessen, dass höchstens eine augenblickliche Besserung eingetreten war, welche einen öffentlichen Aufzug ermöglichte.[5])

[1]) Religieux V, 399 f., 442. 446. Monstrelet III, 259 (hier ist statt
septembre octobre zu lesen), Le Fèvre I, 183 f., 191.
[2]) Relig. V, 394—398.
[3]) a. a. O. 448.
[4]) Juvenal 357 ff. 360.
[5]) Monstrelet III, 259. Relig. V, 446.

In der That dominiert während des Winters die Partei Orleans wieder. Das bezeugen nicht nur die oben dargestellten, auf die Universität und die Glaubensangelegenheit bezüglichen Ereignisse, der Erlass vom 27. Dezember und die Orleansfeier am 5. Januar; auch der weitere Termin für die Verhandlungen mit Burgund (1. Nov.) wurde wieder verschoben.[1]) Die Feindseligkeiten zwischen den beiden Parteien setzten sich fort. Der Dauphin versuchte vergebens sich von der Herrschaft seiner Vettern frei zu machen. Am 31. Oktober reiste er plötzlich von Paris ab.[2]) Er ging nach Melun, dann nach Bourges. Die Grafen von Vertus und Richemont folgten ihm nach. Er blieb bis zum 6. Dezember weg. Allein schon im Januar reiste er am Tag vor jener Orleansfeier wieder nach Melun, wo die Königin Hof hielt. Die Orleans hatten sich nach der Rückkehr von Arras in Paris festgesetzt. Mittelst einer ihnen ergebenen Partei, vorzugsweise aus der Kaufmannsgilde bestehend, hielten sie die Stadt in ihrer Macht. Wie immer, so entscheidet auch hier der Besitz von Paris über die Herrschaft von Frankreich. Allein Ende Januar trat eine Wendung ein. Wir müssen dieselbe vorzugsweise auf die drohende Haltung Englands zurückführen. Schon als man vor Arras lag, waren englische Gesandte in Paris erschienen und hatten zum ersten Mal offen die Abtretung der französischen Krone verlangt. Man hatte sie abgewiesen. Daraufhin hatte das englische Parlament dem König reichliche Geldmittel gewährt. Beunruhigende Gerüchte von grossartigen Rüstungen in England drangen nach Frankreich. Man musste im Innern Frieden machen, wenn man diesem Feind widerstehen wollte, und umsomehr, als man ja nicht mit Unrecht befürchtete, dass

---

[1]) Monstrelet III, 267 f.

[2]) Ausser Monstrelet III, 266 f. und Le Fèvre 195 f. berichtet die Histoire d'Artus III (ed. Th. Godefroy, Paris 1622. S. 6) ebenfalls von dieser Abreise. Sie fiel danach zusammen mit dem Besuch der Herzogin der Bretagne, ersten Tochter Karls VI, in Paris. Der Chronist (Guill. Gruel, ein Ritter des Grafen von Richemont, des nachmaligen Artus' III, vgl. Du Fresne de Beaucourt, Histoire de Charles VII, introd. S. LVIII) berichtet, der D. sei in Verkleidung mit dem Grafen von Richemont kurz vor der Ankunft seiner Schwester abgereist, um die Schätze seines Onkels Berri zu sehen; Richemont aber habe ihn sehr bald wieder zurückgebracht, so dass der Unwille des Herzogs der Bretagne über die scheinbare Unhöflichkeit gegen seine Gemahlin nicht gerechtfertigt war. Im Verhältnis zu dem angegebenen Zweck der Reise sind Zeit und begleitende Umstände sehr auffallend. Beides lässt darauf schliessen, dass hier etwas anderes — jedenfalls Unzufriedenheit mit der Situation in Paris — zu Grunde lag. Der Herzog der Bretagne hielt sich seit einigen Jahren zu der Partei Orleans. Sein Bruder, der Graf von Richemont, ist dagegen der ständige Genosse des Dauphin.

Johann von Burgund in geheimen Einvernehmen mit Heinrich V
stände. Anfang Februar erschien aufs neue eine englische Gesandtschaft.[1]) Kurz vorher schon hatte man die Verhandlungen
mit Burgund wieder aufgenommen. Am 28. Januar kommen
die burgundischen Gesandten, an ihrer Spitze der Herzog von
Brabant, nach S. Denys; die Gräfin von Hainaut blieb auf
Befehl ihres Mannes in Senlis. Der Dauphin präsidiert wieder
dem königlichen Rat, welcher zwecks der Verhandlungen nach
S. Denys übergesiedelt war.[2]) Die Herzöge von Orleans und
Bourbon dagegen fehlen, obgleich sie in Paris anwesend sind.
Ebenso war Louis von Sizilien abwesend; seit dem Tod des
Ladislaus rüstete er zu einem neuen Zug nach Neapel.[3]) Bernard
von Armagnac war in sein Stammland zurückgekehrt.[4]) Wir
finden ihn bald nachher in Fehde mit seinem Nachbar, dem
Grafen v. Foix.

Die Verhandlungen mit Burgund, welche hauptsächlich
um Ausdehnung der Amnestie und um die Stellung des Hofes
zu der Petit'schen Angelegenheit sich drehen, ziehen sich bis
zum 24. Februar hin.[5]) Burgund tritt als der Fordernde auf.
Der königliche Rat giebt von Punkt zu Punkt nach. Am
24. Februar wird durch eine Proklamation in den Strassen von
Paris der Friedensschluss bekannt gemacht.[6]) Die Proklamation beginnt mit einer Rechtfertigung, welche die Thätigkeit
des Dauphin während der Verhandlungen besonders hervor-
hebt und seine Sorge für das Wohl des Volkes, welche dabei
leitend gewesen ist, rühmt. Daran schliessen sich die einzelnen
Abmachungen.

Die drohende äussere Gefahr hatte den Dauphin wieder
emporgehoben und an die Spitze der Regierung gestellt.
Schneller, als man nach der langen Verzögerung und den anti-
burgundischen Kundgebungen hätte denken sollen, war der
Friede zu Stande gekommen. Durch die Einleitung der Proklamation klingt ein apologetischer Ton hindurch. Man hatte
den Frieden hauptsächlich durch Konzessionen erkauft. Bemerkenswert ist es nun, dass der steigende Einfluss des Dauphin
wiederum in eine längere Gesundheitsperiode des Königs fällt.
Am 10. Februar begegnen wir dem König bei den Feierlich-

---

[1]) Relig. V, 408. Monstr. III, 273 f.
[2]) Relig. V, 404 ff. Monstr. III, 272.
[3]) a. a. O. 258.
[4]) Juvenal 364. 370.
[5]) Relig. V, 404—420.
[6]) a. a. O. 422—436. Monstr. III, 274—287.

keiten, welche man zu Ehren der englischen Gesandtschaft anstellte. Nach Monstrelet und Le Fèvre beteiligte er sich sogar hier an einem Turnier.[1]

Der Vertrag mit Burgund wurde am 13. März von den burgundischen Bevollmächtigten in Gegenwart des Königs beschworen. Berri, Orléans, Alençon, Bourbon, Eu, Vendôme und die königlichen Würdenträger und Räte schlossen sich an. Demnächst leisteten auch die verschiedenen burgundischen Lande den Eid. Nur Johann von Burgund zögerte noch damit. Er erklärte, zuvor mit dem König und dem Dauphin sprechen zu müssen.[2] Sein Verlangen stand nach Paris. Erst am 30. Juni hat er den Vertrag beschworen, auch da noch mit Reserven. —

Die Verhandlungen mit England endeten etwas später. Trotz eifriger Bemühungen seitens Frankreichs war man zu keinem Resultat gelangt. Nur der Waffenstillstand war bis zum 1. Mai verlängert. Noch einmal sollte eine feierliche Gesandtschaft nach England gehen. Aber Heinrich V wünschte nichts mehr, als den Krieg. Hinter frommen Redensarten und endlosen Beteuerungen seiner Friedensliebe und Gottesfurcht verbarg sich bei ihm eine heidnische Eroberungssucht. Seine Gesandten hatten das Unglaublichste gefordert. Die Annahme dieser Forderungen bedeutete Aufgabe des eigenen Daseins. Dem war ein Krieg vorzuziehen. Unter diesen Verhältnissen liess die Pariser Regierung Johann von Burgund die grösste Schonung zu teil werden. Es kam dazu, dass der Dauphin fortan die Leitung derselben in Händen behielt. Ihm fielen die Vettern Orleans und ihr Anhang, welche ihn noch umgaben, bei weitem lästiger, als der im Wald von Argilly jagende Schwiegervater.

Dieser Umschwung der Machtverhältnisse, welcher sich seit der Wiederaufnahme der Verhandlungen mit Burgund unter dem Druck der äussern Gefahr in Paris vorbereitet und dem Dauphin einen selbstständigen Einfluss auf die Regierung einräumt, kann nicht ohne Einwirkung auf die beabsichtigte Gesandtschaft nach Konstanz gewesen sein. Wie der Mönch berichtet,[3] hätten sich die Gesandten schon im Januar auf den Weg gemacht. Dann bleibt es aber unbegreiflich, dass sie erst am 5. März in Konstanz anlangten. Die Verzögerung wird jedenfalls mit den politischen Verhältnissen zusammen-

---

[1] Monstr. III, 273 f.
[2] a. a. O. 290 ff.
[3] Relig. V, 438.

hängen. Ohne Zweifel hat die Gesandtschaft noch zu guter letzt Veränderungen erlitten.[1]

Gerson und Pierre de Versailles haben nachmals auf dem Konzil eine ganz andere Richtung eingeschlagen, als die übrigen Glieder der Gesandtschaft. Sie sind zu einer Zeit ernannt worden, als der orleanistische Einfluss in Paris noch massgebend war. Man hat sie beibehalten, aber ihren Auftrag mit einer Klausel versehen.[2] Der Erzbischof Renaud von Reims, welcher von dem Mönch nicht genannt wird, mag dagegen erst später zum Gesandten ernannt worden sein. Und dazu stimmt, dass er den Frieden von Arras unterstützt hatte, indem er den Herzog von Orleans überredete, den Eid zu leisten, welchen der Dauphin von ihm verlangte.[3] Die Rolle, welche er als geistliches Haupt der Gesandtschaft spielte, entspricht durchaus der veränderten französischen Kirchenpolitik, die wir auf den Einfluss des Dauphin zurückführen müssen. Als weltliches Haupt der Gesandtschaft hatte man schon längst den Herzog Ludwig von Baiern-Ingolstadt, den Bruder der Königin, in Aussicht genommen.

Ludwig war durch seine Schwester nach Frankreich gekommen. Nach dem Tod seiner ersten Frau hatte er sich hier mit einer Gräfin von Mortagne verheiratet, welche ihm ein ansehnliches französisches Erbe einbrachte.[4] Er vertrat die Interessen seiner Schwester, hielt sich aber in den Parteikämpfen zwischen Orleans und Burgund anfangs neutral. Seines Neffen, des Dauphin, nahm er sich besonders an und unterstützte dann auch das selbstständige Auftreten desselben seit dem Jahre 1411. Dadurch zog er sich den Hass Johanns von Burgund zu. In der Revolution des Jahres 1413 wurde er von den Demagogen mit dem Herzog von Bar zusammen verhaftet. Noch vor der Reaktion wieder freigelassen, nahm er an dieser teil. Der Tod seines Vaters führte ihn dann vorübergehend nach Deutschland. Im Sommer 1414 aber machte er den Feldzug gegen Burgund mit. Eine Krankheit nötigte ihn bald nach dem Waffenstillstand das Heer zu verlassen. Bis zum 5. Januar, wo er an der Orleansfeier teilnahm, blieb er in Paris. Dann kehrte er nach Deutschland zurück. Am 16. Januar sei er in Konstanz eingeritten, berichtet Reichen-

---

[1] Dafür spricht eben der von dem nachherigen Bestand der Gesandtschaft abweichende Bericht des Mönches.

[2] Darüber siehe im letzten Kapitel.

[3] Monstrelet III, 252.

[4] Relig. V, 204. Die Hochzeit wurde im September 1413 gefeiert. Eine treffende Charakteristik bei Riezler, Geschichte Baierns III, 217 ff.

thal.[1]) Allein er scheint die Stadt wieder verlassen zu haben und erst am 5. März an der Spitze der französischen Gesandtschaft zurückgekehrt zu sein. Ludwigs Vater, Stephan II, hatte zu jener Reichspartei gehört, an deren Spitze der ehrgeizige Erzbischof von Mainz stand.[2]) Wie dieser, hatte er sich zu Johann XXIII gehalten. Sein Verhältnis zu Sigismund war ein gespanntes. Es vererbte sich auf den Sohn, welchen besonders der Verkauf der Mark Brandenburg an Friedrich von Nürnberg gegen den römischen König aufbrachte. Somit mag Ludwig von vornherein eine ablehnende Haltung gegen Sigismund und dessen Kirchenpolitik eingenommen haben. Und hierin traf er zusammen mit den Sympathien seines Neffen, des Dauphin von Frankreich, für Johann XXIII. Unter dem Einfluss des Dauphin war ja einst im Jahre 1411 jenes Konkordat mit Johann zu stande gekommen. Er zeigte später grossen Unwillen, als man ihm die Absetzung dieses Papstes meldete. — Ludwigs Stellung als deutscher Reichsfürst empfahl ihn zum Haupte der französischen Gesandtschaft. Der Umschwung der politischen Verhältnisse in Frankreich aber machte ihm die Erfüllung seiner Aufgabe leicht; in der Verfolgung der kirchlichen Politik seines Hauses entsprach er jetzt zugleich den Wünschen der Pariser Regierung.

Und nun wollte es das Schicksal, dass fast gleichzeitig mit jenem politischen Umschwung in Frankreich die beiden bedeutendsten französischen Kardinäle, Ailli und Fillastre, vorher die eifrigsten Unionisten, in dieselbe Bahn gedrängt wurden. Die französische Gesandtschaft brauchte sich ihnen nur anzuschliessen. Auf dieser Bahn aber waren die burgundischen Gesandten ihre natürlichen Bundesgenossen. Und der jüngste Friedensschluss zu Paris legitimierte diese Bundesgenossenschaft.

So war Frankreich, einst der Hort des kirchlichen Liberalismus, infolge eines politischen Umschwunges, welcher den Einfluss der Orleans zurücktreten liess, auf dem Weg, Vorkämpferin für das Papsttum zu werden. Aber der Dauphin und das französische Kardinalat bedeutete damals nicht das eigentliche Frankreich. Dies finden wir vielmehr in dem Kreise jener Männer, welche unter dem Eindruck der burgundischen Schreckensherrschaft in den Jahren 1412/13 den Orleans sich mehr oder weniger angeschlossen hatten, — auch jetzt noch nicht blinde Parteigänger, sondern immer das Ideal der Zukunft im Auge, ein unabhängiges starkes Königtum. Daneben ist

---

[1]) Richental, ed. Buck. S. 48.
[2]) J. Aschbach, Geschichte Kaiser Sigismunds. Bd. I. 285. 394.

ihr kirchliches Programm die Reform an Haupt und Gliedern. Dieser Geist Frankreichs tritt uns auf dem Konstanzer Boden vor allem wiederum in Johannes Gerson und seinen Pariser Universitätsfreunden lebendig entgegen. Und hier huldigt er zunächst durchaus den unionistischen Bestrebungen. — Seine Auseinandersetzung mit jenen andern französischen Elementen bildet das interessanteste Problem in dem nächsten Verlauf des Konzils.

Drittes Kapitel.

Die Entstehung einer antiburgundischen Koalition im Konzil.

Die Flucht Johanns setzte das Konzil zunächst in die grösste Verwirrung. Hatte man auch vorher Befürchtungen gehabt, so war dies Ereignis doch für alle überraschend gewesen. Nachdem sich aber die erste Aufregung gelegt hatte, traten die verschiedenen Tendenzen, welche die Versammlung bisher bewegt hatten, schärfer hervor als je. Das war besonders bei den französischen Gesandten der Fall.

I. Die Gesandtschaft des Erzbischofs von Reims.

Der Papst hatte sofort von Schaffhausen aus an Sigismund und die Kardinäle geschrieben. Diese erklärten, sie würden am Papst festhalten, wenn derselbe seinem Versprechen treu bleiben, und seine Entfernung nicht zum Schaden der Kirche ausschlagen würde; andernfalls würden sie dem Konzil sich anschliessen. Am 23. März ging eine Gesandtschaft von drei Kardinälen zum Papst. Ihr schlossen sich von der französischen Gesandtschaft der Herzog Ludwig von Baiern, ein Ritter Nikolaus de Calvilla und Renaud von Chartres, Erzbischof von Reims, an.[1] Schon am 25. März, den Montag nach Palm-

---

[1] Nach Cerretan (Hardt IV, 68.) ging er erst am 24. März mit vier Kardinälen, welche ohne besondern Auftrag Konstanz verliessen. Aber der eigene Bericht des Erzbischofs (Hardt IV, 94 f.) enthält die wiederholte Angabe, dass er Sonnabend, den 23., gegangen sei und noch an diesem Tag den Papst gesprochen habe. Nach diesem Bericht scheint es auch, als sei er schon am folgenden Tag zurückgekehrt. Nach dem Diar. Vict. (bei Bourgeois, Preuves. S. 313) kehrt er schon am 23. März zurück und bringt die ersten

sonntag, kehrte Renaud zurück mit päpstlichen Breven an Sigismund, an die Kardinäle, die französische und die Universitätsgesandtschaft. Nur von dem Breve an die Kardinäle erfahren wir durch Cerretan den Inhalt: [1]) Der Papst giebt endlich nach, er ernennt sämtliche Kardinäle und 4 Prälaten, je einen aus jeder Nation, zu Prokuratoren; ja er gesteht sogar, falls auf diesen Modus das Konzil nicht eingehen will, den Nationen ein beschränktes Wahlrecht zu.

Was konnte den Papst veranlasst haben schon so bald nach seiner Flucht den Wünschen Sigismunds und des Ausschusses entgegenzukommen? Noch kurz zuvor am 16. März hatte er in seiner Antwort den Weg der Prokuratur nur für Ausnahmefälle zugelassen; und seine Flucht hatte doch nur den Zweck, dem Drängen jener auf Ernennung von Prokuratoren sich zu entziehen. Man glaubte, dass seine Absichten noch weiter gingen. In den Kreisen der Kurialen herrschte

Briefe des Papstes. Nach Cerretan (Hardt IV, 68 f.) überbringt er ein vom 25. März datiertes Schriftstück. Er wäre demnach erst am 25. März von Schaffhausen weggegangen und noch Abends in Konstanz zu einer Versammlung Sigismunds, der Kardinäle und der Deputierten eingetroffen. Da Cerretan in der Angabe der Daten meist genau ist, während in das Protokoll über den Bericht des Erzbischofs am 5. April leicht eine Ungenauigkeit sich einschleichen konnte, so werden wir ersterem folgen müssen. Die Unklarheit ist noch vermehrt in dem Schreiben des Konzils vom 13. April (Hardt IV, 111), wonach der Kardinal de Chalant und der Erzbischof zu gleicher Zeit kamen. Cerretans Angabe über die Abreise Renauds dagegen ist unrichtig, weil R. sich selbst auf seinen Auftrag beruft. Der Bericht des Diar. Vict., welcher an vielen Stellen verworren ist, kann für diese Frage nicht entscheidend sein. Derselbe hat offenbar die Botschaft des französischen Erzbischofs mit einer andern verwechselt, deren Träger dem Autor nicht bekannt war. Indessen bietet dieser Bericht über die Verhandlungen des ersten Tages nach der Flucht und über die Absichten des Kollegs manches, was bisher noch nicht genügend ausgenützt worden ist. Das Tagebuch Fillastres (Finke 170) berichtet im Anschluss an die Gesandtschaft der Kardinäle, dass auch der Herzog Ludwig von Baiern und Nikolaus de Calvilla »ambaxiatores regis Francorum« sich zum Papst begaben, um ihn zu bewegen nicht vom Konzil sich zu entfernen und ihm ihre Dienste anzubieten. Sie blieben mit den drei Abgeordneten des Kollegs bis zum Montag nach Palmsonntag (25. März) bei dem Papst. Mittwoch, den 27., statten sie Bericht ab. Von dem Erzbischof ist keine Rede. Derselbe tritt erst später auf (Finke 171), als es sich um die Feststellung der Motive zur Flucht des Papstes handelt. Ich vermag mir diese Differenz nur so zu erklären, dass der Verfasser von der Teilnahme der französischen Gesandten erst erfuhr, als diese vom Papst zurückkamen; da der Erzbischof schon vorher zurückgekehrt war, so liess er diesen aus.

[1]) Den Kredenzbrief an Sigismund teilt Finke S. 89. Anm. 1 aus einer Frankfurter Hd. mit. Derselbe ist datiert vom 24. März. Danach erscheint der Erzbischof als Gesandter des Papstes. Dieser Charakter seiner Sendung schliesst den andern nicht aus, dass er im Auftrag der französischen Gesandtschaft handelte.

die Meinung, dass durch die Entfernung des Papstes das
Konzil aufgelöst sei[1]). Und unmöglich ist es nicht, dass Johann selbst diesen Gedanken bei seiner Flucht hatte. Seine
Verteidigungsschrift, die informationes, verfolgt ja die aus-
gesprochene Tendenz, alles was in Konstanz bisher geschehen
war als erzwungen und unrechtmässig darzustellen. Falls er
auf französischen Boden sich in Sicherheit hätte bringen
können, würde er gewiss nicht gezögert haben, das Konzil
aufzuheben. Das Entgegenkommen, welches sein Breve an die Kardinäle vom 25. März bekundet, kann demnach nur auf fremde
Einwirkung zurückgehen; und wir werden nicht irren, wenn
wir diese den Gesandten Frankreichs zuschreiben. Frankreich
war augenblicklich die letzte Zuflucht für Johann. Auf den
Herzog von Burgund hatte er schon lange gerechnet. Bald
nach seiner Flucht schrieb er an ihn und bat die Truppen
nicht zu entlassen, welche der Herzog gesammelt habe, da er
sie zu brauchen gedenke.[2]) Aber auch die Pariser Regierung
und den Herzog von Berri suchte er durch Briefe und eingehende Informationen über den bisherigen Verlauf des Konzils auf seine Seite zu ziehen. So gab er denn wahrscheinlich
den Vorstellungen der Gesandten nach. Diese aber verfolgten
den Plan, Sigismund und die jetzt mehr als je geeinten drei
Nationen durch Zugeständnisse von ernsteren Schritten gegen
den Papst abzuhalten. Man sandte daher den Erzbischof
zurück, sobald man vom Papst jene Breven erlangt hatte.

Der Erzbischof führte den Auftrag, welchen er vom
Papst erhielt, nicht genau aus. Er meldete gemäss dem
ersten Billet des Papstes, dass ihn Gesundheitsrücksichten zur
Entfernung aus Konstanz bewogen hätten. Dies war auch
der Wortlaut seines Mandates. Daneben aber scheint ihm
durch den Kardinal de Challant anheimgegeben worden zu
sein, er solle sagen: zwar nicht Furcht vor Sigismund, wohl
aber Furcht vor Leuten in seiner Umgebung hätten den
Papst zur Flucht bestimmt. Der Erzbischof unterdrückte dies
seinen Intentionen entsprechend. Als der Papst aber in einem
Brief an die zu Konstanz zurückgebliebenen Kardinäle Furcht
als Motiv seiner Flucht angab, und dies zu Ohren Sigismunds
kam, wurde Renaud zur Rechenschaft gezogen. Er berief
sich auf sein Mandat. Allein der Kardinal de Challant selbst

---

1) Hardt II, 397 f. (Niehm).
2) Bourgeois, Preuves. 319 f.

musste, um den Papst zu rechtfertigen, gegen den Erzbischof
aussagen.[1])

Mehr als je verbanden nach der Flucht Johanns gemeinsame Interressen, das Kardinalkolleg und die französische Gesandtschaft. Eine definitive Trennung des Papstes von dem
Konzil musste die Kardinäle in die peinlichste Lage bringen.
Entweder trennten auch sie sich von dem Konzil, dann aber
waren sie in den Augen der Besten ihrer Zeitgenossen mit
einem untilgbaren Makel behaftet; oder sie blieben und sagten
sich vom Papst los, dann gaben sie sich ganz der von fanatischen Elementen durchsetzten Reformpartei preis. Wer konnte
wissen, was sie von dieser Seite noch zu erwarten hatten? —
Die Meinungen waren geteilt.[2]) Einige scheinen daran gedacht
zu haben, unbekümmert um Papst und Konzil nach Rom zurückzukehren und den Lauf der Dinge hier abzuwarten. Die einzige
Rettung, um aus diesem Dilemma herauszukommen, war die
Wiedervereinigung von Papst und Konzil.

Darauf ging auch das Bestreben der französischen Gesandtschaft. Der englich-deutsche Einfluss war in der letzten
Zeit immer stärker auf dem Konzil geworden. Sigismund hatte
sich demselben mehr und mehr hingegeben. Eine Förderung
französischer Interessen konnte man von dieser Seite nicht
erwarten; man bedurfte eines Gegengewichtes. Es war nicht
ungerechtfertigt, wenn Johanns Klageschrift gegen das Konzil
von einer »intentio iniqua« spricht, »quam gerunt illi nedum ad
Dominum nostrum, imo ad confusionem domus Franciae et
totius cleri Gallicani, cujus domini Regis et sui praefati Con-
silii labore et providentia tentum et conclusum fuit Concilium Pisanum«.[3]) Das Konzil von Pisa war nicht nur absichtlich tot-
geschwiegen; indem man Johann den Gegenpäpsten völlig
gleichgestellt hatte, ja sogar ihm mehr zumutete als Benedict,
war es thatsächlich aufgehoben. Johann hatte ein Anrecht
auf den Schutz Frankreichs. Es kam hinzu, dass am 21. März

---

[1]) Obige Darstellung beruht auf einem Vergleich von Hardt IV, 94 f.
und 111. Das Tagebuch Fillastres (Finke 171 f.) ist hier wieder nicht genau.
Der Erzbischof ward am 5. April in öffentlicher Versammlung zur Rede gestellt — so die von Hardt benutzten Wiener, Leipziger und Gothaer Hdd. Es
kann also nicht erst auf die vom 4. April aus Laufenburg datierte Bulle »cum
propter metum cadentem«, welche am 7. April (nicht, wie Finke angiebt, am
9.) in Konstanz verlesen wurde, geschehen sein; so stellt das Tagebuch es
dar. Dass es sich hier um einen diplomatischen Kunstgriff des Erzbischofs
handelte, geht aus der Aussage Challants (Hardt IV, 95) deutlich hervor. Vgl.
Hefele VII, 102. J. Schmitz, 20 f.

[2]) Hardt IV, 101.

[3]) a. a. O. 159 f.

zwei Boten aus Paris mit neuen Instruktionen für die Gesandtschaft angekommen waren.[1]) Die Instruktionen waren am 13. März ausgestellt, also am Tage des Friedensschlusses mit Burgund. Sie betrafen vorzugsweise die Petit'sche Angelegenheit, allein ohne Frage haben sie auch noch andere Anweisungen enthalten. Ueber ihren Inhalt können wir nicht zweifelhaft sein, wenn wir die weitere Haltung der französischen Gesandtschaft beachten. Nächst der Wiedervereinigung von Papst und Konzil plante diese sogar eine Verlegung des letztern. Dieser Gedanke war ja schon früher aufgetaucht: Johann wollte das Konzil nach Nizza verlegen, um Benedict näher zu sein. Das lag auch im Interesse der französischen Regierung, denn auf französischem Boden war am ersten eine Stärkung des französischen Einflusses zu hoffen.[2]) Jedenfalls blieben die Kardinäle und die französische Gesandtschaft zunächst verbunden.

II. Der Betrug des Kardinals Zabarella.

Vor allem wünschten die Kardinäle die dritte sessio des Konzils bis zur Rückkehr ihrer Gesandten von Schaffhausen aufzuschieben. Die beschleunigte Rückkehr des Erzbischofs von Reims sollte bei Sigismund und den Nationen dahin wirken. Allein diese wollten sich darauf nicht einlassen. Der Fortbestand des Konzils trotz der Flucht des Papstes sollte feierlich ausgesprochen werden.

Von den Kardinälen entschlossen sich nur Ailli und Zabarella der Sitzung beizuwohnen. Ailli präsidierte, und Zabarella verlas die Beschlüsse. Sie verwahrten sich aber durch eine ausführliche Darlegung der Gründe ihrer Teilnahme und gaben ihre Zustimmung zu den Beschlüssen derselben nur unter der Bedingung, dass der Papst seine Bestätigung würde folgen lassen.

---

[1]) Gerson. Op. V, 342 f. S. 356 ist in der Ueberschrift statt »Maii« Martii zu lesen. — Leider ist nur das Stück dieser Instruktion von Du Pin abgedruckt, welches sich auf den Petit'schen Prozess bezieht. Das »item« zeigt aber, dass dies nicht der einzige Punkt war.

[2]) Abgesehen davon, dass dieser Plan später zu Perpignan von den französischen Gesandten verfolgt wird, ist er für diese Zeit bezeugt durch die höchst bedeutsame Fortsetzung eines Briefes der Pariser Universitätsgesandten an ihren König, welche Döllinger, Materialien zur Gesch. des 15. und 16. Jahrh. II, 311 ff, herausgegeben hat.

Am 27. März[1] (Mittwoch) kehrten die an Johann abgesandten Kardinäle zurück mit neuen Vorschlägen, welche über die vom 25. in mehrfacher Beziehung hinausgingen. Die Zahl der Prokuratoren war auf 8 erhöht. Der Papst sollte sie aus 32 Männern wählen, welche vom Konzil vorzuschlagen seien. Er versprach, das Konzil nicht auflösen zu wollen. Auf Bitten der französischen Gesandten will er in der Nähe von Konstanz bleiben. Aber er verlangt dagegen ausreichende Sicherheit für sich und wenigstens für die erste Zeit Einstellung der Feindseligkeiten gegen Friedrich von Oesterreich.[2] Auch diese Anerbietungen blieben ohne Erfolg. Die Unionspartei lebte zu sehr in dem Gefühl, dass mit dem heiligsten Interesse der Christenheit Spott getrieben sei. Man erwartete demnach vom Papst keine Forderungen, sondern unzweideutige Beweise seiner Reue. Statt dessen hatte Johann durch ein Breve vom 23. seine Kurie unter Androhung der schwersten Strafen zu sich befohlen. Wenn wir der Mitteilung Niehms glauben dürfen,[3] so fiel nicht nur gelegentlich in der Debatte von Seiten der Kardinäle die Aeusserung, das Konzil sei durch den Weggang des Papstes eigentlich schon aufgelöst, sondern es wurde auch von neuem am 27. ein päpstliches Breve bekannt gemacht, welches den Kurialen befahl, noch in der laufenden Woche sich nach Schaffhausen zu begeben. Die Kardinäle leugneten zwar jede Beteiligung an der Publikation ab. Indessen den Vorschlägen, welche der Kardinal von Pisa am folgenden Tag (28. März) in einer General-Kongregation vorbrachte, war ein Passus angefügt, der die Ordnung dieser Angelegenheit in Aussicht stellte und vorläufig den Termin für das päpstliche Gefolge bis Quasimodogeniti hinausschob. Der Verdacht einer Beteiligung an der Publikation des Breve wurde dadurch nur noch genährt. Stürmisch verlangten die Versammelten nach der Sessio, die man nur wegen der Kardinäle hinausgeschoben hatte.[4]

---

[1] Dass sie schon am 26. März zurückgekehrt seien, wie Schwab und Hefele annehmen, beruht lediglich auf einem von Schelstrate begangenen Missverständnis Niehms. Vgl. Hardt II, 397 f.

[2] Hardt IV, 67 f.

[3] a. a. O. II, 399 f.

[4] Schelstrate, tractatus de sensu etc. S. 292. Das Tagebuch Fillastres (Finke 170. 171) giebt als Grund der Verschiebung an »quod cardinales nihil sciebant de agendis in illa sessione«; auch Sonnabends sei ihnen sowohl, als den französischen Gesandten die Tagesordnung noch nicht ganz bekannt gewesen. Das ist nicht möglich, weil man Tags zuvor gerade mit den Kardinälen über dieselbe verhandelt hatte.

Der 29. März verging unter lebhaften Verhandlungen über die Beschlüsse der für den folgenden Tag geplanten Sitzung. Man wollte prinzipiell die Frage erledigen, ob das Konzil durch die Flucht des Papstes aufgelöst sei oder nicht; der widerspenstige Papst sollte zum Gehorsam gezwungen, die völlige Freiheit aller bisherigen Verhandlungen proklamiert werden. Ein schon in der 3. sessio von dem Bischof von Toulouse beantragtes Misstrauensvotum gegen den Papst, worin seine Flucht auf das schärfste verurteilt war, wurde auf Gersons Antrag in das Programm der Sitzung eingefügt. [1]) Die Kardinäle erklärten, sie könnten, falls man an diesen Sätzen festhalte, der Sitzung nicht beiwohnen. Die französischen Gesandte standen von vornherein zu ihnen. Die Kardinäle versuchten durch weitergehende Anerbietungen Sigismund zu gewinnen: zum ersten Mal gestand man zu, dass er unter den Prokuratoren sein sollte. [2]) Das war ja, seitdem die Prokuratorenfrage aufgeworfen war, der Wunsch des Königs gewesen. Die Erfüllung desselben wurde ihm jetzt freiwillig von Seiten der Kardinäle entgegengebracht: für ihn schon allein Grund genug, auf jede Weise eine Vermittelung zwischen Kardinälen und Nationen zu suchen. Es lag aber überhaupt in seinem Interesse, das geschlossen auftretende Kolleg bei dem Konzil festzuhalten und einen Bruch zu verhindern. Der Wunsch der Kardinäle, dass der Krieg gegen Friedrich von Oesterreich eingestellt werde, welchen auch die Pariser Universitätsgesandten unterstützten, scheint die einzige Differenz zwischen Sigismund und dem Kolleg gewesen zu sein. [3]) Dieselbe war indessen nicht so schwer zu beseitigen, als die Abneigung der Nationen gegen Konzessionen an das Kolleg.

Zu wiederholten Malen versuchte Sigismund sowohl am 29., als auch noch am 30. zwischen den Nationen und dem Kolleg zu vermitteln. Noch im letzten Augenblick — die Messe, welche die Sitzung einleiten sollte, hatte schon angefangen — bringt er die Kardinäle Fillastre und Zabarella und die Deputierten der Nationen in einer Kapelle der Kirche zusammen. Die persönliche, allerdings sehr erregte Aussprache zwischen beiden Parteien führt endlich zu einer Einigung. Der 2., 3. und 4. der am Tag zuvor von den Nationen festgestellten Artikel wurde von den Deputierten aufgegeben. Statt dessen

---

[1]) Hardt IV, 81.
[2]) Schelstrate, a. a. O. 228 ff.
[3]) Hardt IV, 85.

wurden die Beschlüsse so festgesetzt, wie sie nachher von
Zabarella verlesen wurden. Ein Dekret, welches den Bestand
des Kollegs sicherte, wurde beigefügt. Nun nahmen die in
Konstanz anwesenden Kardinäle geschlossen an der Sitzung
teil und bestimmten auch die französischen Gesandten dazu.
Zabarella musste als jüngster Kardinal die Dekrete verlesen.
Als er aber an die auf die Reform der Kirche bezüglichen Worte im ersten Dekret kam, hielt er an und erklärte,
diese Worte seien gegen die getroffene Verabredung. Er liess
dieselben aus und las weiter. Schon in der Sitzung erhob
sich Widerspruch gegen diese Auslassung. Die Kardinäle
sahen sich veranlasst, an die Versammlung die Mahnung zu
richten, man möchte doch derartige schwierige Fragen für
eine spätere reifliche Beratung aufsparen. [1]) In der That war
ja jener Zusatz »et reformationem ecclesiae Dei in capite et
in membris« höchst wichtig, weil dem Konzil damit eine un-
eingeschränkte Autorität gegeben wurde, welche bei dem
fortdauernden Reformbedürfnis der Kirche sehr viel mehr zu
bedeuten hatte, als dieselbe Autorität auf dem Gebiet des
Glaubens und im Fall des Schisma. Die Kardinäle haben
später dem Konzil diese Befugnis zugestanden unter der Bedingung, dass die »Romana Ecclesia«, das Haupt der Kirche
und des Konzils, welche durch das Kolleg vertreten sei, in
allen Reformangelegenheiten, auch bei der Reform der Kurie
und des Kollegs selbst, mit dem Generalkonzil zusammen-
wirke. [2])
    Die Eigenmächtigkeit Zabarellas beschränkt sich that-
sächlich auf die Auslassung jener neun Worte. Und auch
diese mag infolge des noch im letzten Augenblick erfolgten
Kompromisses berechtigt gewesen sein. Der Widerspruch
der Kardinäle hatte sich auch auf diese Worte bezogen. Man
hatte dann in grosser Eile die Beschlüsse geändert; dabei
waren aber jene Worte stehen geblieben, zumal die wenigsten
ein Verständnis für ihre Bedeutung haben mochten. Die Versammlung selbst war wohl über den Kompromiss überhaupt
im Unklaren; derselbe wurde ja nur von den Deputierten voll-

[1]) a. a. O. 88.
•[2]) Hardt II, 291. Ich verstehe nicht, wie Finke (S. 94) angesichts der
10. conclusio und ihres corrolarium sagen kann: »gerade auf eine Präzisierung
der hohen Stellung des Papstes auf dem Konzil kommt es in diesen Kardinal-
thesen an, erst in zweiter Linie wird ihr Recht formuliert«. Das Interesse
des Papstes war damals — und so blieb es bis zur Papstwahl — nur insoweit
massgebend für die Kardinäle, als es sich mit ihrem eigenen deckte. Besonders jetzt handelte es sich nur um dieses.

zogen. Allein jene öffentliche Einsprache Zabarellas erregte ihre Aufmerksamkeit. Und nun wurde es der Versammlung erst klar, dass mit den Dekreten eine Aenderung vor sich gegangen sei. Allgemeine Erbitterung bemächtigte sich ihrer. Man bezichtete Zabarella des absichtlichen Betruges. Er wurde, nachdem die Sitzung noch einigermassen ruhig verlaufen war, von einzelnen aus der Versammlung zur Rede gestellt. Dabei kam es zu heftigen Debatten. Drohungen gegen das Kolleg überhaupt wurden laut. In öffentlichen Flugschriften stellte man den Antrag, die Kardinäle von den Verhandlungen auszuschliessen. [1])

III. Das Verdienst der Pariser Universitätsgesandten.

Als Sigismund vor der vierten sessio einen Kompromiss zwischen Kardinälen und Deputierten durchgesetzt hatte, hoffte er, die Versammlung würde die damit zusammenhängende Änderung der Beschlüsse schweigend hinnehmen. Aber darin hatte er sich getäuscht.

Seit der Flucht des Papstes war ein neuer Geist in die Versammlung gekommen. Bisher hatte man sich mehr oder

---

[1]) Die hier gegebene Darstellung der mit der 4. Sitzung. zusammenhängenden Ereignisse schliesst sich vorzugsweise an die Friedrich Müllers an (Kampf um die Autorität auf dem Konzil zu Konstanz, S. 17—20). Indessen kann ich Müller, ebensowenig wie Steinhausen (Analecta, S. 23 ff.), darin zustimmen, dass Zabarella einen Betrug begangen habe. Müller nennt ihn einen offenbaren Fälscher, obgleich er anerkennt, dass vorher eine geheime Abmachung stattgefunden habe. Diese mit Steinhausen anzuzweifeln, hat man, so lange die von Schelstrate benutzten Vatikanischen Handschriften nicht geprüft sind, kein Recht. Ihm verdanken wir die eingehendsten Nachrichten über die der Sitzung vorausgehenden Verhandlungen mit den Deputierten, insbesondere auch die Nachricht über die Stellung der französischen Gesandtschaft. Wie unberechtigt der Anstoss ist, welchen auch Hefele VII, 103 an dieser Nachricht nimmt, hat meine Darstellung ergeben. Schelstrate ist nicht frei von Irrtümern, aber im allgemeinen ist er seinem Gegner Maimbourg an historischer Akribie überlegen. Der Streit über den Wortlaut der Dekrete der 4. sessio muss ebenfalls zu seinen Gunsten entschieden werden. Vgl. Fr. Müller, S. 22 ff. Anm. 62. Schwab (Joh. Gerson, S. 510) bezieht die Abmachung nur auf den Schluss des ersten und den von Gerson vorgeschlagenen Artikel. Den 2., 3. und 4. Artikel verlegt er in die Vorberatungen zu der V. Sessio. Ganz verkehrt ist, was W. Bernhardt S. 14 hierüber sagt. Ob die Schlussworte des 1. Artikels von jener geheimen Abmachung berührt wurden, kann zweifelhaft sein. Schelstrate gründet seine Mitteilung (Tractatus de sensu etc. S. XL f.) auf Panormitanus und ein Regest des Konzils (in tribus manuscr. Cdd.). Der Widerspruch Zabarellas ist ohne diese Voraussetzung nicht zu verstehen. Der Bericht des Fillastre'schen Tagebuchs, welches schon Schelstrate benutzt hat, ist wieder ganz unklar. Indessen schliesst er einen Betrug Zabarellas aus. Vgl. Finke 171.

weniger bevormunden lassen. Auf der einen Seite hatte der Papst versucht alle Selbstständigkeitsgelüste niederzudrücken, auf der andern war Sigismund durch den Ausschuss dominierend. Dass die Nationalversammlungen als solche einen bestimmenden Einfluss in irgend einer Angelegenheit bisher geübt hätten, ist nicht nachzuweisen. Auch nachdem man sich für die Abstimmung nach Nationen entschieden hatte, blieb es so. Der Ausschuss hatte nach wie vor alles in seiner Hand. Die Versammlungen in Sachen der päpstlichen Zession waren erweiterte Ausschusssitzungen. Erst durch die Vorgänge innerhalb der französischen Nation während der Verhandlungen über die Prokuratorenfrage wurde ein Anstoss zur Hebung der nationalen Korporationen gegenüber dem Ausschuss gegeben. Die französische Nation selbst begann für sich eine Geschäftsordnung auszubilden.

Diese Ansätze würden sich indessen nur langsam entwickelt haben, wenn nicht das Interesse am Konzil plötzlich einen allgemeinen Aufschwung erfahren hätte. Das hatte die Flucht des Papstes zur Folge. Jeder empfand nun mit einem Male die Wichtigkeit seines Bleibens und machte demgemäss Anspruch auf Berücksichtigung. Die neu hervortretenden Fragen waren in den Verhältnissen unmittelbar gegeben; es wurde ihnen daher ein allgemeines Verständnis entgegengebracht. Der Streit über die Ausdehnung des Stimmrechts und über den Modus des Abstimmens war bisher vorzugsweise ein theoretischer gewesen. Jetzt musste er praktisch entschieden werden. Die Konzilsnationen fingen erst jetzt an sich selbstständig geltend zu machen. Die Voraussetzungen dafür waren aber, wie gesagt, sehr schwache. Durch die Nationalversammlungen konnte sich das konziliare Selbstbewusstsein noch keinen Ausdruck verschaffen. Die rechtlichen Organe bedurften noch der Initiative einer geistigen Autorität.

Hatten in den ersten Monaten des Konzils Ailli und Fillastre aus dem Schosse des Konzils gegen den Papst eine Opposition geschaffen, in welcher die Selbstständigkeit des Konzils zum Ausdruck kam, so war es jetzt die Gesandtschaft der Pariser Universität, welche in demselben Sinn wirkte und ein mächtiges Gemeingefühl beleben half, das zunächst gegen Papst und Kardinäle seine Spitze richtete, aber auch gegen Sigismund sich behaupten musste. »Universitas Parisiensis«, schreiben die Kölner am 31. März nach Haus, »bene se habet in negotiis Ecclesiae et habet magnam audientiam. Solent enim in arduis doctores et magistros suae universitatis Constantiae

existentes CC in numero vel plures congregare et de consilio
eorum concludere«.[1]) Dieser Kreis war es, der sofort nach
der Flucht des Papstes Gerson beauftragte in einer öffentlichen
Rede die Prinzipien aufzustellen, welche den Dekreten der 4.
und 5. Sitzung zu Grunde liegen. Es waren alte Gedanken, die G. hier gab. Einst hatten
sie dazu gedient das Konzil von Pisa zu rechtfertigen. Jetzt
hatten sie die Verdammung dieses Konziles zur Konsequenz.
Männern, wie G., blieb diese Diskrepanz unbewusst, denn in
der ereignisvollen Zwischenzeit waren sie selbst umgewandelt
worden. Genug, dass diese Theorieen auf den augenblicklichen
Fall sich anwenden liessen und den kirchlichen, wie politischen
Wünschen sich dienstbar machten.

Dass G. sich jetzt in einem nicht unbedeutenden Gegensatz zu seinem Lehrer Ailli und zu der königlichen Gesandtschaft befand, ist offenbar. Der Artikel des Bischofs von
Toulouse, worin der Papst wegen seiner Flucht als »de fau-
toria schismatis et haereticae pravitatis vehementer suspectus«
bezeichnet wird, wurde auf G.'s Vorschlag unter die für die
4. Sitzung bestimmten Dekrete aufgenommen und in der 5.
Sitzung wirklich publiziert. Die Grundlage für das weitere
Vorgehen des Konzils gegen den Papst war damit gegeben.
Die Verhandlungen, welche nachher noch mit Johann geführt
wurden, waren durch diesen Satz eigentlich ausgeschlossen.[2]) Zu
einem deutlichen Ausdruck kommt dieser Gegensatz zwischen
den Universitätsgesandten und den königlichen in einem Brief,
welchen erstere an ihren König schrieben.

Hardt,[3]) welcher nur den Anfang desselben giebt, verlegt
ihn in die Zeit, wo die Briefe des Konzils an die auswärtigen
Fürsten ausgefertigt wurden. Indessen die Fortsetzung des
Briefes, welche Döllinger aufgefunden hat, macht es klar, dass
der Brief bald nach der 3. Sitzung geschrieben ist. Wir erfahren noch nichts von der weiteren Flucht des Papstes. Die
ersten Beschlüsse des Konzils werden übersandt. Noch ist
man unsicher, zu welchem Resultat die Flucht des Papstes
führen wird. Am Schluss, welcher leider nicht vollständig ist,
heisst es nun: »et cum omni devotione deprecamur attentius,
quatenus vestris oratoribus eadem majestas scribere dignetur
et mandare, quatenus aliis hujus sacrae congregationis nostrae
nationibus se effectualius conformantes, ad hujus loci Constan-

[1]) Mart et Dur. Thes. Nov. II, 1618.
[2]) Trotzdem war die Universitätsgesandtschaft mit der königlichen darin
einig, den Prozess gegen Johann zu hintertreiben.
[3]) Hardt IV, 129—131.

tiensis delectabilis et amoeni mutationem in disturbationem hujus sancti negotii nullatenus velint consentire«.[1]) Wir sehen hieraus: Die königliche Gesandtschaft hatte sich von der Konzilspartei ganz getrennt, insbesondere auch von der französischen Nation.[2]) Sie stand mit den Kardinälen zusammen und war, wie diese, in dem Verdacht, eine Verlegung des Konzils zu beabsichtigen, obgleich der Papst erklärt hatte, gerade auf ihren Wunsch in der Nähe von Konstanz bleiben zu wollen. Die Universitätsgesandten empfanden diese Entfremdung bitter, um so mehr, als sie den vermuteten Plan für den Ruin der ganzen konziliaren Bewegung ansahen. Und musste nicht diese Haltung der königlichen Gesandten vor den Augen der alle Teile des gebildeten Europa umfassenden Vertretung der Christenheit die hochtrabenden Worte Lügen strafen, mit welchen seit 30 Jahren der König von Frankreich seinen Eifer für die Kirche anpries? Musste sie nicht den Ruhm, den sich Frankreich wirklich erworben hatte, wieder auslöschen? Zudem war eine Spannung zwischen den beiden ersten Vertretungen Frankreichs höchst nachteilig für das gemeinsame nationale Interesse, das sie dennoch verband, und für die Universität gefährlich, welche von dem Pariser Hof mehr oder weniger abhängig war. Aber die Haltung der Gesandtschaft war in diesem Fall nur der Ausdruck für die Wünsche der Regierung. So versuchten denn die Universitätsgesandte indirekt auf diese zu wirken. Indem sie die Instruktionen ignorierten, welche mittlerweile angekommen waren und keinen Zweifel über die Tendenz des Pariser Hofes mehr übrig liessen, machten sie in der Beschwerde über die Gesandtschaft der Regierung selbst Vorstellungen.

Zugleich versuchten sie zwischen dem Konzil und Sigismund auf der einen Seite und den Kardinälen und den französischen Gesandten auf der andern zu vermitteln. Sie nahmen an den Verhandlungen vor der 4. Sitzung teil und drangen hier im Einverständnis mit den Gesandten und' den Kardinälen in Sigismund, den Krieg gegen Friedrich von Österreich einzustellen. Von den Kardinälen aber wurde gerade während dieser Verhandlungen der Plan einer Verlegung des Konzils ausdrücklich aufgegeben.

---

[1]) Döllinger, Materialien etc. II, 313 f. Auch Finke hat S. 68 auf diese wichtige, bis dahin unbeachtete Fortsetzung aufmerksam gemacht.
[2]) Das Übergewicht, welches die Gesandten bei jener Reaktion am 19. März erlangt hatten, war also nur ein vorübergehendes. Auch hier fiel die Flucht des Papstes störend ein.

Den Universitätsgesandten werden wir es auch anrechnen müssen, dass jetzt die französische Nation in sich zu erstarken beginnt und, wie das Memorandum der deutschen Nation vom 14. Mai beweist,[1]) bald an innerer Organisation die andern weit überholt hat. Dies Resultat ist bei der oppositionellen Haltung der königlichen Gesandtschaft nicht denkbar ohne ein vermittelndes Element, welches Autorität genug besass, um einen Zusammenschluss zu bewirken. Wie wenig in der That die nationalen Korporationen in dieser Zeit noch zu bedeuten haben, beweisen gerade die von den Universitätsgesandten veranstalteten Versammlungen. Dieselben würden überflüssig gewesen sein, wenn die spätere Geschäftsordnung schon ausgebildet gewesen wäre. Ohne Zweifel hat nun auch der Vorfall. in der 4. Sitzung einen weitern Anstoss gegeben, die vorhandenen Ansätze auszubilden. Zum ersten Mal heisst es von den Dekreten der 5. Sitzung »per singulas quatuor nationes conclusa et deliberata«. Diesem Anstoss aber entspricht es, dass die weitere Entwickelung der Konzilsnationen sich vollzieht, indem die Willkür, welche Sigismund vermittelst des Ausschusses noch übte, immer mehr eingedämmt wird, und die einzelnen Deputierten immer fester an ihre Nation geknüpft werden.

Die vermittelnden Bemühungen der Pariser Universitätsgesandten haben dieser Entwickelung zunächst Vorschub geleistet. Dann aber werden wir sehen, wie die Universitätsgesandten selbst durch politische und Sonderinteressen in einen Gegensatz zu dieser Entwickelung der Nationen getrieben werden. Das Lob, welches der Pariser Universität und ihren Gesandten schon von den Zeitgenossen gezollt wird und seitdem traditionell geworden ist, stammt daher allein aus der Zeit unmittelbar nach der Flucht Johanns. Es gründet sich auf die vermittelnde Haltung der Pariser, welche allerdings den Fortgang des Konzils nicht wenig unterstützt hat. Ohne eine solche vermittelnde Autorität wären höchst wahrscheinlich die in der Versammlung vorhandenen scharfen Gegensätze aufeinandergeplatzt, und ein völliger Bruch wäre unvermeidlich gewesen.

Es ist aber falsch, wenn man den Ruhm der Universität, wie Hardt und nach ihm sämtliche Geschichtsschreiber des Konzils es thun, auf die radikalen Vorschläge gründet, welche in einigen Flugblättern nach der 4. Sitzung laut wurden.[2]) Von

---

1) Hardt IV, 191.
2) Hardt II, 274—288.

diesen rührt nur eins (S. 175 ff. aus dem ersten Teil der Wiener Handschriften) laut handschriftlicher Überschrift von den Parisern her. Dies aber ist ganz doktrinell gehalten. Die andern Überschriften beruhen höchst wahrscheinlich sämtlich auf Kombinationen Hardts, die sich leicht aus dem Inhalt der Schriften widerlegen lassen. Insbesondere ist die Hardt II, S. 179—184 abgedruckte cedula, welcher die grösste Bedeutung zukommt, sicher kein Machwerk Bénoit Gentiens, wie nach Hardt sämtliche Neuere bis auf Lindner behaupten.[1]) Ihr Verfasser ist vielmehr ein Deutscher; und sie ist auch an die deutsche Nation gerichtet. Dieselbe wird zu geschlossenem und standhaften Auftreten gegen die Kardinäle ermahnt. Die Schrift schliesst mit einem Segenswunsch für Sigismund und das Reich. Sie ist aus der durch Zabarellas »Betrug« entstandenen Erregung heraus geschrieben.

Die Pariser Universitätsgesandtschaft war demnach nicht der Herd, aus welchem jene Proteste gegen das Kardinalkolleg hervorgingen. Die Entrüstung, welche das eigenmächtige Verfahren Zabarellas hervorgerufen hatte, konnte ja auch kaum von ihnen geteilt werden; hatten sie doch thätigen Anteil an den vorhergegangenen geheimen Verhandlungen genommen. Sie waren demgemäss in die Abmachungen eingeweiht, welche den Anschluss des Kollegs erst herbeigeführt hatten. Schon die Rücksicht auf die Franzosen im Kolleg aber würde sie von solchen Angriffen abgehalten haben.

IV. Die Krisis.

Die Stellung der Kardinäle wurde immer schwieriger. Nicht nur, dass man am 6. April die Beschlüsse vom 29. März unverkürzt, ja im 4. Dekret sogar mit einer wesentlichen Verschärfung proklamierte, man schloss überhaupt das Kolleg von allen Beratungen aus, teilte ihm erst kurz vor den öffentlichen Sitzungen die Beschlüsse mit und nahm ihm damit jede Möglichkeit der Mitwirkung. Dazu kam, dass die Haltung des Papstes auf die Kardinäle zurückwirkte. Johann hatte jede Direktion verloren. Das heraufziehende Kriegswetter nahm ihm vollends alle Überlegung. Seine Erklärungen widersprachen

---

1) Schwab S. 515 nur mit einem Fragezeichen. Lindner in Zeitschr. für Allg. Gesch. 1885, S. 523 schreibt dieselbe Dietrich von Niehm zu; Erler, Dietrich von Nieheim, S. 451 ff. lehnt diese Hypothese ab. Finke (S. 86 ff.) giebt auf Grund handschriftlicher Studien den gründlichsten Nachweis. Er begnügt sich mit dem Resultat, dass der Verfasser ein Deutscher sein müsse.

sich und kompromittierten ihn und seinen Anhang. Er floh immer weiter, zuletzt bis Neuenburg, aber schliesslich hatte er doch zu lang gezögert. Der Übergang nach Burgund, den er suchte, war versperrt.[1]) Andererseits gingen seine Forderungen zwar herunter, aber sie waren bis zuletzt noch hoch genug, um den Unwillen der durch sein Benehmen auf das höchste gereizten Versammlung rege zu halten.

Dies Benehmen bildete ein schwer zu überwindendes Hindernis für diejenigen, welche den Prozess gegen ihn zu verhüten suchten.

Ausser Ailli und dem Kardinal von Viviers hatten die zu Konstanz anwesenden Kardinäle mit den französischen Gesandten der 5. Sitzung beigewohnt. Wie Schelstrate nach 2 Handschriften berichtet,[2]) hatten sie vor der Sitzung einen Protest aufgesetzt, welcher sich besonders auf das fünfte Dekret über die bisherige Freiheit des Konzils bezog. Den Vorsitz hatte dann Orsini geführt. Der Erzbischof von Reims hatte die Messe zelebriert. Dann verlas der Bischof Andreas von Posen die Dekrete, weil Zabarella sich geweigert hatte (!).[3]) Unter anderm wurde hier schon beschlossen, Johann nach Konstanz zurückzubringen, und Sigismund eine dahingehende Bitte ausgesprochen.

Sigismund erklärte sich zu allem bereit, unter dem Schein grosser Devotion vor dem Konzil. In Wahrheit war es ihm nur darum zu thun, seine Stellung als Protektor des Konzils für den Krieg gegen Friedrich von Österreich möglichst auszunutzen. Er stellte diesen als durchaus notwendig dar, da Johann vielleicht durch Friedrich an freiwilliger Rückkehr gehindert sei. Daneben suchte er die Kardinäle zu verdächtigen: sie seien, wie sein Feldhauptmann Friedrich von Nürnberg von den in Schaffhausen weilenden Kardinälen erfahren habe, insgesamt gesonnen nach Rom zu gehen. Diese vielleicht nicht ganz grundlose Verdächtigung wies Zabarella zurück, indem er zugleich aufs neue den Standpunkt des Kollegs darlegte: halte der Papst an der Zessionserbietung fest — und noch sei das Gegenteil nicht ausgemacht —, so würden sie treu zu ihm stehen, andernfalls würden sie sich lossagen.

---

[1]) Das Tagebuch Fillastres stellt den Papst anfangs als Gefangenen des Herzogs von Oesterreich dar: die Flucht nach Laufenburg vollzieht sich unter seiner Leitung. Die weiteren Reisen bis Neuenburg scheint der Papst dagegen auf eigne Faust unternommen zu haben. Vgl. Finke 170 f. 172 ff.

[2]) Schelstrate a. a. O. 231 f.

[3]) a. a. O. 213. Hardt IV, 101.

Mit dieser Versicherung war dem Konzil wenig genützt. Die Zession hatten einst Benedict und Gregor auch mit grossem Pathos versprochen, aber sie hatten bis dahin den geeigneten Moment noch nicht finden können, um ihr Versprechen auszuführen. Die Mehrheit des Konzils sah in Johann einen Meineidigen. Die schwankende Haltung der Kardinäle war für sie deshalb ein Ärgernis. Besonders Sigismund musste aber schlecht auf sie zu sprechen sein. Sie hatten ihm ja vor der 4. Sitzung die Teilnahme an der Prokuratur zugesagt. Daraufhin hatte Sigismund alles gethan, um jene Vereinbarung durchzusetzen. Nun war dieselbe freilich in der folgenden Sitzung gänzlich umgestürzt worden; allein die Kardinäle hatten ja selbst, wenigstens Zabarella, diese Reaktion veranlasst. Sigismund konnte sie noch immer an ihrem Versprechen halten. Aber sie hatten bis jetzt nichts dafür gethan, und es hatte auch nicht den Anschein, als ob der Papst sich jemals dazu entschliessen würde.

Am Tag nach der fünften Sitzung wurde die Acht über Friedrich von Österreich verhängt, und von Seiten der Nationen die Fortsetzung der laufenden Geschäfte des Konzils, welche durch Johanns Flucht unterbrochen waren, angeordnet. Noch hatte man den Prozess gegen Johann nicht eingeleitet. Vorerst sollte eine Gesandtschaft an ihn abgehen, um ihm als Ultimatum die Form eines Prokuratoriums vorzuschreiben. Die Anerbietungen, welche der Erzbischof von Genua am 13. April überbrachte, hatte man abgewiesen. Die Form, welche in den Beratungen der Nationen festgestellt war und in der sechsten Sitzung bestätigt wurde, nahm dem Papst jegliche Freiheit: es war ihm ein Termin zur Rückkehr gestellt; nur die Wahl zwischen vier Orten zum Aufenthalt hatte man ihm gelassen. Kam er diesen Forderungen nach, dann sollte von einem prozessualischen Verfahren abgesehen werden.

Der Gesandtschaft waren zwei Kardinäle, Fillastre und Zabarella, beigegeben. Die Instruktion wurde am 19. April durch den Patriarchen von Antiochien den Vertretern der deutschen Nation eingehändigt. Diese sollten sie den übrigen mitteilen.[1])

Warum waren die Kardinäle nicht damit beauftragt? Der Grund liegt auf der Hand. Man traute ihnen nicht. Ihre Ernennung war gewiss nicht ohne Widerspruch erfolgt. Dass der Patriarch aber auch an den Vertretern seiner eigenen Nation vorbeiging und die Deutschen mit der Leitung dieser wichtigen

---

[1]) Hardt IV, 140. Vgl. auch Finke 172.

Gesandtschaft betraute, ist um so bedeutsamer, als dieselben ausserdem noch einen besondern geheimen Auftrag erhielten.

In dem Prokuratorium, welches dem Papst zugesandt werden sollte, fällt auf, dass von Sigismund darin gar keine Rede ist und ebensowenig von der Reise nach Nizza, während man doch ursprünglich gerade deswegen Prokuratoren gefordert und Sigismund sehr viel Gewicht darauf gelegt hatte, zu diesen zu gehören. Die verschärfte Form des Prokuratoriums — schon zwei der Ernannten sollten ohne Wissen der andern die Zession ausführen können — offenbart, dass man seitens Sigismunds und seines Anhanges an ein Hinausschieben der Abdankung gar nicht mehr dachte, sondern dem Papst nur die Wahl liess zwischen Annahme jenes Prokuratoriums — und diese kam thatsächlich auf sofortige Abdankung hinaus — und dem Prozess. Im ganzen war die Partei Sigismunds mehr für den letzteren Weg. Allein gemässigtere Elemente wollten diesen vermeiden und den Papst noch immer möglichst schonend behandelt wissen. Ihnen war es zu danken, dass man ihm überhaupt den Weg der Prokuratur noch einmal anbot und auch zwei Kardinäle zur Gesandtschaft hinzuzog.

Wir können nicht zweifelhaft darüber sein, wer die Hauptträger dieser gemässigten Tendenz waren. Die Gesandten der Pariser Universität nahmen auch hier wieder eine vermittelnde Haltung ein. Die Briefe der Universität, deren zwei am 17. April und am 13. Mai zu öffentlicher Verlesung kamen, zeigen, dass die Pariser Universität trotz ihres kirchlichen Eifers für eine schonende Behandlung des Papstes war.[1]) In demselben Mass aber, wie diese Briefe die Intention der Universität offenbaren, legen sie Zeugnis von der Haltung ihrer Gesandten ab, auf deren Bericht sie ja zurückgehen. Der Universität war es vor allem um die Rückkehr des Papstes zu thun. Ueber die wichtigere Frage des Prokuratoriums schweigt sie und spricht nur im allgemeinen von der Zession. Dies ist in den früheren Briefen noch nicht so auffallend, da es ja nach der Flucht vor allem darauf ankam, ob der Papst seinem am 2. März geleisteten Versprechen treu bleiben würde. Allein in einem spätern Brief an das Konzil vom 14. April kann man m. E. zwischen den Zeilen lesen, dass die Universität, so sehr sie sich auf die Seite des Konzils stellt, die radikalen Tendenzen Sigismunds und seines Anhanges missbilligt und deshalb sich so allgemein ausdrückt. Es heisst hier: »Sed recta vestra

---

1) Hardt IV, 123, Bul. V, 283. Vgl. Hefele VII, 110.

consilia per viam Cessionis, quam Dominus ostendit nobis, ad
feliciora dirigantur, ne per devia in animarum perditionem et
tam celebris coetus dispersionem abevietur«. Unter den obwaltenden Umständen kann man unter »devia« nur das pro-
zessualische Vorgehen gegen Johann verstehen.

Einen dritten Ausweg bezeichnet jener geheime Auftrag,
welchen die Gesandten der deutschen Nation von dem Patriarchen bekamen. Es heisst in der Instruktion: »materia re-
nunciationis Papatus ex nunc fiende tantum excepta« [1]) sollen
sie das Uebrige den andern Gesandten mitteilen. Unter der
Hand aber — so scheint es — sollen sie die sofortige Abdankung des Papstes betreiben. Scheinbar hätte das dem
Wunsch der Universitätsgesandten entsprochen. Indessen so,
wie die Zession hiernach gemeint zu sein scheint, lag sie damals im Interesse Sigismunds.

Man hatte ja einigen Grund zu der Hoffnung, dass sich
Johann zu sofortiger Abdankung verstehen würde. Er war
thatsächlich in der Gewalt Friedrichs von Oesterreich. Der
Krieg gegen diesen hatte aber plötzlich eine für ihn höchst
ungünstige Wendung genommen. Er sah sich von allen Seiten
angegriffen. Auch die Schweizer hatten sich erhoben und
waren in seine Lande eingebrochen. Friedrich musste darauf
bedacht sein, den Papst in seiner Gewalt zu behalten: wenn
alles fehlschlug, hatte er an ihm noch ein Mittel, um einen
günstigen Frieden zu machen.

Für den Papst gab es drei Möglichkeiten; entweder den
Krieg mit allen Mitteln fortzusetzen, oder sich der Gewalt des
Oesterreichers durch die Flucht nach Frankreich zu entziehen
— beides hat er versucht —, oder sofort abzudanken und
sich in den Schutz des Konzils zu stellen. Dies letztere wäre
Sigismund das Liebste gewesen: er hätte dann freie Hand
gehabt gegen seinen alten Feind Friedrich von Oesterreich. —

Allein wie, wenn Friedrich den Papst nach Frankreich
hätte entwischen lassen? — Das wäre für Sigismunds Projekt
der Kircheneinigung, an welches sein ganzer Ehrgeiz sich ge-
heftet hatte, sehr nachteilig gewesen. Sobald die Kunde nach
Konstanz gelangte, dass der Papst Versuche mache, über den
Rhein zu kommen, liess Sigismund seine Pläne gegen Friedrich
von Oesterreich fallen und versuchte durch ihn der Person
des Papstes sich zu versichern. Er knüpfte sofort Verhandlungen mit Friedrich an. Als Vermittler bot sich ihm der
Vetter Friedrichs, der Herzog Ludwig von Baiern-Ingolstadt, dar.

---

[1]) Hardt IV, 140.

Es ist nicht sicher, wer die Initiative ergriff, Ludwig oder Sigismund. Vielleicht hatte Ludwig schon vorher sich bemüht, den Frieden zu vermitteln. Er war ja das Haupt der französischen Gesandtschaft, und diese forderte zusammen mit den Kardinälen von Sigismund Einstellung des Krieges. Sie wird sich also wohl auch zur Vermittelung erboten haben. Jedenfalls aber erhielten diese Verhandlungen erst eine aussichtsvolle Wendung, als Friedrichs Lage eine höchst kritische wurde, und zugleich die Gefahr einer weitern Flucht des Papstes entstand.

Ludwig stellte Friedrich brieflich vor, dass seine einzige Rettung in der Versöhnung mit Sigismund bestehe, und dass er in dem Papst dazu ein ausgezeichnetes Mittel besitze; diesen solle er deshalb unter allen Umständen festhalten. Er bot sich an, das Weitere zu vermitteln. Friedrich nahm diese Vermittelung an; und nun kam Ludwig, ausgerüstet mit Vollmachten von Sigismund, am 26. April mit Friedrich in Breisach zusammen.[1])

Der Papst hatte noch bis zum letzten Augenblick versucht, Friedrich zur Fortsetzung des Krieges zu bewegen, indem er ihm seinen ganzen Schatz zur Verfügung stellte. Friedrich soll zwar von diesem Anerbieten ausgiebigen Gebrauch gemacht haben; im übrigen aber liess er sich durch Ludwig von Baiern bestimmen. Als der Papst — wahrscheinlich auf die Kunde davon — noch im letzten Augenblick über den Rhein nach Burgund fliehen wollte, fand er in Breisach, wie in Neuenburg den Uebergang versperrt. In Neuenburg wurde ihm von dem Kommandanten der scheinbar wohlmeinende Rat, nach Breisach zurückzugehen, weil er sowohl jenseit des Rheins, als in der Stadt selbst in Gefahr kommen könne. Er kehrte zurück und wurde in Breisach von Friedrich in Gewahrsam genommen. Nachdem hier zwischen Friedrich und Ludwig ein vorläufiges Abkommen getroffen war, wurde der Papst nach Freiburg gebracht, weil in Breisach wegen der Rheinbrücke die Gefahr des Entkommens zu gross war. — Aber wir haben vorgegriffen. —

Am 19. April hatten die Gesandten des Konzils Konstanz verlassen. Sie trafen den Papst erst am 23. in Breisach, wohin sich dieser mittlerweile von Freiburg aus begeben hatte.

---

[1]) Vgl. Hardt II, 332; Richenthal; ed Buck, 67; Bourgeois, Preuves 344; Finke 173. — Der Zusatz in Fillastres Tagebuch »et qui procurabat pacem ducis Austrie apud regem« spricht dafür, dass Verhandlungen schon vor jenem Gerücht angeknüpft worden waren.

Am 24. fand Audienz statt. Fillastre redete im Namen der Gesandtschaft. Der Papst erklärte offen, er wolle nach Frankreich gehen und dort unter dem Schutz der französischen Regierung die Zession vollziehen; indessen würde er die Anträge der Gesandtschaft in Erwägung ziehen und ihr Antwort geben. Nach der offiziellen Audienz hatte er eine Unterredung mit den zwei Kardinälen allein. Sie suchten ihn zur Annahme des gestellten Prokuratoriums zu bewegen. »Multo magis«, heisst es dann im Tagebuch Fillastres, »persuaserunt, ut de presenti renunciaret papatui facta sibi provisione pro statu et data securitate et libertate ac generali abolicione de hiisque sibi possent opponi«.

Was bewog die beiden Kardinäle, im Sinne jener geheimen Instruktion zu reden? — Zunächst scheint es, dass sie dies nicht auf eigene Faust thaten, sondern im Einverständnis mit der übrigen Gesandtschaft dabei standen. Wie hätten sie auch dem Papst für diesen Fall Versorgung und Sicherheit seitens des Konzils versprechen können? — Andererseits ist aber das sicher, dass die beiden Kardinäle von vornherein dies Programm nicht vertreten haben. Sie haben dasselbe also wahrscheinlich erst in Breisach angenommen: nachdem sie von der Lage des Papstes, der völlig in der Gewalt des Oesterreichers war, sich überzeugt hatten, mochte ihnen sofortige Abdankung als der beste Ausweg erscheinen; und nun ist ihnen das Nähere jener Instruktion von den deutschen Gesandten mitgeteilt worden.

Der Papst liess sich nicht von der Notwendigkeit dieses Schrittes überzeugen. Er war offenbar ganz im unklaren über seine Lage. Am Morgen des folgenden Tages machte er jenen Fluchtversuch. Er dachte auf der Brücke bei Breisach über den Rhein zu kommen. Allein der Zugang war versperrt. Er wurde von Leuten des Herzogs nach Neuenburg geleitet. Hier veranstaltete man einen blinden Lärm, um den Papst zur Rückkehr nach Breisach zu bewegen. In der Nacht trat er in Verkleidung auf einem schwarzen Gäulchen den Rückweg an. Etwas nach Mitternacht erreichte er die Stadt. Hier wurde er von einem Thor zum andern geschickt; erst nach anderthalbstündigem Warten liess man den unglücklichen Mann, der schon zwei Nächte keinen Schlaf genossen hatte, ein. Der eine Fehler seiner übereilten Flucht hatte ihn in diese unwürdige Lage gebracht; seitdem hatte er alle Besinnung verloren. Die Gesandten berichteten sofort über die Flucht nach Konstanz; sie erwähnten, dass Johann nach Burgund zu fliehen beabsichtige, und von dort

ihm Vorschub geleistet würde. Dann gingen sie nach Freiburg
in der Absicht, von da nach Konstanz zurückzukehren. Hier
aber hielt sie ein Bote Herzog Ludwigs zurück; dieser wurde
noch an demselben Tag nebst dem Herzog Friedrich in Freiburg erwartet. Auch die Nachricht von der Rückkehr des
Papstes nach Breisach empfingen sie hier.

Ludwig kam zunächst allein. Er nahm zwei Pariser Universitätsgesandte, Johannes Dachery und Johannes Despars,
welche zur Gesandtschaft gehörten, mit und begab sich nach
Breisach, wo Friedrich seiner wartete. Nach kurzen Verhandlungen nahm hier Friedrich von Österreich die Anerbietungen
Ludwigs an und verpflichtete sich seinerseits zur Auslieferung
des Papstes. Sonnabend den 27. April kamen sie mit dem
Papste nach Freiburg. Schon vorher hatten die beiden Kardinäle und der Bischof von Carcassone im Einverständnis mit
den andern Gesandten beschlossen, die Verhandlungen mit
dem Papst wieder aufzunehmen. Sie hatten sich auf den Weg
nach Breisach begeben, trafen aber den Papst schon unterwegs
und kehrten mit ihm nach Freiburg zurück. Hier setzte ihm
dann besonders der Bischof von Carcassone bis tief in die
Nacht hinein zu, er möge sofort abdanken: Papst könne er
auf keinen Fall bleiben; es gebe nur zwei Möglichkeiten, entweder ehrenvoll abzudanken und eine Versorgung anzunehmen,
oder schimpfliche Absetzung mit persönlicher Gefahr verbunden.

Am folgenden Morgen erklärte sich der Papst bereit, jedoch nur unter der Bedingung, dass der Friede zwischen
Friedrich von Österreich und Sigismund zu stande komme, dass
er selbst Cardinal-Legat und lebenslänglicher Vikar mit allen
päpstlichen Vollmachten in Italien werde, und dass man ihn
an einen freien Ort, in Burgund, Savoyen oder Italien bringe,
um dort die feierliche Abdankung zu vollziehen. Er stellte
darüber den Gesandten eine Urkunde aus.

Diese Abmachung scheint mehr privater Natur gewesen
und unabhängig von den beiden Herzögen getroffen worden
zu sein; denn ausserdem nahm nun der Papst das Prokuratorium, welches ihm vom Konzil als Ultimatum gestellt worden
war, an. Er ernannte nur zu den vom Konzil erwählten noch
drei Franzosen, den Erzbischof von Reims, den Bischof von
Carcassone und den Professor Jean Dachery, als Prokuratoren.
Die Urkunde selbst wurde dem Grafen Berthold Orsini, dem
Sicherheitswächter des Konzils, übergeben, damit nicht eher
von ihr Gebrauch gemacht werden könne, als bis die von
Seiten des Papstes gestellten Bedingungen, vor allem der Friede
zwischen Sigismund und Friedrich, erfüllt seien.

Wir sahen schon, eine sofortige Abdankung des Papstes lag nicht im Interesse des Österreichers: er musste erst im reinen mit Sigismund sein. Er wünschte deshalb, dass der Papst in keiner Richtung zu viel nachgäbe, und sein Wunsch war für Johann Befehl. Dieser hatte sowohl in den offiziellen Verhandlungen als in jenen privaten sich so verklausuliert, dass das Interesse Friedrichs gewahrt blieb. Ludwig von Baiern verfolgte als Friedensvermittler dasselbe Interesse.

Auffallend ist nun, dass ein Gesandter Frankreichs, der Bischof von Carcassone, im Einverständnis mit den beiden Kardinälen — und wie es scheint, hinter dem Rücken der beiden Fürsten — alles aufbot, um dennoch den Papst zu sofortiger Abdankung zu bewegen. Nachdem ihr erstes Projekt, die Wiedervereinigung von Papst und Konzil aussichtslos geworden war, konnte ihnen nur noch daran liegen, den Papst aus seiner unwürdigen Lage, in der er ein Werkzeug Friedrichs war, zu befreien und vor weitern kompromittierenden Schritten sowohl, als vor dem Schimpf des ihm drohenden Prozesses zu bewahren. Was Fillastre und Zabarella am 24. nicht geglückt war, gelang jetzt auch ihnen nicht. Johann gab den Österreicher nicht preis; er mochte für seine Person fürchten, so lange er noch in der Gewalt des Herzogs sich befand.

Inzwischen war aber in Konstanz eine Wendung eingetreten, welche alle diese Verhandlungen mit dem Papst überflüssig machte. Die Kunde von dem Fluchtversuch des Papstes in Breisach hatte hier den Sieg der Radikalen entschieden. Man ging daran, den Prozess gegen den Papst einzuleiten. Als am 1. Mai nach Ablauf der ihr gestellten Frist von 12 Tagen die Gesandtschaft nach Konstanz zurückkehrte und sofort gehört zu werden verlangte, liess man sie bis zum folgenden Tage warten. Erst kurz vor der Sitzung, welche auf diesen Tag anberaumt war, in welcher die öffentliche Vorladung des Papstes und seiner Anhänger beschlossen werden sollte, statteten die Gesandten dem König und den Deputierten Bericht ab; insbesondere wurde die Urkunde, in welcher der Papst sofortige Abdankung zugesagt hatte, vorgelegt. »Set omnia illa improbavit. Deputati nihil dixerunt, set visi sunt omnia contemnere et pro nihilo habere«, heisst es in Fillastres Tagebuch. Die Messe, welche die Sitzung einleitete, hatte schon begonnen.[1]

---

[1] Die Darstellung dieser Krisis beruht vorzugsweise auf dem anschaulichen Bericht des Tagebuchs Fillastres (Finke 172—175). Daneben habe ich den des Diarium Victorinum (Bourgeois, a. a. O. Preuves) benutzt, welcher in den Einzelheiten ungenauer dennoch manche Ergänzungen bietet.

V. Ludwig von Baiern-Ingolstadt, das Haupt der französischen Gesandtschaft.

Schon am 30. April waren die beiden Vettern, Ludwig und Friedrich, in Konstanz eingetroffen. Am 5. Mai fand die feierliche Versöhnung zwischen diesem und Sigismund in Gegenwart einer grössern Vertretung des Konzils statt. Sigismund hatte nach der Flucht des Papstes den Schwur gethan, mit Friedrich keinen Frieden machen zu wollen. Die Doktoren des Konzils mussten jetzt dies Bedenken weg demonstrieren.[1]) Er konnte aber um so eher auf die Befriedigung seiner Rache durch einen Krieg verzichten, als Friedrich jetzt völlig in seinen Händen war. Der Papst, der in Anklagezustand versetzt war, konnte ihm keinen Vorteil mehr gewähren. Friedrich hatte ihn dem König ausliefern müssen. Er hatte diesem zugleich alle seine Lande übergeben und versprochen, so lange in Konstanz als Geissel zu bleiben, bis sie dem König gehuldigt hätten. Dies Versprechen benutzte nun Sigismund, um den Herzog in einer langen, schimpflichen Gefangenschaft zu Konstanz festzuhalten.

Das Verdienst, dies zu stande gebracht zu haben, gebührt im wesentlichen dem Herzog von Baiern-Ingolstadt. Er durfte sich insbesondere rühmen die Flucht des Papstes nach Burgund verhindert zu haben;[2]) ihm war es zu danken, dass jetzt der Papst in der Gewalt des Königs war, und so das Werk der kirchlichen Union eine ungeahnt günstige Wendung erhalten hatte.

Sigismund konnte nicht umhin, dem Herzog seine Dankbarkeit zu beweisen. Es heisst in einer burgundischen Quelle,[3]) dass Ludwig damals bei ihm und seiner Gemahlin alles vermöchte. Sigismund hat sogar an eine Familienverbindung mit dem reichen Wittelsbacher gedacht. »Am 4. Juni 1415 stellte

---

[1]) Darum drehten sich wahrscheinlich die geheimen Verhandlungen, von welchen das Tagebuch Fillastres (Finke 176) berichtet.

[2]) Archiv für Kunde österr. Geschichtsquellen XV, 21. — Dass übrigens Ludwig in den besten Absichten für Friedrich von Oesterreich handelte, ist nicht zu bezweifeln. Die Gefangenschaft desselben war von ihm nicht beabsichtigt. Sie ist mit ein Grund dafür gewesen, dass er sich später von Sigismund wieder abwandte. Vgl. Aschbach II, 280 ff. Leider lässt sich nicht feststellen, ob Ludwig von seinem Vetter um Vermittelung angegangen wurde, oder ob er schon in ein Einverständnis mit Sigismund getreten war, als er sich an den Osterreicher wandte. Aschbach II, 77 f. spricht sich für das erstere aus, ohne aber einen Anhaltspunkt in den Quellen zu haben. Mir ist das letztere wahrscheinlicher, vgl. oben S. 189. Aber ich muss annehmen, dass jene geheime Instruktion hinter dem Rücken Ludwigs von Sigismund an die Konzilsgesandtschaft erging in der Absicht, seine Bemühungen zu durchkreuzen.

[3]) Gers. op. V, 384.

er ihm eine mit den Siegeln des Nürnberger Burggrafen Friedrich und mehrerer ungarischer Grossen versehene Verschreibung
von dreiundzwanzigtausend Ducaten aus, wovon die grössere
Hälfte für verfallenen Jahrgehalt, das übrige für empfangenes
Anlehen bezeichnet war«.[1])
In demselben Mass, als Ludwigs Wirksamkeit Sigismund
zu verpflichten geeignet war, bedeutete sie aber eine Abweichung von der jüngsten französischen Kirchenpolitik. Und
das tritt schon während der Freiburger Verhandlungen in dem
Verhältnis Ludwigs zu den französischen Mitgliedern der Konzilsgesandtschaft hervor. Einerseits wirkt der Bischof von
Carcassone, ein Mitglied der königlichen Gesandtschaft, deren
Haupt Ludwig ist, hinter dessen Rücken im Einverständnis mit
den beiden Kardinälen dem Interesse des Herzogs und seines
Vetters entgegen, andererseits ist es bedeutsam, dass Ludwig
gerade zwei Gesandte der Pariser Universität zu den Verhandlungen mit Friedrich von Österreich hinzuzog. Hätte er das
Interesse der französischen Regierung im Auge behalten, so
hätte er jedenfalls die Auslieferung des Papstes an Sigismund
verhindern müssen. Dass er dies nicht that, dass er vielmehr
die Auslieferung vermittelte, beweist einen Umschlag in seiner
Haltung. So ist er nicht mehr mit den übrigen Mitgliedern
der Gesandtschaft gegangen, sondern hat sich — seine Interessen
verboten ihm die Verbindungen mit Frankreich überhaupt ab-
zubrechen — zu der Mittelpartei geschlagen, welche hauptsächlich von den Pariser Universitätsgesandten vertreten wurde.[2])
Dieser Umschlag erhält seine Beleuchtung erst durch die
Ereignisse in Paris.
Hier stand noch immer der Dauphin an der Spitze der
Regierung. Die andauernde Gesundheit des Königs hatte ihn
in dieser Stellung befestigt. Als dieser anfangs April aber
krank wurde, war es dem Dauphin durch eine List gelungen,
seine ihm nun doppelt lästigen Vettern aus Paris zu entfernen.[3])
Er hatte sie nach Melun entboten zu Beratungen mit der
Königin. Als sie hier beschäftigt waren, eilte er nach Paris

---

[1]) Aschbach II, 280. H. Simonsfeld (»Analekten zur Papst- und Konzilien-
geschichte im 14. und 15. Jahrhundert«. Abh. der k. baier. Ak. d. W. III. Cl.
XX,1. München 1891) hat mehrere Briefe, besonders einen Schuldbrief des
Patriarchen von Antiochien an Ludwig über 23000 Goldgulden vom 29. Juni
1415, entdeckt, welche auf diese Angelegenheit mehr Licht werfen.

[2]) Vielleicht ist schon das energische Eintreten des Bischofs von Carcassone für sofortige Abdankung des Papstes während der Freiburger Verhandlungen auf diesen Umschlag zurückzuführen. Vgl. S. 192.

[3]) Monstrelet III, 296 ff.

zurück und erliess von dort den Befehl, dass keiner von ihnen ohne eine Aufforderung des Königs oder von ihm selbst dorthin zurückkehre. Die Fürsten gingen daraufhin in ihre Länder auseinander. Nur der Graf von Richemont blieb in Paris. Hier liess nun der Dauphin vor den Vertretern der Stadt ein neues Regiment ankündigen, welches im Gegensatz zu der Misswirtschaft der früheren Regenten dem Verfall der öffentlichen Finanzen Einhalt thun sollte. Er inaugurierte diese neue Ära damit, dass er die grossen Schätze seiner Mutter, welche in Paris bei drei Bürgern niedergelegt waren, aufheben und in sein Palais bringen liess. Unter andern Umständen würden alle Patrioten dies Unternehmen mit Freuden begrüsst und dem neuen Regiment sich angeschlossen haben. Allein die Person des Dauphin gab zu Hoffnungen keinen Anlass. Von ihm war ein Regiment, wie es die Patrioten ersehnten, nicht zu erwarten. Und jener Staatsstreich hatte nur den Erfolg, dass der leichtsinnige Prinz sich ungehindert seinen Ausschweifungen hingeben konnte. Paris nahm die neue Botschaft schweigend hin. So haben auch Männer, wie Gerson, sich wenig um diese Herrschaft gekümmert. Wir werden im Gegenteil sehen, dass G. gerade seit diesem Ereignis alle Rücksichten, die ihm seine Stellung als königlicher Gesandter auferlegte, hintansetzte. Insbesondere mag aber Ludwig von Baiern hierdurch bestimmt worden sein, die bisherigen Bahnen zu verlassen; hatte sich doch der Dauphin einen nicht zu entschuldigenden Eingriff in die ,Rechte seiner Mutter, der Schwester des Herzogs, zu Schulden kommen lassen. Ludwig musste dies um so mehr empfinden, als er in den letzten Jahren seinem Neffen besonders nahe gestanden hatte. Die Entfremdung, welche daraufhin eintrat, führte zu einem Abbruch aller Beziehungen. Ludwig hörte vorläufig auf Gesandter von Frankreich zu sein.[1])

---

[1]) Für diese Thatsache stütze ich mich auf einen Brief der Universität an Ludwig von Baiern, welchen Jourdain, Index chronolog. S. 237, als Bruchstück mitteilt. Dieser lässt ihn infolge völliger Unkenntnis an Ludwig von der Pfalz, den Schirmvogt des Konzils während der Abwesenheit Sigismunds, gerichtet sein, und datiert ihn aus dem August 1415. Eine solche Verwechselung beider Personen hat schon Maimbourg begangen. Der Brief ist natürlich an Ludwig, den Bruder der französischen Königin, gerichtet und stammt aus dem Ende 1416 oder Anfang 1417. Ich werde in dem 2. Teil meiner Untersuchung ihn näher zu datieren versuchen. In diesem Schreiben wird Ludwig gebeten, sich der französischen Interessen auf dem Konzil wieder anzunehmen (in demselben Sinn hat er schon einen Brief des Königs empfangen): er sei dazu besonders geeignet, weil er in der Nähe von Konstanz eine Machtstellung habe, »et mesmement au concille avez esté présent autrefois, portant les fais et affaires de ce royaume«.

VI. Die Rehabilitation des Kardinalkollegs.

In der 7. Sitzung am 2. Mai wurde die Anklage gegen Johann formuliert, seine Zitation ausgefertigt, und ein Geleitsbrief für ihn von Sigismund ausgestellt. Die Konstitution des Konzils als selbstständiger oberster Gerichtshof der Christenheit hatte sich damit erst vollzogen. Am 4. Mai wurde endlich auch die Abstimmung nach Nationen vollständig durchgeführt: die einzelnen Deputierten gaben namens ihrer Nationen in der öffentlichen Sitzung das Placet ab.[1]

Was sollte nun das Kardinalkolleg für eine Stellung zu dem Konzil einnehmen? — Diese Frage wurde jetzt brennend. Im April hatten die Kardinäle in einer Reihe von Thesen das Recht des Kollegs auf den Vorsitz und die Leitung der Verhandlungen des Konzils gegen die Angriffe, welche damals laut wurden und die Ausschliessung des Kollegiums forderten, zu begründen versucht. Man hatte sie zurückgewiesen mit dem Hinweis nicht nur auf die durch das Schisma geschaffene ausserordentliche Lage, sondern auch auf das kaiserliche Recht früherer Zeiten, wo Synoden gegen Papst und Kardinäle über die wichtigsten Angelegenheiten entschieden hatten.[2] — Inzwischen waren die Kardinäle bescheidener geworden. Man hatte sie fast ganz zurückgedrängt, kaum dass sie die Vorlagen kurz vor der sessio mitgeteilt bekamen. Ihre Beteiligung am Konzil wäre nur eine nominelle gewesen, hätten sie nicht indirekt auf alle Weise ihren Einfluss geltend gemacht. Es war eine grosse Klugheit, dass die Mehrzahl von ihnen fort und fort den öffentlichen Sitzungen beiwohnten. Sie traten jetzt nur noch mit dem Anspruch auf, wenigstens die Rechte einer Nation auszuüben.[3] Die Begründung mit dem Hinweis auf die kleine Zahl der Engländer mag den Franzosen, wie Ailli und Fillastre, besonders geläufig gewesen sein. Das Kolleg erntete wiederum eine schroffe Abweisung: es hiess, die Kardinäle

---

[1] Dass indessen der Geschäftsgang noch nicht vollständig ausgebildet war, der Patriarch von Antiochien gestützt auf die Deputierten vielmehr noch immer ziemlich willkürlich verfuhr, darüber belehrt der unten zur Besprechung kommende Vorfall bei der Verlesung der Dekrete gegen Wiklif. Es ist auch bemerkenswert, dass der Bischof von Toulouse, ein erbitterter Gegner Johanns, in demselben Mass aber Parteigänger des Patriarchen von Antiochien und seines Anhangs, in dieser Session Vertreter der französischen Nation war, diese aber, über die in Oxford verdammten wiklifitischen Sätze nicht unterrichtet, gegen ihre Aufnahme in das Dekret protestierte. Hardt IV, 152 ff.

[2] Hardt II, 288 f. Die Autorschaft Aillis ist nicht ausgeschlossen, in diesem Zusammenhang aber irrelevant.

[3] Schelstrate a. a. O. 233 f. Finke 175.

möchten den einzelnen Nationen sich anschliessen, denen sie
ihrer Herkunft nach angehörten. — Was sollten sie nun thun? — Blieben sie ganz fort, so
stand ihre Existenz auf dem Spiel. Die Teilnahme an den
Verhandlungen aber unter jener Bedingung war für sie nicht
annehmbar. Die Mehrzahl hatte trotzdem der folgenden Session
beigewohnt. Ihr Ältester führte wie immer den Vorsitz und
gab namens der ganzen Versammlung sein Placet ab vor dem
der einzelnen Deputierten.[1])
Ailli hatte schon seit der 4. Session sich zurückgezogen.
Möglich, dass Krankheit ihn zunächst abgehalten hatte. Allein
er war auch nicht gewillt, seiner Würde als Kardinal in irgend
welcher Weise etwas zu vergeben. Er war entschieden das
geistige Haupt des Kollegiums und fühlte sich als solches.
Den wachsenden Ansprüchen des Konzils gegenüber hielt er
sich in vornehmer Zurückgezogenheit. In der 5. Session am
6. April hatte man die Kommission in Sachen Wiklifs und
Hus' neu besetzt, und am 9. April liess man Ailli, dem der
Vorsitz in der neuen Kommission geblieben war, die Aufforderung zukommen, den Prozess weiter zu führen.[2]) Ailli
versprach zwar über die Lehre Wiklifs Bericht zu erstatten;
die Führung des Prozesses aber wies er an die Juristen Fillastre und Zabarella gemäss der Teilung der Geschäfte, die
in der alten Kommission stattgefunden hatte. Nun gehörte
aber Zabarella gar nicht zu der neu bestellten. Ailli ignorierte
also thatsächlich die Anordnung, welche das Konzil kraft eigener
Autorität getroffen hatte. Das Konzil scheint diese Nicht-
achtung empfunden zu haben. In der folgenden Sitzung am
17. April wurde eine neue Kommission ernannt, welche nur
aus Deputierten der Nationen bestand.[3]) Derselben wurden
die Berichte der alten Kommission, an deren Spitze eben Ailli,
Fillastre und Zabarella gestanden hatten, zugewiesen. Die
Kommission vom 6. April wurde ignoriert. Auch nachher,
als in der 8. Sitzung am 4. Mai Wiklifs Lehre und Person
verdammt wurde, ist von ihr keine Rede. Sie war also durch
die Ernennung der zweiten Kommission thatsächlich aufgehoben

---

[1]) Eine gute Zusammenstellung aller auf die Geschäftsordnung bezüglichen
Nachrichten giebt F. Stuhr, »Die Organisation und Geschäftsordnung des Pisaner und Konstanzer Konzils« Berl. Diss. 1891; allein erst im Zusammenhang
mit der übrigen Konzilsgeschichte können dieselben Verständnis gewinnen.
[2]) Hardt IV, 104.
[3]) a. a. O. 118. — Tschackert a. a. O. S. 223 hat die Bedeutung der
Antwort Aillis übersehen. Seine Erklärung, dass die zweite Kommission nur
zur Kontrolle der erstern eingesetzt sei, ist nicht wahrscheinlich.

worden. Es mag mit dieser Änderung zusammenhängen, dass Fillastre, welcher der am 6. April ernannten Kommission auch angehört hatte, gegen die Aufnahme von 260 zu Oxford verdammten Sätzen Wiklifs in das Dekret protestierte.[1]) Man musste diesem Protest nachgeben, da auch die französische Nation erklärte, von diesen Sätzen noch nichts erfahren zu haben. Die Sätze wurden daher erst am 6. Juli gleichzeitig mit den husitischen verdammt. — So waren Ailli und mit ihm Fillastre und Zabarella auch für die Glaubensangelegenheiten ausser Wirksamkeit gesetzt. Die Niederlage der Kardinäle war damit eine vollständige. Um so auffallender ist es nun, dass der 11. Session am 25. Mai sämtliche in Konstanz anwesende Kardinäle, auch Ailli beiwohnen, und dass hier der Kardinal von Viviers, der Präsident des Kollegs, welcher bisher nur namens des Konzils sein Placet ausgesprochen hatte, dies nun in seinem und seiner Kollegen Namen thut; darauf sprechen die einzelnen Vertreter der Nationen ihr Placet. Und dieser Gebrauch wird in allen folgenden Sitzungen beibehalten. Das Kollegium hatte also jetzt erlangt, was ihm noch am 2. Mai verweigert worden war. Es hatte eine besondere Stimme neben denen der Nationen und zudem den Vorrang in der Abstimmung.

Schon vor dieser Session verraten uns deutliche Anzeichen, dass den Interessen des Kollegiums von irgend einer Seite her eine Förderung zu teil wurde, welche seine Autorität wesentlich hob und schliesslich jenen Erfolg in der 11. Sitzung erreichte. Bedeutsam ist es schon, dass Ailli, der sich bis dahin von jedem öffentlichen Auftreten ferngehalten hatte, am Himmelfahrtstag den 9. Mai diese Zurückgezogenheit aufgiebt und in Gegenwart des Königs und der gesamten Geistlichkeit des Konzils die Messe zelebriert.[2]) Während man in der letzten Zeit das Kolleg bei allen Kommissionen übergangen hatte, werden in der 9. Session am 13. Mai Giordano Orsini und Fillastre zu Vorsitzenden der Kommission ernannt, welche das Zeugenverhör gegen Johann leiten sollte.[3]) Fillastre referierte schon am 14. Mai in dieser Sache, und auf seine Ausstellung hin wird in dem Suspensionsdekret gegen Johann die Anklage auf Häresie gestrichen. Aber noch mehr: Den Kardinälen musste ja die Beteiligung an dem Prozess gegen Johann sehr

---

1) Hardt IV, 152. 191.
2) Bourgeois a. a. O., Preuves S. 355.
3) Nach Cerretan wird Zabarella schon am 11. Mai in eine Kommission gewählt, welche die Streitigkeiten zwischen Polen und Preussen beilegen soll. Hardt IV, 164.

peinlich sein. Sie haben sich in der That bis zur 9. Session aktiv nicht daran beteiligt. An diesem Tag fand das erste Zeugenverhör unter Leitung der beiden Kardinäle statt. Erst in der 10. Session nahmen zwei Kardinaldiakonen an der zum 3. Mal wiederholten Vorladung Johanns teil. Zabarella, der eine von ihnen, stattete darüber Bericht ab. Diese Änderung möchte ich auf ein Abkommen zurückführen, welches um diese Zeit mit den Kardinälen getroffen wurde.[1]) Danach sollten fünf von ihnen zu Johann gehen und von ihm die Zustimmung zu seiner Absetzung erbitten. Es heisst ausdrücklich: nicht im Namen des Konzils, sondern nur des Kollegs. Das ganze war eine reine Form,[2]) aber für die Kardinäle, welche ja auf jede Weise den Prozess hatten abzuwenden versucht, nicht unwichtig. So gingen sie denn, ehe sie am 25. Mai ihr Placet zu der Anklageschrift gegen Johann gaben, zu diesem und erhielten von ihm die schriftliche Zustimmung zu dem Prozess.

Schon aus der Mitteilung Schelstrates erhellt, dass Sigismund hierbei eine besondere Rolle spielte. Er traf jenes Abkommen unter Hinzuziehung der Deputierten, und auf ihn werden wir es auch zurückzuführen haben, dass die Kardinäle die Rechte einer Nation erlangten, welche ihnen von den Nationen selbst waren versagt worden. Denn ohne eine solche Vermittelung ist dieser Erfolg nicht zu erklären. Dass aber Sigismund mit Hülfe des Ausschusses noch immer ein selbstständiges Regiment zu führen versuchte, und es ihm unter Umständen möglich war, eine Anordnung, wie die Rehabilitation der Kardinäle durchzusetzen, wird durch andere Beispiele, bei denen er weniger glücklich war, bezeugt.

Wir bemerken in dieser Zeit wiederholte Spuren von Differenzen zwischen Sigismund und der Majorität der Nationen. Sigismund erlaubte sich Eingriffe in ihre Rechte; die Nationen aber hatten sich schon kräftig genug entwickelt, um dies nicht immer zu dulden. Ein solcher Eingriff wurde in der 10. sessio abgewiesen; und gelegentlich der Petitschen

---

[1]) Schelstrates Mitteilung (tract. de sensu etc. 235) »inter haec rex, cardinales et deputati pluresque alii tractaverunt materiam etc.« lässt es zweifelhaft, wann dasselbe stattfand. »Inter haec« bezieht sich zunächst auf das Zeugenverhör, welches nach dem 14. Mai begann. Indessen steht nichts im Weg, diese Worte auf den ganzen vorhergehenden Bericht zu beziehen, da innere Gründe es fordern. — Hardt hat die Gesandtschaft der Kardinäle mit der offiziellen Gesandtschaft des Konzils, welche nach der 12. Session an Johann abgesandt wurde, verwechselt. Vgl. Hefele VII, 136, der aber von der Bedeutung dieser Gesandtschaft nichts zu berichten weiss. Hardt IV, 257. 273.

[2]) Scheltrate 235: »et ex abundanti renuntiaret«, sc. Johannes papa.

Angelegenheit werden wir etwas Ahnliches bemerken. Der Ausschuss (Deputiertenversammlung) war ja dem Einfluss Sigismunds leicht zugänglich. An seiner Spitze stand noch immer der Patriarch von Antiochien, die rechte Hand Sigismunds. Seine Stellung war eine ausnahmsweise: bisweilen ist er Vertreter der französischen Nation, noch öfter aber nimmt er ganz ohne diese Funktion — als Präsident des Ausschusses etwa — eine selbstständige leitende Stellung ein. So kam es denn nicht allzu selten vor, dass von dem Ausschuss das Programm für eine sessio festgestellt wurde, ohne dass die Nationen über seinen Inhalt bis in das einzelne hinein orientiert waren. Und mit dieser eigentlich unrechtmässigen Selbstständigkeit des Ausschusses, welche noch ein Erbteil aus seiner Anfangszeit war, wird es auch zu erklären sein, dass die Kardinäle plötzlich wieder Sitz und Stimme im Konzil erlangten.

Die Nationen haben sich hiergegen nicht aufgelehnt, aber dass man keineswegs gewillt war die Konsequenzen aus diesem Zugeständnis zu ziehen, zeigen die Verhandlungen über die Reise nach Nizza, welche um diese Zeit geführt wurden. Dieselben zeigen andererseits, dass die Kardinäle, wenn sie sich auch vorläufig mit dem Rang einer Nation begnügten, ihre Praetensionen dennoch nicht aufgegeben hatten.

Aufs neue tauchte jetzt, wo der Prozess gegen Johann beinahe entschieden war, und die Abdankung Gregors bevorstand, die Frage auf, wer Sigismund nach Nizza begleiten sollte. Die Verlängerung des Termins für die verabredete Zusammenkunft, um welche Sigismund aufs neue den König Ferdinand von Arragonien angegangen hatte, war noch nicht zugestanden. Möglicherweise hätte man schon im kommenden Monat die Reise antreten müssen. Am 14. Mai wurde in einer Deputiertenversammlung über die Gesandtschaft, welche nach Nizza gehen sollte, beraten, ohne dass man zu einem Beschluss kam. Die Kardinäle hatten ihre Vorstellung vom März bei Sigismund erneuert. Sigismund wies sie wieder an die Deputierten. Da kaum eine andere, als diese Frage streitig sein konnte, so möchte ich annehmen, dass man seitens der Deputierten schon am 14. Mai eben hierüber verhandelte. Es bestand unter ihnen keine Neigung, den Kardinälen auch hierin nachzugeben. Nachdem das Kolleg mit den Rechten einer Nation ausgestattet war, hätte man ihnen die Beteiligung an der Gesandtschaft nicht mehr versagen können; allein man liess sie ganz ohne Antwort. Daraufhin gaben nun die Kar-

dinäle am 28. März einen Protest zu Protokoll [1]), worin jede
Verantwortung für etwaige Verzögerung der Gesandtschaft
oder Nichtbeteiligung an derselben abgelehnt wurde.
Von einer Antwort der Deputierten hören wir auch jetzt nichts.
Vielmehr wurde ohne Rücksicht auf die Kardinäle am 10. Juli
in der 16. Sitzung die Gesandtschaft ernannt.

Es könnte auffallend erscheinen, dass Sigismund in dieser
Sache keinen Finger rührte, zumal er, wie sich noch klarer
herausstellen wird, mit dem Kolleg, wenigstens mit den
leitenden Persönlichkeiten, jetzt in gutem Einvernehmen stand.
Indessen soweit mochte wohl sein Vertrauen noch nicht gehen,
um bei der schwierigen Mission, welche er vorhatte, die Mitwirkung der ein selbstständiges Interesse vertretenden Kardinäle für wünschenswert zu halten. Er konnte noch nicht vergessen haben, dass ihn die beiden Hauptfranzosen des Kollegs
schon einmal im Stich gelassen hatten. So schob er in dieser
Angelegenheit die Deputierten vor.

Bei diesen, wie bei den Nationen war aber die Abneigung gegen das Kolleg zu gross, als dass man sich aus freien
Stücken hätte entschliessen können, in dieser wichtigsten Vertretung des Konzils ihnen einen Platz einzuräumen. Das Selbstgefühl der Versammlung war mächtig gewachsen. Man fühlte
sich durchaus als das oberste Tribunal der Christenheit. Die
Kardinäle aber vermieden es fort und fort, diesen Ansprüchen
nachzugeben. Sie haben sich niemals dazu verstanden, die
Autorität der Nationen anzuerkennen. Nur zu Verhandlungen
mit ihnen haben sie sich herabgelassen. Bezeichnend für dies
Verhältnis ist nun gerade jener Protest.

Die »cedula protestationis«, welche sie in der Deputiertenversammlung vorlegten, war nämlich nichts weniger als ein
Protest gegen diese. Ein solcher hätte ja die Anerkennung
der von den Nationen beanspruchten Autorität in sich geschlossen. Sie benutzten dazu vielmehr die Instruktion, nach
welcher kurz vorher ihre Abgesandten bei Sigismund vorstellig
gewesen waren. Sigismund hatte sie an die Deputierten gewiesen. Diese hatten ihnen keinen Bescheid gegeben. Das
Recht ihrer Beteiligung voraussetzend, verwahrten sie sich nun
für den Fall, dass, wenn man sie nicht zeitig genug benach-
richtige, durch sie eine Verzögerung der Abreise entstehen,
oder die Beteiligung an derselben nicht zustande kommen
könnte. Durch die Benutzung der Instruktion zu dem Protest

[1]) Hardt IV, 264—266.

war jede Beziehung desselben auf die Deputierten als legitime Instanz ausgeschlossen. [1])

VII. Orléans und Burgund auf dem Konzil.

Die Rehabilitation des Kollegs geht auf Sigismund zurück; sie ist die Folge einer Annäherung, welche zwischen Sigismund und den Kardinälen stattgefunden hatte. Schon vor der vierten Sitzung bemerkten wir ein Entgegenkommen des Königs: derselbe war eifrig bemüht, die Kardinäle mit den Deputierten auszusöhnen, und er brachte wirklich noch im letzten Augenblick einen Kompromiss zustande. Allein dieser scheiterte wieder, und nun trat zwischen König und Kardinälen eine Spannung ein, welche sich von Tag zu Tag verschärfte. Sigismund schürte selbst noch die Erregung, welche unter den Nationen gegen das Kolleg bestand. — Um so dringender verlangt nun die erneute Annäherung, welche wir konstatieren mussten, eine Erklärung. Wir bedürfen dazu eines vermittelnden Elementes und finden dasselbe in den Pariser Universitätsgesandten und in Ludwig von Baiern - Ingolstadt.

[1]) Die Instruktion behandelt auch die Frage über den stellvertretenden Protektor des Konzils. Sigismund scheint schon damals den Pfalzgrafen Ludwig in Aussicht genommen zu haben. Das Kolleg ist mit dieser Wahl einverstanden, wenn Ludwig vorher der Obedienz Gregors feierlich entsagt und den Kardinälen die entsprechenden Sicherheiten gewährt. Andernfalls empfehlen sie den Burggrafen von Nürnberg. —

Zu obiger Auffassung des Protestes der Kardinäle bin ich geführt worden durch die noch weiter zu begründende Beobachtung, dass Sigismund in der ersten Hälfte des Mai wieder Fühlung mit den Kardinälen gewinnt. Daraus schloss ich, dass der scheinbar gegen Sigismund gerichtete Protest eine andere Beziehung haben müsse, und fand einen weiteren Anhaltspunkt dafür in dem Widerspruch, welcher zwischen den Worten des Protokolls »prout et quemadmodum in quadam schedula, quam ibidem produxerunt, cujus tenor inferius est insertus, plenius continetur« und der cedula selbst besteht. — Die Annäherung zwischen Sigismund und dem Kolleg findet aber eine weitere unzweifelhafte Bestätigung durch die Haltung der Kardinäle in dem Prozess gegen Hus. Wenn man weiss, welches Interesse Sigismund an dieser Sache nahm und wie er bis zuletzt den Wunsch hatte, Hus zu retten, so wird man Aillis und Zabarellas eifrige Bemühungen, Hus zu einer befriedigenden Erklärung zu bewegen, nur auf ein schon bestehendes Einvernehmen mit Sigismund zurückführen können. Andererseits aber offenbart gerade dieser Prozess, welche Rücksicht Sigismund auf die Nationen nehmen musste. — Vgl. besonders W. Berger, Johann Hus und König Sigismund. Augsb. 1871, VI Abschn. Tschackert, V Abschn. cp. III, hat den Einfluss Sigismunds in dieser Sache ganz unberücksichtigt gelassen. Er begnügt sich, den philosophischen Gegensatz zwischen Ailli und Hus, wie er in dem Verhör hervortritt, darzustellen. Um so auffallender aber ist Aillis versöhnliche Haltung gegen Hus.

Ob die Universitätsgesandten an der Schwenkung beteiligt waren, welche Ludwig von Baiern, das bisherige Haupt der französischen Gesandtschaft, machte, bleibt uns verborgen. Bei Sigismund wirkten offenbar auch selbstständige Motive dazu, den Wittelsbacher an sich zu ziehen. Jedenfalls aber hat Ludwig, der ja bisher mit den französischen Kardinälen zusammengestanden hatte, die Annäherung des Kollegs an Sigismund nicht wenig befördert. Es war nicht zufällig, dass jene Förderung in der Stellung der Kardinäle zum Konzil eintrat, nachdem Ludwig in der Unterwerfung Friedrichs von Oesterreich unter Sigismund und in der damit verbundenen Auslieferung des Papstes an das Konzil einen — wenn auch zweifelhaften — Triumph gefeiert hatte.

Wir glaubten eine Entfremdung zwischen ihm und der französischen Gesandtschaft, sowie ein Einverständnis mit.den Universitätsgesandten schon während der Freiburger Verhandlungen zu bemerken. Andererseits aber bezieht sich die Annäherung Sigismunds an das Kolleg vorzugsweise auf die beiden Franzosen Ailli und Fillastre. Darin erhalten wir eine Bestätigung für die Annahme, dass die Pariser und der Bruder der französischen Königin es waren, welche die Aussöhnung bewerkstelligten. In jenen beiden Kardinälen fanden sie kraft des nationalen Interesses, das jetzt eine immer grössere Rolle in der Versammlung zu spielen begann, einen natürlichen Anknüpfungspunkt. Der liberale Zabarella gesellte sich dazu.

Diese Verschiebung der Parteiverhältnisse war, wie wir schon Gelegenheit hatten zu bemerken, mit einer gewissen Spannung zwischen Sigismund und der Majorität des Konzils verknüpft. Wir dürfen noch andere Momente hiermit in Zusammenhang bringen, welche geeignet sind, den Charakter jener Verschiebung klar zu stellen und über die Opposition einiges Licht zu verbreiten. [1])

Zunächst bemerken wir in dieser Zeit zum ersten Mal Differenzen unter den Kardinälen. Ihre Haltung war ja schon nach der Flucht Johanns keine durchaus einheitliche gewesen, indessen das gemeinsame Interesse war hier schliesslich doch so stark, dass ein Bruch, der so leicht hätte entstehen können, vermieden wurde, und die Kardinäle dem Konzil gegenüber in ihren Erklärungen geschlossen auftraten. Jetzt entstand in öffentlicher Sitzung am 13. Mai ein Streit. [2]) Es handelte sich

---

[1]) Eine volle Bestätigung werden diese Aufstellungen erst im letzten Kapitel erfahren.

[2]) Hardt IV, 166 ff. Römische Quartalschrift 1887, II. Finke, »Zwei Tagebücher über das Konstanzer Konzil« S. 56 f.; Forschungen und Quellen 176 f.

darum, wer von den Kardinälen an der während der Sitzung stattfindenden öffentlichen Vorladung Johanns teilnehmen sollte. Hierfür gab es zwei Möglichkeiten: entweder ging von jedem ordo des Kollegs einer, also im ganzen 3 — dies hatte der Bischof von Posen vorgeschlagen, welcher in dieser sessio als Lektor fungierte — oder es gingen die beiden jüngsten Kardinaldiakonen. Der letztere Modus wurde in der folgenden Sitzung gehandhabt. Einigen von den Kardinälen scheint es nun anstössig gewesen zu sein, ohne weiteres der Anordnung jenes Bischofs zu folgen. Zunächst erhob der Kardinal de Challant Einspruch. Als darauf eine längere Pause entstand, erhob sich Fillastre und fragte, ob denn der Bischof sich auf einen Beschluss des Konzils berufen könne. Der Kardinal von Bar suchte dagegen diese Anordnung auf Grund seiner langjährigen Erfahrung zu verteidigen; aber der Kardinal von Pisa widerlegte ihn mit dem Hinweis auf das letzte Konzil, das einzige, welches sie alle mitgemacht hätten, wo ebenfalls zwei Diakonen dieses Amt gehabt hätten. Der Streit drehte sich um eine reine Förmlichkeit; allein er beansprucht schon einige Wichtigkeit dadurch, dass in öffentlicher Sitzung Differenzen unter den Kardinälen hervortreten. Indessen scheint auch eine Prinzipienfrage sich damit verbunden zu haben. Der Einwurf Fillastres, auf dessen Wichtigkeit das Tagebuch nur aufmerksam macht durch die Worte »dicebat a se vel aliqui sibi vicini hoc suggerebant«, enthielt eine Berufung auf die Geschäftsordnung. In ähnlicher Weise hatte derselbe Fillastre schon in der 8. Sitzung Protest erhoben; auch in der 10. Sitzung am 14. Mai machte er eine Ausstellung. Leider bleibt es aber unklar, was er mit jenem Einwurf bezweckte; nur so viel erhellt, dass durch denselben die Debatte wieder in Fluss kam, indem sie wohl eine neue Wendung erhielt.

Das Schicksal Johanns war entschieden. Der Papst, dem viele der Kardinäle den Purpur verdankten, war bald nicht mehr. Ein Band, welches den Zusammenschluss des Kollegs bisher nicht am wenigsten befördert hatte, hörte damit auf. Nun brechen unter den Kardinälen Differenzen aus in öffentlicher Sitzung bei einer Frage, die doch nur rituell war. Und ein Franzose unter ihnen, derselbe, welcher schon vorher in öffentlicher Sitzung gegen die Ueberschreitung der Geschäftsordnung protestiert hat, giebt dem Streit die entscheidende Wendung. Dürfen wir nicht schliessen, dass national-politische Interessen wiederum, wie in den ersten Monaten des Konzils, durch den Purpur hindurch eine verschiedenartige Färbung des Kollegiums zustande bringen? —

In die 10. Sitzung vom 14. Mai fällt ein anderer bedeutsamer Streit. [1]) Die Suspension, welche man vorläufig über Johann verhängen wollte, nahm ihm zugleich das Recht, Benefizien zu verleihen. Und nun entstand die Frage, wer vorläufig über die Benefizien verfügen sollte. Sofort regte sich bei den Pariser Universitätsgesandten die Befürchtung, dieses Recht möchte, wie 1406 die französische Nationalsynode bestimmt hatte, auf die Bischöfe übergehen. Die Universität hatte aber genugsam erfahren, dass sie sich bei diesem Modus schlecht stand. Die Gesandten machten daher sofort auf diese Gefahr aufmerksam und erklärten nur unter der Bedingung ihre Zustimmung zu dem Dekret geben zu wollen, wenn in einem Zusatz diese Folgerung ausgeschlossen und dem Konzil das Recht der Verleihung zugewiesen würde. Das Suspensionsdekret sollte schon in der 8. sessio publiziert werden, aber man schob es zu reiferer Ueberlegung auf die folgende auf. Inzwischen hatten die Pariser bei Sigismund und dem Patriarchen die Aufnahme jenes Zusatzes durchgesetzt. Und der Patriarch, welcher in der 10. sessio die Verlesung der Dekrete übernahm, las die »cauda Parisiensium« mit vor. Allein sofort erhob sich Widerspruch in der Versammlung. Als erster protestierte energisch der Bischof von Carcassone, einer der französischen Gesandten! Auch er berief sich auf die Geschäftsordnung: die Klausel sei in den Versammlungen der Nationen nicht beraten und gehöre deshalb nicht in das Dekret. Andere stimmten zu, und so wurde sie gestrichen, obgleich Bénoit Gentien nun auch öffentlich gegen die Folgerung, welche man aus dem Suspensionsdekret ziehen könnte, protestierte. Man einigte sich dahin, dass die Suspension zwar in Kraft treten solle, jene Frage aber bis zu weiterer Beratung und Beschlussfassung offen gelassen werde.

Wir thuen hier einen Blick in die Entwickelung der Konstanzer Geschäftsordnung, wie ihn kaum ein anderes Ereignis dieser Zeit so deutlich gewährt. Das war noch möglich, dass ein unter den Nationen beratenes und festgestelltes Dekret vor der Publikation von Sigismund und seinem Adjunkt eigenmächtig durch einen wichtigen Zusatz verändert wurde. Und nun wie bedeutsam, dass dies gerade zu Gunsten der Pariser geschieht. Welchen Einfluss müssen diese Gesandten bei Sigismund gehabt haben, dass er um ihrer Zustimmung willen ein Wagnis unternahm, das ihm schon in der 4. sessio nicht

1) Hardt IV, 187; Finke 177.

geglückt war. Es wird hier bestätigt, was wir schon aus andern Anzeichen folgerten, dass die Pariser Universitätsgesandtschaft sich durch ihre Vermittelungspolitik Sigismund in hohem Grad verbunden hatte, und dass bei jener Koalition Sigismunds und Ludwigs von Baiern, sowie bei der Annäherung zwischen Sigismund und seinen Kardinälen, insbesondere den französischen, diese Politik der Universität Triumphe feierte. Es ist nun andererseits gerade bei diesem Fall interessant zu beobachten, welche Elemente sich in der Opposition gegen die Pariser vereinigen. Zunächst lässt der Berichterstatter, ein eifriges Mitglied der deutschen Nation, welcher den ausführlichsten Bericht hierüber giebt, deutlich durchblicken, dass er selbst zu jener Opposition gehört. Mit seiner Gesinnung, welche ein deutliches nationales Gepräge trägt, wird er unter seinen Landsleuten nicht allein gestanden haben. Das Auftreten des Bischofs von Carcassone aber, insbesondere seine Berufung auf die Beratungen der Nationen lässt darauf schliessen, dass auch in der französischen Nation· die Majorität nicht auf Seiten der Pariser stand.

Einst hatten die Universitätsgesandten bei ihrer Regierung darüber Klage geführt, dass die königliche Gesandtschaft von den übrigen Nationen sich fern halte und im Widerspruch gegen sie eine Verlegung des Konzils betreibe. Jetzt vertritt eines der rührigsten Mitglieder der königlichen Gesandtschaft das Interesse dieser selben Nationen gegen die Universitätsgesandten. Dieser Umschlag kann nicht nur durch das Standesinteresse bewirkt sein, welches allerdings an der Entscheidung dieser Frage einen hervorragenden Anteil nahm; es musste dazu noch jene Verschiebung der Parteiverhältnisse kommen, welche das Haupt der französischen Gesandtschaft mit Sigismund verband und von den Bahnen der bisherigen französischen Kirchenpolitik abführte. Welchen Einfluss dies auf die bischöflichen Mitglieder der Gesandtschaft übte, davon wissen wir direkt nichts. Aber wenn am 13. Juni der Dauphin die Universität beschuldigt[1]: »Quis ad tantae temeritatis vos inducit audaciam, ut sine consensu nostro papam destitueritis?« so ist dies nur auf den Bericht der inzwischen heimgekehrten königlichen Gesandten zurückzuführen und offenbart, wie sie die bisherige Haltung der Universitätsgesandten zu Konstanz beurteilten. Die Anklage des Dauphin ist vielleicht von eigener Uebertreibung nicht frei. Aber mindestens haben jene doch

---

[1] Relig. V, 700.

die Universitätsgesandten mit verantwortlich für die Entwickelung der Parteiverhältnisse in Konstanz gemacht, welche zu
einer völligen Niederlage der französischen Kirchenpolitik geführt hatte und den französischen Gesandten nicht nur ihr bis-
heriges Haupt, sondern dann auch die Unterstützung der beiden
ersten französischen Kardinäle entzog.

Übrigens war die Haltung der Gesandten keine einheitliche. Pierre de Versailles und Guillaume Beauneveu, ebenfalls
Mitglieder dieser Gesandtschaft, haben gleich Gerson gelegentlich der Erneuerung des Petitschen Prozesses ihre Stellung als
königliche Gesandte aufgegeben. Es ist uns nichts darüber
bekannt, wie weit sie vorher an der Durchführung der französischen Kirchenpolitik beteiligt gewesen, ob sie die Opposition der Kardinäle unterstützt oder ob sie von Anfang an der
vermittelnden Haltung zuneigten, welche ihre Universitätsgenossen beobachteten. Jetzt schlug jedenfalls das Interesse der
Universität und der mit ihr verbundenen orleanistischen Partei
durch und trieb sie in eine Bahn, welche den Wünschen des
Pariser Hofes nicht entsprach.

Der Bischof von Carcassone hatte in den Freiburger Verhandlungen noch mit Fillastre zusammen den Papst zu freiwilliger Abdankung zu bringen versucht. Wir dürfen annehmen:
sie verfolgten damals ein Ziel. In der 10. Sitzung am 14. Mai
erheben beide einen Protest. Aber schon ist es nicht mehr
ein Ziel, welches sie verfolgen: während Fillastre an der
Koalition Sigismunds und der Universitätsgesandten einerseits,
Ludwigs von Baiern und des Kollegs andererseits beteiligt ist,
steht der Bischof — so dürfen wir mit Wahrscheinlichkeit
sagen — schon auf Seiten der Opposition. Sein Protest gegen
den Zusatz der Pariser ist ein bischöflicher, aber zugleich ein
politischer. Er ist um so bedeutsamer, als er nicht vereinzelt
blieb, sondern in der Versammlung sich fortsetzte und schliesslich gerade an einer Stelle zu einem gewichtigen Ausdruck
kam, wo er für Sigismund am unangenehmsten sein musste, —
in der deutschen Nation.

In einer Versammlung der deutschen Nation wurde noch
an demselben Tag eine Denkschrift[1]) vorgelegt, welche mit
besonderer Berücksichtigung solcher Eingriffe in die Rechte
der Nationen die völlige Ausgestaltung der Geschäftsordnung
proponiert. Erst hier wird ein fester Zusammenhang zwischen
den Nationen und ihren Deputierten gefordert, und eine Kontrolle

---

[1]) Hardt IV, 190 ff.

für letztere angeordnet. Ebenso soll die Abstimmung innerhalb der Nationen einheitlich geregelt werden. Nächst ihrer
Bedeutung für die Geschichte der Konstanzer Konzilsnationen
ist diese Denkschrift ungemein interessant durch ihre Beziehungen
zu den Parteiverhältnissen. Indem sie direkt auf die eigenmächtigen Eingriffe Sigismunds Bezug nimmt, bedeutet sie einen
Angriff gegen diesen. Sigismunds willkürliches Regime hatte
einen festen organischen Zusammenschluss der Deputierten und
ihrer Nationen nicht aufkommen lassen, während ein· solcher in
der französischen Nation mit Erfolg wenigstens angestrebt
wurde. Hier hatte man durch die Regelung der Abstimmung
die notwendige Grundlage dafür schon geschaffen. Die französische Nation wird deshalb in jener Denkschrift als Muster
hingestellt. — Jedenfalls bezeugt diese Akte, dass auch die
deutsche Nation in einer gewissen Opposition gegen Sigismund
sich befand.

Wenn wir in dieser Richtung jetzt einen festern Zusammenschluss der Nationen sich vollziehen sehen, bei welchem auch
die französische Nation beteiligt ist, so werden wir hier in den
burgundischen Elementen die Seele der Opposition sehen dürfen.
Denn im Bunde mit Sigismund trat jetzt auf, was orleanistisch
in Konstanz gesinnt war. Es konnte nicht ausbleiben, dass
dieser politische Gegensatz, welcher die Geschicke Frankreichs
bestimmte, nun auch in der französischen Nation des Konzils
hervorbrach und von da aus sich verbreitete.

Schon am 30. April hatte sich infolge einer Mitteilung
der Konzilsgesandten aus Freiburg die Anklage gegen Johann
von Burgund erhoben, dass er die Flucht des Papstes begünstigt und Hülfe für ihn bereit gehalten habe.[1] Seine Gesandten suchten ihn damit zu entschuldigen, dass er von den
jüngsten Beschlüssen des Konzils noch nicht unterrichtet gewesen sei. Er selbst musste in einem Brief vom 15. Mai[2] an
die französische Nation die Wahrheit der Anklage zum Teil
eingestehen. Er rechtfertigte sich damit, dass er dem Papst
den schuldigen Gehorsam nicht hätte versagen können, so
lange er über die wirkliche Bedeutung der Flucht nicht unterrichtet gewesen sei; so bald dies geschehen, und zwar durch zwei
Briefe, deren einer ihm durch den Bischof von S. Pont, der
andere durch seinen eigenen Rat, den Abt von S. Jean zu
Reims, überbracht worden sei, habe er sich sofort auf Seite

---

[1] Bourgeois a. a. O. 344.
[2] a. a. O. 359 ff.

des Konzils gestellt. Wenn wir einem Gerücht trauen können, das Peter von Pulka am 27. April referiert,[1]) so erhielt Johann zugleich mit dem Hülferuf des Papstes eine Botschaft von Konstanz mit der Bitte, den flüchtigen Papst entweder nicht aufzunehmen, oder wenn dies schon geschehen, ihn festzuhalten. Vielleicht war es eben jener Abt, der eilte ihn von der Lage in Konstanz zu unterrichten und von der Gefährlichkeit einer Unterstützung Johanns zu überzeugen. Der Herzog habe daraufhin den Boten des Papstes abgewiesen. Allein der Papst würde schwerlich die weitere Flucht nach Neuenburg unternommen haben, hätte er nicht Anlass gehabt, noch immer auf den Herzog von Burgund zu hoffen. Und das schien ja sicher, dass den Papst am andern Ufer des Rheins eine ansehnliche burgundische Reiterschaar erwartet hatte.[2]) Johann von Burgund hatte daher alle Ursache bei dem Konzil sich zu entschuldigen; zumal seine Gegner — Gerson und dessen Pariser Freunde — diese Gelegenheit sich nicht entgehen liessen und zu weiteren Anklagen benutzten.[3]) Ihnen schloss sich nun auch Ludwig von Baiern an.

Anfang Juni liefen neue Briefe des Burgunders ein — einer an die französische Nation, ein anderer an Sigismund —, worin er gegen Verleumdungen Ludwigs sich verteidigt.[4]) Dieser habe, wie ihm berichtet sei, öffentlich vor dem Kaiser ihn samt dem Dauphin und dem Grafen von Savoyen eines Mordanschlages gegen Sigismund beschuldigt. Ludwig veranlasste nun Sigismund mit ihm in die Versammlung der französischen Nation zu gehen und eine Aufklärung zu geben: zunächst habe vielmehr Friedrich von Österreich selbst, welcher vom Papst, dem Urheber jenes Anschlages, mit in das Vertrauen gezogen worden wäre, dem König davon Mitteilung gemacht, ihn behufs näherer Auskunft aber an Ludwig von Baiern gewiesen; dieser sei nun erst von dem Österreicher genauer unterrichtet worden und hätte dann nur referiert, was Friedrich ihm mitgeteilt habe. Der Bischof von Dol und zwei Pariser Universitätsgesandte bestätigen das letztere.[5]) Die Anklage wurde dadurch ganz

[1]) Archiv f. K. öster. G. XV, 20. Vgl. Aschbach II, 77.
[2]) Bourgeois a. a. O. 344.
[3]) G. op. V, 650 ff.
[4]) a. a. O. 343 ff.
[5]) a. a. O. 347 ff. Nach dem Tagebuch Fillastres (Finke 177 f.) erzählt Ludwig dem König nur, was er von Friedrich gehört hat. Das wird der wahre Sachverhalt sein. Derselbe ist nur von Sigismund in der obigen Weise verunstaltet worden, um Ludwig aus der Affaire zu ziehen. Uebrigens wird im Tagebuch statt Bavarie (Finke 178, Z. 7 v. o.) Austrie zu lesen sein.

auf Friedrich zurückgeführt und erhielt nun, da dieser mit Burgund in Verbindung gestanden hatte, mehr Gewicht. So war es wohl beabsichtigt; und an diesem Eindruck konnte auch nicht viel mehr ändern, dass der Kardinal von Viviers und der Erzbischof von Vienne für die Treue der beiden Verleumdeten eintraten. Nach anderem Bericht hatte Ludwig die Anklage in Gegenwart Friedrichs vor Sigismund zur Sprache gebracht.[1]) Jedenfalls war Friedrich von Österreich an der Anklage gegen Johann von Burgund indirekt beteiligt. Er, der jetzt gänzlich hülflos war, sah in dem mächtigen Baiernherzog seine einzige Stütze und liess sich von ihm als Werkzeug gebrauchen. Ludwigs Feindschaft gegen Burgund, unter dessen Regime er vor zwei Jahren in schimpfliche Haft gekommen, war aber jetzt nicht mehr an politische Rücksichten gebunden. Die Regierung des Dauphin hatte ja einen seinen Interessen feindlichen Charakter angenommen; mit Undank hatte der Neffe seine Bemühungen belohnt. Was sollte Ludwig hindern, nun seiner Neigung zu folgen und die Politik der französischen Regierung aufgebend sich völlig der Partei anzuschliessen, von welcher er sich für das Interesse seiner Schwester, das mit dem seinen eng zusammenhing, am meisten versprechen konnte? Er machte nicht nur mit Sigismund Frieden, sondern verband sich auch mit den orleanistisch gesinnten Pariser Universitätsgesandten. Und nun galt es den bisherigen ihm aufgedrungenen Bundesgenossen bei dem Konzil möglichst in Misskredit zu bringen. Der Hass, den die Briefe Burgunds gegen ihn atmen, war also nicht unmotiviert: Ludwig war — das dürfen wir trotz jener Verteidigung in der französischen Nation sagen — der Anstifter dieses ganzen gegen Johann gerichteten Manövers.

Sigismund bestimmten verschiedene Gründe den Intentionen Ludwigs und der Pariser entgegen zu kommen. Abgesehen davon, dass der reiche Baiernherzog für den immer um Geld verlegenen König ein begehrenswerter Bundesgenosse war, sicherte ihm diese Verbindung auch das Kardinalkolleg, wenigstens den angesehensten Teil desselben. Eine förmliche Lossagung der Kardinäle von dem Konzil hätte doch gefährlich werden können; eine solche war aber noch Anfang Mai nicht ausgeschlossen. Sie wurde — so dürfen wir vermuten — hauptsächlich durch die Vermittelung Ludwigs von Baiern vermieden. Das Kollegium nahm vollzählig an der Absetzung Johanns teil. Ailli, der Bedeutendste unter ihnen, der seit der

---

[1]) Brief eines Karthäusers vom 19. Mai. Mart. et Dur, Thes. nov. II, 1634.

4. sessio von allen Geschäften des Konzils sich ferngehalten hatte, tritt wieder auf. In der Untersuchung gegen Hus kommt er den Interessen Sigismunds auf das entschiedenste entgegen. Bei der heranwachsenden oppositionellen Selbstständigkeit der Konzilsnationen aber war diese Fühlung mit den Kardinälen für Sigismund nicht unwichtig. Eine andere wichtigere Rücksicht kam hinzu, um Sigismund der orleanistischen Koalition zuzuführen. Die Reise nach Nizza stand bevor. Wollte er Erfolg haben, so kam nicht wenig auf die Haltung Frankreichs an. Auf wen aber sollte Sigismund hier rechnen? — Der Dauphin hatte seiner Kirchenpolitik entgegengearbeitet; auf ihn war auch kein Verlass. Johann von Burgund hätte beinahe den Papst dem Machtbereich des Königs entführt und damit alle bisherigen Erfolge seiner Kirchenpolitik in Frage gestellt; überdies gehörte er zu seinen Gegnern im Reich. Die Orleans, mit denen Sigismund schon verbündet war, die seinen kirchenpolitischen Wünschen am meisten entgegengekommen waren, sind die einzigen, auf welche er rechnen konnte. Sie musste er sich ganz zu verbinden suchen. In diesem Sinn ist sein Auftreten in der französischen Nationalversammlung am 4. Juni zu deuten.[1]) Seine Haltung in dem Petitschen Prozess wird diese Überlegung vollends bestätigen.

VIII. Rückblick.

Überblicken wir noch einmal, bevor wir diesem Prozess uns zuwenden, die bisherige Entwickelung der Konstanzer Parteiverhältnisse.

Die Opposition, welche schon vor der ersten Sitzung gegen Johann XXIII sich geltend machte, fand in Peter von Ailli eine mächtige Stütze. In Verbindung mit Fillastre und französischen Prälaten und Doktoren wurde von ihm der Unionsgedanke begründet und ausgeführt. Die einleitenden Schritte geschehen auf seine Anregung hin im Einverständnis mit Sigismund. Fillastre führt den in der Versammlung schlummernden

---

[1]) Wie sehr die deutschen Verhältnisse mit in diese Angelegenheit verwickelt waren, zeigt folgender Umstand: Als bald nach jenem Auftritt in der französischen Nation die angekündigten burgundischen Gesandten kamen und in einer Audienz bei Sigismund die Ankläger ihres Herzogs als Lügner brandmarkten, entstand, angestiftet von Ludwigs Anhang, ein Tumult. Der Pfalzgraf bei Rhein und der Vetter Ludwigs, Heinrich von Baiern, mit dem er später jenen unheilvollen Streit hatte, nehmen gegen jenen die burgundischen Gesandten in Schutz. Friedrich von Nürnberg muss nachher zwischen den Parteien Friede stiften.

Gedanken aus, dass auch Johann zur Zession verpflichtet sei;
Ailli unterstützt ihn.

Allein die Entwickelung selbstständiger Konzilsnationen
auf Grund einer Vertretung des Konzils, bei welcher die Kardinäle ausgeschlossen waren, und die damit verbundene englisch-deutsche Koalition, von welcher sich Sigismund ganz
einnehmen lässt, entfremden die beiden französischen Kardinäle
der Unionspartei. Die Verhandlungen über die Prokuratur und
die damit zusammenhängende Gesandtschaft nach Nizza entscheiden ihren Übertritt in das päpstliche Lager.

Die inzwischen eingetroffene französische Gesandtschaft
schliesst sich ihnen an, nachdem unter dem Eindruck der von
England drohenden Gefahr der Friede mit Burgund zu stande
gekommen, und der Dauphin wieder an die Spitze der Pariser
Regierung getreten war. Der Papst, welcher sich zur Zession
bereit erklärt hatte, weigert sich Prokuratoren zu ernennen.
Sigismund mit dem Ausschuss der deutschen, englischen und
französischen Nation beruft sich auf die Majorität des Konzils.
Allein von den Kardinälen unterstützt, erhebt sich aus der
französischen Nation eine Reaktion gegen ihren durch den
Patriarchen von Antiochien neugebildeten Ausschuss. Die französischen und burgundischen Gesandten reichen hier einen Vorschlag ein, welcher dem Papst die Selbstständigkeit wahrt.

Die völlig übereilte Flucht des Papstes am folgenden Tag
ändert die Lage. Zwar bleibt die Opposition der französischen
Kardinäle und der mit ihnen verbundenen königlichen Gesandtschaft vorerst bestehen. Allein die Pariser Universitätsgesandten, welche anfangs die Unionspartei entschieden unterstützt,
dann eine vermittelnde Stellung eingenommen hatten, treten
jetzt hervor und übernehmen die geistige Leitung der Versammlung. Johannes Gerson, der sich ganz zu ihnen hält,
legt in seinen Thesen den Grund für die Superioritätsdekrete
des papstlosen Konzils. Zugleich aber sind die Pariser bemüht,
eine Einigung zwischen den Kardinälen und den königlichen
Gesandten einerseits, Sigismund andererseits zu stande zu bringen.
Johanns unstäte Haltung befördert diese Bemühung.

Den Ausschlag giebt, dass Ludwig von Baiern, das Haupt
der französischen Gesandtschaft, — wohl vorzugsweise infolge
der jüngsten Gestaltung der Pariser Verhältnisse — die Bahn
der burgundisch-französischen Kirchenpolitik verlässt. Er vermittelt die Auslieferung des Papstes an das Konzil und die
Unterwerfung Friedrichs von Österreich unter den römischen
König. Das Schicksal Johanns ist damit entschieden. Aber

nun entwickeln sich in der Versammlung die politischen Gegensätze. Wiederum treten die französischen Kardinäle Ailli und Fillastre in ein Verständnis mit Sigismund. Ludwig von Baiern und die Pariser Universitätsgesandtschaft [1]) vermitteln eine Koalition, die schliesslich durchaus orleanistischen Charakter trägt. Die burgundischen Elemente, welche ihr entgegenstehen, finden eine Stütze in der Opposition, die im Gros der Nationen gegen Sigismund sich gebildet hatte und seiner Willkür Grenzen zu setzen suchte. Wir haben mit der Charakterisierung der letzten Phase dieser Entwickelung schon vorgegriffen. Die Verhandlungen über Jean Petits Irrlehre, denen wir uns jetzt wieder zuzuwenden haben, werden dieselbe erst recht verdeutlichen.

---

[1]) Die Gesandtschaft der Universität Paris tritt (trotz ihrer nationalen Gliederung) während des ganzen Verlaufs der oben gezeichneten Entwickelung durchaus als geschlossene Grösse auf. Ihre Bildung scheint demnach ganz von dem orleanistischen Parteistandpunkt aus erfolgt zu sein. Vgl. S. 150.

Viertes Kapitel.

Der Prozess des Jean Petit über den Tyrannenmord in seiner ersten Phase auf dem Konstanzer Konzil.

I. Das Schicksal der burgundischen Appellation.

Schon vor Arras im August 1414 war die Petitsche Angelegenheit zwischen den burgundischen Bevollmächtigten und dem Dauphin zur Sprache gekommen. Wie in den übrigen Streitpunkten, so war auch hier eine friedliche Beilegung in Aussicht genommen. In den Verhandlungen des Januar und Februar 1415 gab dieselbe neben der Ausdehnung der Amnestie in erster Linie Anlass zu besondern Abmachungen. Man hatte seitens des Pariser Hofes in einem der Gräfin von Hainaut übersandten Entwurf zugegeben,[1] dass der König die Angelegenheit weiter zu verfolgen beabsichtige, und an Burgund die Forderung gestellt, er solle sich nicht als Partei aufwerfen, sondern seinen Gesandten auf dem Konzil befehlen, in dieser Sache nicht weiter vorzugehen. Dafür sollte ihm von Seiten des Pariser Bischofs und des Inquisitors die Versicherung gegeben werden, dass seine Person geschont würde. Die burgundischen Bevollmächtigten gaben sich indessen hiermit nicht zufrieden; sie verlangten die gleiche Haltung von dem Hof. Man willfahrte ihnen auch hierin; und so ging an die königlichen Gesandten zu Konstanz der Befehl ab »ne persequantur materiam ut actores«. Indessen behielt man sich vor, dass wenn die Person des Königs irgendwie in den Prozess gezogen würde, »ipsum necessario comparere oporteret«. Vor-

---

[1] Relig. V, 418 ff.

läufig sollten aber beide Teile der ergangenen kirchlichen Entscheidung sich fügen, nachdem Burgunds persönliche Ehre durch eine Erklärung des Pariser Bischofs sicher gestellt worden war.[1]) Am 13. März wurde die Instruktion an die Konstanzer Gesandten ausgefertigt; eine gleiche ging am 14. von Dijon ab. ,Die beiderseitigen Gesandten tauschten Abschriften aus.[2]) Ohne Zweifel hatte bei dieser Abmachung der Pariser Hof den Kürzern gezogen. Denn nachdem die Appellation Johanns von Burgund gegen das Pariser Urteil von der Kurie aufgenommen und die Untersuchung eingeleitet war, durfte Burgund erwarten Recht zu bekommen. Allein Sigismund setzte es durch, dass der Appellationsprozess suspendiert wurde. Er wollte alles wegräumen, was die Unionsangelegenheit hindern konnte; mit sicherm Blick hatte er diese als die Hauptaufgabe des Konzils erkannt. Ebenso liess er die Untersuchung gegen Hus, welche ihm so sehr am Herzen lag, zurückstehen. Auch der Papst konnte nicht gegen jene Suspension sein, nachdem sich die Aussicht eröffnet hatte, dass auch die französische Regierung auf seiner Seite stehen würde. Er musste froh sein, diesen Prozess los zu werden, der nur geeignet war, ihm einen oder den anderen Teil, die er beide jetzt so nötig hatte, zu entfremden. So wurde das Zeugenverhör, welches die vom Papst eingesetzte Kommission schon begonnen hatte, wieder eingestellt. Erst nach Sigismunds Abreise wurde dieser Prozess wieder in Bewegung gesetzt.[3])

II. Gersons erste Versuche.

Merkwürdigerweise trafen die Interessen der Häupter der Christenheit, des Papstes und des Kaisers, darin zusammen, dass die Predigt des Tyrannenmordes ausser Verfolgung gesetzt wurde. Aber lange sollte diese Konstellation nicht an-

---

[1]) Der Bericht des Mönches (V, 518 f.) ist unklar. Die Worte »ambassatoribus Rome nunc existentibus« sind wohl durch die Verwirrung zu erklären, welche cap. 36—39 von cap. 25 getrennt hat, und also aus der Sphäre des cap. 25 heraus zu verstehen.

[2]) Jordan Morin und Wilhelm Beauneveu überbrachten die königliche Instruktion. Dass nur der letztere in der Urkunde als königlicher Gesandter bezeichnet wird, beruht wohl auf einer Ungenauigkeit des Ausdrucks. Die Sendung dieser beiden Professoren der Theologie beweist, dass die französische Regierung doch auf alle Fälle für die Verteidigung gerüstet sein wollte. G. op. V, 342.

[3]) a. a. O. 355. 650.

dauern. Der Papst floh; und nun musste sich zeigen, ob in der Versammlung der Geist der Wahrheit waltete, welcher allein ihren Bestand sichern konnte.

Mit hohem Enthusiasmus ging Gerson an seine Aufgabe, als ihm von seinen Universitätsgenossen der Auftrag zu teil wurde »pro veritatis elucidatione circa ea, quae per hoc sacrum concilium agenda videntur, occurrere«.[1] »Wandelt, so lang ihr Licht habt, damit die Finsternis euch nicht überfalle,« nimmt er sich zum Thema seiner Rede, welche Wesen und Ziele des Konzils darlegen und darin seine Selbstständigkeit gegenüber dem Papst begründen will. Christus ist das Licht. Nach der Verheissung »wo zwei oder drei versammelt sind in meinem Namen, da bin ich mitten unter ihnen« ist das Licht unter uns. Wir selbst sind ein Licht, ein »concilium sanctorum et justorum, quos posuit Deus in mundo quasi vera totidem lumina«, damit von uns ein Licht ausgehe, welches die Finsternis des Schisma, der Häresie und der kirchlichen Schäden zerstreue. Aus diesem Licht, Christus, welches den idealen Charakter der Synode bestimmt und in der veritas evangelica oder dem symbolum apostolicum einen greifbaren Ausdruck hat, werden als ebensoviel Wahrheitsstrahlen jene 12 grundlegenden Sätze entwickelt, deren erster also lautet: »Die Kirche hat ihre Einheit mit Christus durch die Liebe des heiligen Geistes vermittelst der Charismen desselben, welche den ganzen Leib der Kirche beleben und gestalten«.

Das Licht der Wahrheit, welches Wesen und Ziel der Versammlung ausmacht, verlangt aber vor allem die Bekämpfung der Irrtümer. So hatte G. seiner Rede einen zweiten Teil beigefügt, in welchem er eingehend diese Verpflichtung namentlich in Bezug auf die Irrlehre Petits zu begründen versuchte. Hier sollte das königliche Edikt vom 27. Dezember des vorigen Jahres zur Verlesung kommen; insbesondere aber war betont, dass die Sorge für Ausrottung der Irrtümer nicht hinter der für die unitas zurückstehen dürfe, dass man sich nicht vor der mächtigen Person eines Fürsten zu fürchten brauche, welcher die in Frankreich verbreiteten Irrtümer schütze, noch vor einer Störung des kirchlichen Unionswerkes. Wer Gott fürchtet, braucht dies alles nicht zu fürchten; zudem ist die Kirche »magis in fide, quam in secundario capite« fundiert. Und schwerer noch als Glaubensirrtümer wiegen Irrtümer »in principiis legis naturalis«. Hiervon habe sich der Schuldige nicht nur durch eine »conditionalis pro-

---

[1] G. op. II, 201 ff. Vgl. Schwab 507.

testatio vel confessio« zu reinigen; auch ohne dass er angeklagt
werde, habe er vor einem rechtmässigen Richter in bestimmter,
unzweideutiger Form ein reuiges Bekenntnis abzulegen. Solchen
Irrtümern gegenüber komme es auch weniger auf eine inter-
essante Widerlegung, als auf thätiges Eingreifen der weltlichen Macht an. Ihre Vertreter seien mit grösserem Eifer
zu verfolgen, als die, welche in die päpstliche Jurisdiktion eingreifen. Durch nichts werde aber die Einheit der Kirche
mehr gefördert.

G. hatte zwar keinen Namen genannt, aber es konnte
niemandem zweifelhaft sein, wer gemeint sei: die letzten Worte
sollten offenbar die Beteiligung des französischen Königs rechtfertigen und den Vorwurf der Gegner abweisen, dass das
Urteil des Pariser Bischofs ein Eingriff in päpstliche Rechte
sei. Die Verdammung der Sätze war G. nicht genug; der
stolze Herzog selbst sollte sich beugen und ein reuiges Bekenntnis ablegen.   •

Das war ein unter den obwaltenden Umständen unerreich-
bares Ziel, aber es war berechtigt und edel. Es verdiente
die Anerkennung aller Patrioten Frankreichs; war es doch
letzthin der Stolz dieses einen Mannes, des Herzogs von Burgund,
welcher Frankreichs Niedergang verschuldete. Noch eben
hatte man ihm — schimpflich genug — nachgeben müssen.
Durch die drohende Haltung Englands unterstützt, hatte Johann,
der noch vor einem halben Jahr der demütig Bittende gewesen
war, jetzt den Frieden so zu sagen diktiert. Burgund war
mächtiger als je; auch in Konstanz musste man mit ihm rechnen.
Aber G.'s Idealismus hoffte von dem Konzil selbst das Un-
mögliche; und so sehr beseelte ihn der Wunsch, das Vaterland zu retten, dass ihm die Disharmonie zwischen dem ersten
und dem zweiten Teil seiner Rede gar nicht zum Bewusstsein
kam. Der nationale Gedanke fiel für ihn mit dem kirchlichen
zusammen; es war ihm gleich ernst mit beiden. Und wenn
G. auch während des letzten Jahres ganz in den Dienst einer
Partei, der orleanistischen, sich begeben hatte, wenn er es auch
bei Verherrlichung des ermordeten Orleans in jener Festrede
am 5. Januar mit der Wahrheit nicht sehr genau nahm, so
dürfen wir doch sein erstes Auftreten in der Petitschen Sache
auf dem Konzil als eine sittliche That preisen, bei welcher
edelster Patriotismus, von hoher Begeisterung für das Konzil
unterstützt, die Triebfeder war. Die erste Gelegenheit, welche
sich bot, sollte nicht unbenützt vorübergehen; es sollte auch
nicht der Schein entstehen, als ob er die Wahrheit nicht voll
und ganz vertreten wolle.

Es kommt hinzu, dass der Pariser Hof selbst wieder abge-
fallen war. Man hatte hier über Hals und Kopf Friede mit
dem Burgunder geschlossen und dabei auch jenes für G.
heilige Interesse fallen lassen. Während aber dieser Friede von Seiten
des königlichen Hauses und selbst der orleanistischen Partei
beschworen worden war, säumte der stolze Johann noch immer,
den Schwur zu leisten. Das musste das Herz des Patrioten
auf das höchste erbittern. Und nun hatte noch dazu im Bunde
mit der burgundischen die königliche Gesandtschaft eine unions-
feindliche Haltung eingenommen. Die Flucht des Papstes war
ein Urteil über diese Bestrebungen. Das Selbstgefühl des
alten Unionisten machte sich stürmisch geltend; grosse Hoffnungen entflammten ihn: jetzt würden alle guten Elemente sich
einigen und geschlossen für das Wohl der von ihrem eigenen
Haupt verratenen Kirche, für Recht und Wahrheit unter der
Christenheit eintreten. Eine Vorstellung bei der Pariser Regierung aber, meinte er, würde jetzt genügen, um die königliche Gesandtschaft von ihrer bisherigen Politik abzubringen.
Allein gerade in den Tagen, wo G. sich auf seine Rede vor-
bereitete, muss jene Instruktion vom 13. März in Konstanz angekommen sein. Die königlichen Gesandten setzten ihre Politik fort,
und selbst die liberalen Kardinäle, insbesondere Ailli, auf welchen
der ehemalige Schüler rechnen mochte, behielten ihre Haltung
bei. Wie einst in den Parteikämpfen die schwächere Partei
an den besser zu unterrichtenden König appelliert hatte, so
berief sich jetzt G. auf sein Mandat.[1]) Unbekümmert um die
jüngst angekommene Instruktion wollte er sich nach jenem
richten, in dem Vertrauen, so das wahre Interesse seines Königs
zu vertreten. Die Ehre Frankreichs war auf seine Schultern gelegt.
Allein unter dem Eindruck eben jener Instruktion rieten
selbst seine nächsten Freunde ihm von der Anklage ab, und
so liess er doch den zweiten Teil der Rede fallen. Aber auf-
geschoben war nicht aufgehoben. —
Das Konzil hatte sich unbeirrt durch den Widerstand der
päpstlichen Partei selbstständig konstituiert. G.'s Sätze hatten
die Grundlage abgegeben für jene folgenschweren Dekrete der
4. und 5. sessio. Er und seine Pariser Freunde hatten nicht
wenig für den Zusammenhalt der Versammlung gethan. Auch
die Mehrzahl der Kardinäle hatte sich wieder in Konstanz
eingefunden und wohnte den Sitzungen bei; nur Ailli hielt sich
fern. Am 9. April wurde ihm, wie erwähnt, von dem Konzil
der Auftrag, die causa fidei, insbesondere den Prozess gegen

---

[1]) G. op. II, 386—392.

Wiklif und Hus weiter zu führen. Wir sahen, wie er sich dazu stellte; nur über die Lehre Wiklifs wollte er referieren. Und nun hat er wahrscheinlich die von Johann XXIII am 1. Dezember eingesetzte Kommission wieder versammelt, um dies Referat festzustellen. Bei einer solchen Gelegenheit trat am 11. April G. auf, um von neuem die Petitsche Sache zur Sprache zu bringen und womöglich anhängig zu machen.

Die Kommission war nicht gewillt darauf einzugehen; besonders Ailli wollte sich mit dieser heikelen Angelegenheit nicht befassen. Es lag zu sehr auf der Hand, dass — man mochte sich nun verwahren, wie man wollte — die Bestätigung des Pariser Spruches ein Angriff gegen den Herzog von Burgund war; bei der augenblicklichen Konstellation wäre dies aber für Ailli höchst unpolitisch gewesen. Es kam zwischen Lehrer und Schüler zu einem heftigen Wortwechsel, während dessen G. das Blatt mit den Sätzen Petits wütend vor Aillis Füsse warf.[1]) Schliesslich musste man ihm aber willfahren, und er verlas nun eine Reihe von Thesen, zu deren Verteidigung er sich erbot: das Pariser Urteil sei »catholice« gefällt; die welche dies Urteil nicht anerkennen und also dem Herzog von Burgund Vorschub leisten, seien »fautores haereticae pravitatis«. Sogar die Ausrottung der »errantes« war hier empfohlen.[2]) Zum Schluss wurde auch das Recht des Bischofs, in Glaubenssachen eine Entscheidung zu fällen, behauptet. Diese Sätze waren eingeleitet mit den Worten: »Conformiter ad instructiones Christianissimi regis Francorum et carissimae filiae suae Universitatis Parisiensis et ad litteras patentes ejusdem regis et etiam ejusdem universitatis«. G. ignorierte also die letzten Instruktionen der Pariser Regierung vollständig. Um so begreiflicher ist es, dass Ailli auf G.'s Wunsch nicht einging. In der folgenden Sitzung wurde ihm die Führung der causa fidei ganz genommen, und eine andere Kommission eingesetzt.

Wenn wir einer burgundischen Eingabe an Sigismund nach seiner Rückkehr zum Konzil, welche über den Verlauf des Prozesses berichtet, trauen dürfen, so setzte G. seine Bemühungen fort.[3]) Indessen vorläufig war der Boden noch nicht da, der für das Gedeihen dieser Angelegenheit günstig war. G. erreichte nichts.

---

[1]) Der Berichterstatter ist ein burgundischer Parteigänger. Gerson, op. V, 562 ff. Deshalb mit Tschackert (S. 237) die Thatsache anzuzweifeln, hat man kein Recht, da Differenzen zwischen Ailli und Gerson schon genug bestanden.

[2]) G. op. V, 362. 443. 416.

[3]) a. a. O. 651.

III. Eine neue Kommission.

Die Unterhandlungen mit Friedrich von Österreich und die Gefahr, dass Johann doch entkommen könnte, hielten das Konzil in Spannung; schliesslich nahm der Prozess gegen den Papst aller Aufmerksamkeit in Anspruch. Aber der Verdacht, welcher sich in Konstanz verbreitete, dass Johann von Burgund dem Papst die Hand zur Flucht geboten hätte, ebnete G.'s Bestrebungen den Boden. Und nun fand er auch an Ludwig, dem Bruder der französischen Königin, eine kräftige Stütze. Das Verständnis zwischen diesem, den französischen Kardinälen und Sigismund, welches nun folgte, bekam ein orleanistisches Gepräge; Sigismund selbst wurde in dies Partei-Interesse hineingezogen. Jetzt fehlte nur eine passende Gelegenheit. Noch ehe G. und seine Freunde selbst die nötigen Schritte thun konnten, wurde ihnen diese von dem Gegner geboten. In einem Brief vom 15. Mai an die französische Nation, worin sich Johann von Burgund gegen die erwähnte Anklage verteidigte, brachte er auch sein Verhältnis zu Jean Petit und dessen Rede zur Sprache: von glaubwürdiger Seite sei ihm berichtet, dass »per nonnullos homines, paucos magni status, [1] aliquos vero modici, ipsorum complices et fautores« seine Rechtgläubigkeit in Zweifel gestellt werde. Er habe Petit nur die Thatsachen angegeben; auf dieses Rechnung käme die ganze dogmatische Einkleidung und Beweisführung. Wenn darin Irrtümer enthalten seien — was aber sehr viele bezüglich der echten Lehre Petits nicht zugäben —, so könne man ihn als Laien, einen Sprossen des allerchristlichsten Königshauses von Frankreich, dafür nicht verantwortlich machen. Die Verläumder, welche bisher bestrebt gewesen, jeden Friedensschluss in Frankreich zu vereiteln und so allein die Urheber der bisherigen Unruhen seien, möge man von Konzils wegen bestrafen; jedenfalls aber solle man nicht ohne Beisein seiner Gesandten in dieser Sache verhandeln. —

Dieser Brief wurde am 26. Mai in der Versammlung der französischen Nation im Dominikanerkloster verlesen.[2] Sofort sprang G. auf und protestierte gegen die im Brief enthaltenen Anschuldigungen, deren Beziehung ja niemandem in der Versammlung unbekannt sein konnte. Ihm schloss sich der Benedictiner und Professor der Theologie Pierre de Versailles an.

---

[1] Damit war ohne Zweifel auch Ludwig von Baiern-Ingolstadt gemeint. Vgl. Janssen, Frankfurts Reichskorrespondenz 1863. I, 222. Bourgeois a. a. O. 359. G. op. V, 343 ff.
[2] a. a. O. 446 ff.

Beide machten sich anheischig das Pariser Urteil zu vertreten, indem sie das Konzil als obersten Richter in dieser Sache vorschlugen. Sie behielten sich vor, auch in ihrer Eigenschaft als königliche Gesandte die Sache zu verfechten. Der burgundische Gesandte, der Bischof Martin von Arras, nahm die Herausforderung an. So war denn der Streit entfacht, und es kam nur noch darauf an, ihn beim Konzil anhängig zu machen. Am 4. Juni fand jener schon besprochene Auftritt in der französischen Nation statt. Sigismunds und Ludwigs Stellung zu dem Prozess wurde dadurch offenbar; die Scene war ja nur veranstaltet, um gegen Burgund Stimmung zu machen. Es handelte sich schliesslich hier um Parteinahme für oder gegen Burgund; und es ist bemerkenswert, dass der Kardinal von Ostia und der Erzbischof von Vienne für den letztern und den Herzog von Savoyen sich verbürgten, während der Bischof von Dol und zwei Universitätsgesandte auf Ludwigs Seite traten. An demselben Tag verteilte G. eine kurze Darstellung und Widerlegung der anzugreifenden Lehre, welche am 2. September in erweiterter Form von neuem eingereicht wurde und, wahrscheinlich in dem Gersonii opera V, 364 — 371 abgedruckten Sermon erhalten ist.

Zugleich — so sagt der burgundische Bericht, dem wir für diese Zeit die meisten Details verdanken[1]) — sei auf sein Betreiben in einer Versammlung der Deputierten der Erlass vom 27. Dezember 1414 verlesen worden. Namens des Königs habe dann G. um Bestätigung des Pariser Spruches durch das Konzil gebeten. Die letzte Mitteilung wird widerlegt durch ein anderes Aktenstück vom 7. Juni,[2]) wonach G. ausdrücklich die Vertretung des Königs ablehnt. Die Abhaltung einer Deputiertenversammlung in dieser Angelegenheit wird dagegen durch einen andern Umstand bestätigt. Wir begegnen plötzlich einer Kommission unter dem Vorsitz von Ailli und Zabarella.[3]) In öffentlicher Sitzung war dieselbe nicht

---

1) G. op. V, 362 f.
2) a. a. O. 353 ff.
3) Diese Thatsache ist bisher ganz übersehen worden. Sie ist aber von um so grösserer Bedeutung, als dieselbe Kommission auch die Untersuchung gegen Hus geleitet hat. Es ist möglich, dass die zuletzt am 17. April von dem Konzil ernannte Kommission in diese so überging, dass ihr Ailli und Zabarella zu Vorsitzenden gegeben wurden. Aber eben dies war das Ausschlaggebende, und daher der Protest des Burgunders. Dass die Geschichte dieser Kommissionen bisher nicht verstanden worden ist, erhellt aus den mehr oder weniger willkürlichen Erklärungen, zu welchen sowohl Hübler (Die Konstanzer Reformation, Leipzig 1867. S. 5), als Tschackert (a. a. O. S. 223) ihre Zuflucht nehmen.

eingesetzt worden. Es kann nur so sein, dass sie auf Sigismunds Betreiben von den Deputierten ernannt worden war. Sigismund hatte ja ein doppeltes Interesse an der Besetzung dieser Kommission: sie sollte nicht nur die Petitsche Angelegenheit in ihre Hand nehmen, sondern auch den Prozess gegen Hus führen, der nun nicht mehr aufzuschieben war.

Am 7. Juni tagte in den Nachmittagsstunden, nachdem am Morgen das erste längere Verhör mit Hus angestellt worden war, diese Kommission unter dem Vorsitz Aillis und Zabarellas. Sie werden bezeichnet als »super facto fidei per sacrum Constantiense Concilium deputati«. Ailli leitet die Sitzung ein mit dem Bericht über die Tagesordnung, wobei er sich auf Sigismunds Wunsch beruft, die Glaubensfrage noch vor seiner Abreise im wesentlichen erledigt zu sehen. Er fordert dann auf, Material beizubringen, aber ohne Nennung von Personen, lediglich »secundum facti veritatem«. Nun steht G. auf und berichtet über »gewisse« Irrtümer, welche vom Pariser Bischof verurteilt worden seien. Der päpstliche Auditor Berthold von Wildungen verliest darauf die neun am 23. Februar verurteilten Sätze. Dann aber stellt der Bischof von Arras zwei Fragen: ob G. als königlicher Gesandter gesprochen habe, und ob er bei seiner Denunziation das Pariser Urteil über Jean Petits justificatio Ducis Burgundiae meine. Die Präsidenten lehnen eine Antwort ab mit dem Bemerken, dass das Verfahren von Sigismund so angeordnet sei, dass die Personenfrage ausgeschlossen bleibe; und G. erklärt, vorläufig nur als Doktor der Theologie fungieren zu wollen. Nun legt Martin von Arras mit Berufung auf die schon eingeleitete Appellation seines Herrn die Instruktionen vom 13. und 14. März vor; er verwahrt sich zugleich dagegen, dass man jemals ihm und seinen Genossen die Wiederaufnahme des Streites in die Schuhe schiebe: bis jetzt hätten sie den Instruktionen und der Abmachung, welche zwischen Sigismund und dem Papst getroffen worden sei, gemäss sich gehalten; für die Zukunft müssten sie jede Verantwortung ablehnen.

Es folgen noch verschiedene Beratungen teils der Theologen am 9., wo Gerson seine Denunziation wiederholte, teils der beiden präsidierenden Kardinäle mit Sigismund am 8. und 12. Juni.[1]) Man wollte zwar das Pariser Urteil bestätigen, allein es sollten dabei keine Namen genannt, und nur die Irrtümer als solche in Betracht gezogen werden. Das war Sigismunds ausdrücklicher Wunsch; und Ailli stimmte nur zu gern

---

1) G. op. V, 362 f.

ein. G. hatte diese Rücksicht schon längst bei Seite gesetzt; wenn wir uns an seine Erklärungen aus dem März und April halten, so gingen seine Absichten in der That weiter. Aber mittlerweile mochte er doch eingesehen haben, dass er nur auf diesem Weg etwas zu erreichen hoffen konnte. Er war deshalb bemüht den Charakter seiner Anklage als »denunciatio evangelica« festzuhalten.

IV. Der burgundische Protest und sein Erfolg.

Indessen die burgundische Partei war nicht gewillt, es auch nur so weit kommen zu lassen; und mehr als eine Handhabe bot sich ihr dar, um das Unternehmen aufzuhalten. Schon aus dem Ton der Briefe Burgunds an die französische Nation lässt sich schliessen, dass er hier auf weitgehende Sympathien rechnen konnte. Und ob die deutsche und englische Nation ohne weiteres auf Sigismunds Intentionen einzugehen bereit waren, ist mehr als zweifelhaft. Die Engländer mussten ja darauf bedacht sein, in Johann von Burgund den Bundesgenossen ihres Königs zu schonen; und, wie sich später zeigte, erfreute sich der Gesinnungsgenosse Petits, der Dominikaner Johann von Falkenberg, keiner geringen Teilnahme innerhalb der deutschen Nation. So erhob denn der Bischof von Arras — wie es scheint am 14. Juni — Protest nicht nur gegen Ailli, den einen der Präsidenten, sondern gegen die Kommission überhaupt, welche nicht »in plena sessione publica« ernannt sei.[1]) Darin lag zugleich ein Vorwurf gegen Sigismund, welcher wiederum eigenmächtig dem Beschluss des Konzils vorgegriffen und die Nationen übergangen hatte.

Befürchtend, die burgundischen Gesandten möchten das Konzil verlassen — mit welchem Recht lässt die Quelle nicht erkennen —, berief Sigismund auf den folgenden Tag eine Sitzung (Sonnabend den 15. Juni). In dieser, der 13. des Konzils, wurde eine neue Kommission eingesetzt, bestehend aus 4 Kardinälen und 16 Deputierten. Die Sitzung war nur zu diesem Zweck veranstaltet.[2]) Obgleich Ailli und Zabarella in der Kommission blieben, war sie doch von der früheren durchaus verschieden; und bald sollte es sich zeigen, dass hier die Mehrzahl anders über G. und seine Anklage dachte.

---

[1]) G. op. V, 382 f.
[2]) Hardt IV, 332 ff. — Der Beschluss gegen den Laienkelch war nicht dringlich. —

Aus der Zusammensetzung der Kommission lässt sich nur wenig auf die in ihr vertretene Gesinnung schliessen. Zu Ailli und Zabarella traten aus dem Kardinalkolleg noch Orsini und der Kardinal von Aquileja, dieselben welche nachher sich als Burgunds eifrige Gönner zeigten. Aus der französischen Nation waren deputiert der Bischof von Genf, die Äbte von Jumièges und Clairvaux und der Magister Ursin de Taillenande. In dem Pariser Prozess hatte dieser nicht auf G.'s Seite gestanden; er gehörte auch nicht zu der Universitätsgesandtschaft. Der Bischof von Genf war einer der am 17. April ernannten Prokuratoren; der Abt von Jumièges gehörte zu den Deputierten des 5. Mai. Eine Gers. op. V, 361 abgedruckte Erklärung der Vertretungen von Citeaux und Clairvaux lässt darauf schliessen, dass der Abt von Clairvaux nicht zu den Anhängern G.'s gehörte, sondern für Aufhebung des Pariser Urteils und Beilegung des ganzen Streites war.

Der Bischof von Arras wiederholte nun in öffentlicher Sitzung seinen Protest gegen Ailli; und als an demselben Tag die neugewählte Kommission eine Sitzung hielt, begründete er denselben in einer für den anwesenden Ailli höchst peinlichen Weise.[1]) Er ging zurück auf Aillis Haltung während des Schisma, auf seinen Streit mit Jean Petit und den Ausschluss aus der Universität, welcher ihn damals betroffen hatte, wies auch auf seine Freundschaft mit G. hin und auf eine Äusserung, welche der Kardinal gethan haben sollte, dass wenn er als Richter abgewiesen würde, er um so eifriger als Partei die Angelegenheit betreiben würde. Ailli, der von dem Protest vorher unterrichtet die Absicht zurückzutreten schon ausgesprochen zu haben scheint,[2]) erklärte sich aufs neue dazu bereit, »et sic confusus abiit in magnam displicentiam dicti Jarson et suorum sequacium«. So der burgundische Berichterstatter.[3]) Der Kommissionsbericht[4]) der Richter (aus dem Juli 1416) erwähnt nur nebenbei, dass der Bischof von Arras auch in der ersten Kommissionssitzung den Protest gegen Ailli erhoben habe, erzählt dann aber, dass am 17. Juni Pierre Cauchon, einer der burgundischen Gesandten, eine schriftliche Begründung einreichte und den Antrag stellte, Ailli solle auf die einzelnen Punkte desselben antworten. Dies geschah »apud acta«. Ailli

---

1) G. op. V, 382 beruht die Zahl 25 offenbar auf einem Schreibfehler und muss 15 heissen. Dann werden die Schwierigkeiten gehoben, welche in Tschackerts Darstellung S. 239 hervortreten. Vgl. G. V, 362 ff.
2) a. a. O. 383: »qui voluit desistere«.
3) a. a. O. 383.
4) a. a. O. 636.

vermied also persönlich zu erscheinen. Es heisst dann weiter: »deinde certis aliis terminis et diebus postmodum« erklärte er, er wolle sich in diese Angelegenheit nicht weiter mischen, ohne aber damit auch auf seine Beteiligung an den übrigen Geschäften der Kommission zu verzichten. — Die beiden Berichte schliessen sich nicht aus; vielmehr erhält der letztere durch den ersteren erst seine völlige Erklärung: Ailli, zunächst betroffen von den Enthüllungen des Gegners verlässt zum grossen Ärger G.'s die Sitzung, entschliesst sich aber dann, als jene Begründung schriftlich eingereicht wird, zu einer Verteidigung. Diese wird zwar anerkannt, allein nichtsdestoweniger bleibt der Kardinal bei seinem Vorsatz sich von dem Prozess fernzuhalten.[1]) Der eifrige Promotor Heinrich von Birnbaum, welcher in dem Prozess gegen Johann eine bedeutende Rolle gespielt hatte, wollte es nicht dabei lassen, sondern verlangte, dass ihm die Zeugenaussagen über Aillis Verzichtleistung mitgeteilt würden. Allein er wurde von den Richtern abgewiesen.

Nunmehr nahm der Prozess einen für G. ungünstigen Fortgang. Man verlangte von ihm, er solle nach der Ordnung des römischen Rechts in aller Form als Kläger auftreten, während er lediglich als denunciator evangelicus fungieren wollte.[2]) Die Verhandlungen darüber dehnten sich ungebührlich aus.[3]) Schon am 22. Juni aber hatte die Kommission das persönliche Interesse Burgunds an diesem Prozess anerkannt und seine Prokuratoren zugelassen. Dieselben reichten in derselben Sitzung eine Darstellung des Sachverhaltes ein:[4]) hier sind die echten 8 veritates des Jean Petit mit kurzen Auszügen aus seiner Beweisführung gegeben und den neun Sätzen aus dem Pariser Urteil sowohl, als dem Gersonschen ersten Satz »Quilibet tyrannus etc.« gegenübergestellt. Es folgt eine Beweisführung für die Richtigkeit der 8 veritates, welche in engem Anschluss an den besondern Fall eines Majestätsverbrechers aus der Unterthanenpflicht, der Erlaubnis der Notwehr und aus dem Gebot »Omnes qui gladium acceperunt propria autoritate, gladio debent perire« die Erlaubnis, ja Pflicht des Tyrannenmordes folgert. Charakteristisch für die Logik der Zeit ist der einleitende Schluss: Falsche Sätze können nicht dieselben sein, wie wahre Sätze; die 8 veritates sind wahr;

---

[1]) G. V, 481 gehört ohne Zweifel hierher, obgleich der Episcopus Leonensis unter den Richtern sonst nicht genannt wird.
[2]) Vgl. München, Das kanon. Rechtsverfahren, I, 491—496.
[3]) G. op. V, 636.
[4]) a. a. O. 396—405.

folglich können die Auszüge der Gegner, welche sie selbst als
Irrtümer bezeichnen, nicht die Sätze Petits sein. Nachdem die
Appellation des Herzogs von Burgund gerechtfertigt worden
ist, wird Antrag auf Bestrafung G.'s und Aufhebung des Pariser
Urteils gestellt, welches nicht nur ohne die Einhaltung der
notwendigen Formen (Vorladung und Verhör des Angeklagten),
sondern auch mit Ausschluss der Freiheit ganz übereilt zu
stande gekommen sei. —

Auf diese Schrift sollte G. antworten. Eine Antwort würde
ein Aufgeben seiner bisherigen Stellung bedeutet haben. Er
weigerte sich also hartnäckig; und auch der Promotor Heinrich
von Birnbaum, welcher G.'s Sache führte, erklärte am 11. Juli
eine Antwort für unzulässig,[1]) da ja, wie die Gegner selbst
erklärt hätten, die neun Sätze gar nicht die Sätze des Jean
Petit seien, der Herzog von Burgund also thatsächlich an dem
Prozess kein Interesse haben könne.

Die Frage blieb unentschieden. Die Kommission aber sah
sich genötigt einen Mittelweg einzuschlagen.

V. Die Politik Ludwigs von Baiern und die Entscheidung des Konzils.

Wie schon bemerkt, hatte Sigismund ein besonderes Interesse an diesem Prozess; er wünschte, dass ein Konzilsbeschluss noch vor seiner Abreise zu stande käme. Dabei war
es ihm nicht nur darum zu thun, die Wünsche G.'s und seiner
Pariser Kollegen zu befriedigen; es kam ihm vielmehr darauf
an, das Vertrauen derjenigen französischen Partei zu erwerben,
die immer noch die mächtigste war und den besten Teil von
Frankreichs Söhnen in sich vereinigte. Diese Richtung der
Politik Sigismunds ist um so merkwürdiger, als er damit den
Wünschen des Pariser Hofes direkt entgegentrat.

Die Kriegsgefahr hatte den Dauphin genötigt, den alten
Berri wieder an den Hof zu bescheiden.[2]) Die Verhandlungen
mit England nahmen eine immer drohendere Wendung an. Sie
endeten am 6. Juli mit offenem Bruch; der Erzbischof von
Bourges, der elenden Phrasen des englischen Königs müde,
brach sie in einem kühnen und edelen Protest ab. Unter diesen
Verhältnissen musste man natürlich Johann von Burgund die
grösste Schonung angedeihen lassen. Noch immer hatte er

[1]) G. op. V, 636 ff.
[2]) Monstrelet III, 300.

den Frieden nicht beschworen. Im Juli kamen Gesandte von ihm nach Paris, welche die Aufhebung der letzten Einschränkung der Amnestie forderten; zugleich rügten sie die wenig standesgemässe Behandlung der Frau des Dauphin, einer Tochter Johanns, und drangen auf Entfernung einer Konkubine, welche an ihre Stelle getreten war. Letztere Forderung brachte den Dauphin zwar sehr auf, allein schliesslich musste er nachgeben.[1]) Es wäre unter diesen Umständen eine Tollkühnheit gewesen, wenn der Hof der Petitschen Sache sich angenommen hätte. War man schon mit der Absetzung Johanns sehr unzufrieden, so musste man es noch mehr sein über die Hervorziehung dieses Streites und die Unterstützung, welche ihm Sigismund offen zu teil werden liess. G. und Pierre de Versailles wagten deshalb auch nicht ihr Mandat als königliche Gesandte geltend zu machen. Seitens des burgundischen Anhangs wurden sie dahin gedrängt, allein nach einigem Schwanken lehnten sie entschieden die Hereinziehung des königlichen Namens ab. Ailli, dem auch jetzt noch die ganze Angelegenheit sehr peinlich war, — ich möchte vermuten, dass ihn nur Sigismund und Ludwig von Baiern bestimmt hatten, die Führung des Prozesses zu übernehmen — war froh, als er sich gelegentlich des burgundischen Protestes demselben entziehen konnte.

Um so auffallender ist Sigismunds Eifer. Nur direkter persönlicher Einfluss kann hierfür eine ausreichende Erklärung geben. Der burgundische Berichterstatter erzählt: die Gegner hätten gehofft innerhalb einer Woche einen Konzilsbeschluss erzielen zu können »attentis favoribus, quos habebant per regem Romanorum, qui multa protulit enormia de domino duce, quem nisus est habere pro capitali inimico, et hoc ad suggestionem dicti Ludovici de Bavaria«.[2])

Wir sahen, wie Ludwig die Bahn der französischen Kirchenpolitik verliess und sich mit Sigismund verband, wie dann sofort die Feindschaft gegen Johann von Burgund hervorbrach, den er durch allerlei in Umlauf gesetzte Verleumdungen bei dem Konzil in Misskredit zu bringen suchte. Ludwig sah in Burgund nicht bloss den Gegner der Orleans, sondern in erster Linie den, welcher seinen und seiner Schwester Einfluss auf den Dauphin immer beeinträchtigt hatte. Fort und fort ging des Burgunders Streben darauf, die Regentschaft in seine Hände zu bringen; und man wusste, dass er sie mit keinem teilen würde. Unter der Gunst der englischen Kriegsgefahr wurde er immer mäch-

---

1) a. a. O. 305 f.
2) G. op. V, 384.

tiger und anspruchsvoller. Nun war es dem Dauphin geglückt sich ganz von dem Einfluss seiner orleanistischen Verwandten, die ihn bisher umgeben hatten, frei zu machen. Es hatte sich gezeigt, dass schon diese Unabhängigkeit für Isabella und damit auch für Ludwig gefährlich war. Bei der gänzlichen Haltlosigkeit des Dauphin aber wurde die Gefahr immer grösser, dass er nun seinem Schwiegervater ganz in die Hände fallen würde. Zwar war Berri nach Paris zurückgekehrt, allein von ihm liess sich wenig erwarten. Die Beseitigung der drohenden Kriegsgefahr, welche Burgund so sehr zu statten kam, musste daher der nächste Wunsch Ludwigs sein. Und so hat er wohl auch Sigismund darin bestärkt, als Friedensstifter zwischen den beiden Reichen aufzutreten.

Dieser Gedanke war schon in den Verhandlungen ausgespielt worden, welche Sigismund vor Beginn des Konzils mit der französischen Regierung geführt hatte.[1]) Ihre Gesandten hatten — so berichtet das Pamphlet Jean de Montreuils — dahingehende Vollmachten nach Konstanz mitgebracht. Allein bei der bekannten Stellung, welche sie hier Sigismunds Kirchenpolitik gegenüber einnahmen, wurde dieser Plan von beiden Seiten fallen gelassen, abgesehen davon, dass die Unionsfrage alle andern Fragen zeitweise zurückdrängte. Erst nachdem hier ein vorläufiges Resultat erreicht, und jene Verschiebung der Parteiverhältnisse eingetreten war, hat wohl Ludwig den Plan wieder bei Sigismund angeregt. Er war es wenigstens, welcher im Frühjahr des folgenden Jahres zuerst vor den Mauern von Paris den König begrüsste, nachdem er allein zu diesem Zweck sich von Konstanz nach Paris begeben hatte. In Paris war die Stimmung für diesen Plan sehr geteilt. Es hing wohl mit dem augenblicklich gespannten Verhältnis des Dauphin zu seinem Schwiegervater zusammen, dass Mitte Juli in Konstanz eine Botschaft aus Paris anlangte, worin der französische König den dringenden Wunsch aussprach, Sigismund zu sehen und ihm die gewünschten Geleitbriefe schickte.[2]) Später hat man den Plan nicht mehr begünstigt. Nur Ludwig war es, der ihn, unterstützt von einer Mittelpartei, weiter verfolgte.

Zur Erreichung dieses Zieles aber kam es vor allem auch darauf an, die englisch-burgundische Bundesgenossenschaft aufzulösen. Auf den bigotten, mit der Geistlichkeit eng verbundenen König konnte die Verdammung der Petitschen Lehre

---

[1]) Schmitz S. 8. Lenz, König Sigismund etc. S. 68.
[2]) Lenz, a. a. O. S. 70.

durch das Konzil nicht ohne Einfluss sein. Burgund wurde ja damit — das fühlte er selbst nur allzu gut — als Häretiker gebrandmarkt. Und was gab es damals für einen schlimmern Vorwurf als diesen? — Fasste schon Gerson ein reuiges Bekenntnis des stolzen Herzogs in's Auge, so dürfen wir bei Ludwig weitergehende politische Absichten vermuten. Sigismund aber war für diesen Plan um so eher zu haben, als Johann von Burgund bis dahin eine durchaus feindselige Haltung gegen ihn eingenommen hatte, und der Gedanke, als Friedensstifter durch die Lande zu ziehen, mit welchem er sich schon früher getragen, seiner Eitelkeit nicht wenig schmeichelte. Nach alle dem ist es nur zu begreiflich, dass ihm an der Verdammung der Petitschen Irrlehre durch das Konzil so viel lag.

Dem Bericht des burgundischen Anonymus [1]) zufolge liess er es denn auch nicht fehlen an Vorstellungen bei der Kommission. Der Bischof von Arras und Pierre Cauchon hatten viel zu leiden. Ihr brieflicher Verkehr mit Frankreich war infolge Bewachung der Thore von Konstanz fast völlig abgeschnitten. Zudem wendete Sigismund, um einen Druck auf die Kommission auszuüben, zum zweiten Mal [2]) sein so beliebtes Mittel an: er erklärte nicht nur, nicht eher die Reise nach Nizza antreten zu wollen, als bis die Entscheidung gefällt sei, sondern er verliess sogar Konstanz und machte seine Rückkehr von der Erfüllung jenes Wunsches abhängig.

Allein zur Verdammung der 9 Sätze und Bestätigung des Pariser Urteils wollte sich die Kommission nicht verstehen. Es wirkte hier jene Opposition mit, welche sich gegen Sigismunds leitenden Einfluss in der Versammlung gebildet hatte. Wir durften aus mehreren Umständen schliessen, dass sich Johann von Burgund nicht unerheblicher Sympathieen sowohl in der französischen, als in der englischen und deutschen Nation erfreute. Auch hat Johann das Geld nicht gespart, um einzelne massgebende Personen auf seine Seite zu ziehen; besonders mit den beiden Kardinälen Orsini und Pancerini scheint ihm dies gelungen zu sein. [3])

Um Sigismund zu befriedigen, schlug die Kommission nun einen Mittelweg ein. Sie stellte den von Gerson komponierten

---

[1]) G. op. V, 384 f.
[2]) Hefele VII, 76; Finke 178.
[3]) Schwab, a. a. O., 627. — Dennoch muss man sich wundern über die Stärke dieser Opposition. Die jüngste Entwickelung der Konstanzer Parteiverhältnisse, wie sie Cap. III dargestellt ist, vermag allein dies verständlich zu machen.

Satz »Quilibet tyrannus etc.« zur Beschlussfassung. Am 6. Juli, nachdem vorher Hus und seine Lehre verdammt war, wurde dieser Satz vom Konzil für »erronea in fide et moribus, haeretica, scandalosa etc.« erklärt. Das Dekret ist ganz allgemein gehalten; alle nähern Umstände sind verschwiegen.[1]) Wie wir sahen, war jener Satz in Paris von fast allen verurteilt worden. Man hatte nur dagegen Widerspruch erhoben, dass er mit Petits Rede in Zusammenhang gebracht wurde. Durch die prinzipielle Verallgemeinerung des Gedankens, wie sie G.'s Satz darbot, war Petits Meinung allerdings nicht korrekt wiedergegeben. Die Berechtigung des Tyrannenmordes an und für sich wurde auch von G. zugestanden; sie hatte die Autorität des heiligen Thomas für sich. Nur die nähern Umstände waren streitig. Indem aber G. die von Petit für den besondern Fall eines Majestätsverbrechers berechneten Ausführungen auf den Tyrannen überhaupt bezog, wurde der Lehre eine Wendung gegeben, welche schon nicht mehr den Intentionen Petits entsprach. — Somit war thatsächlich durch das Dekret des Konzils die »justificatio Ducis Burgundiae« nicht verurteilt. —

Allein Sigismund war befriedigt; er glaubte, es sei damit genug geschehen. Auch G. und seine Anhänger gaben sich zufrieden. Es war unter diesen Verhältnissen nicht mehr zu erreichen, und zudem hatten sie ja die Überzeugung, dass damit Petits Lehre verdammt, also auch indirekt das Pariser Urteil bestätigt sei.

VI. Ausblick.

Was erreicht war, verdankte die Partei Gersons dem römischen König deutscher Nation. Nur schwer hatte sich die Gegenpartei zu dieser Konzession verstanden.

Seitdem Johanns XXIII Schicksal entschieden war, hatte das Konzil ein neues Aussehen angenommen. Es giebt zu denken, dass in der Versammlung, welche eben in Ausübung »göttlicher« Rechte den Papst abgesetzt hatte, gerade das Interesse desjenigen einen solchen Boden fand, der in der Unterstützung des Papstes ihr notorisch entgegengearbeitet hatte. War es ein heiliger Geist, der diese Versammlung leitete, oder spielten sich hier nur die Machtfragen aus dem

---

[1]) Hardt IV, 439.

politischen Leben der Völker ab, so muss man fragen. Die
Antwort kann nicht zweifelhaft sein: wenigstens in dem
Dekret vom 6. Juli resultiert allein die Auseinandersetzung der
verschiedenen politischen Faktoren in der jüngsten Entwickelung
der Konstanzer Parteiverhältnisse. Am 18. Juli reiste Sigismund ab. Am 21. hielt bei einer
für den glücklichen Ausgang der Reise veranstalteten Pro-
zession Gerson eine Rede.[1]) Dieselbe entwickelte, wie die
vom 21. März das dreifache Programm des Konzils, aber weit
entschiedener und detaillierter. Der zweite Teil nun, welcher
sich mit der Ausrottung der Häresie beschäftigt, läuft auf eine
Rechtfertigung der jüngsten Verdammung des »Quilibet tyrannus«
hinaus. Man hatte von burgundischer Seite eingewendet, dass
Petits Lehre, richtig verstanden und ausgelegt, durchaus nicht
häretisch sei, dass man diese Lehre aus der heiligen Schrift
nicht widerlegen könne, und dass man nach der Meinung der
von der Kirche anerkannten Lehrer sich richten müsse. So
scheint man auch schon die Verdammung des »Quilibet tyrannus«
angefochten zu haben. Diese rechtfertigt G. nun mit dem
Hinweis auf die Machtvollkommenheit des Konzils: das Konzil
kann bei Verdammung von Irrlehren nicht nur von dem »assertor« absehen, sondern es kann auch Sätze verdammen, die
richtig erklärt werden können oder in ihrem logischen Zusammenhang wahr sind! Auf den Schriftbeweis und die Erklärungen der Kirchenlehrer braucht es keine Rücksichten zu
nehmen; vielmehr »intelligentia dictorum ex causis est assu-
menda dicendi«. Die Handhabung dieses Grundsatzes ist aber
schwierig; die Theologie hat daher dafür eine fest ausgeprägte
Methode, eine »regula fidei«. Dieselbe erstreckt sich auch auf
die Form der theologischen Darstellung. Nur vermittelst genauer
Beobachtung dieser regula können Glaubensirrtümer vermieden
werden! Einer solchen verdankt die Universität Paris den
Ruhm der Reinerhaltung des Glaubens. »Utinam in aliis studiis
haec disciplina similiter teneat.« Wollte G. sagen, dass schon
wegen Nichtbeobachtung dieser Formen die Rede des Jean
Petit einer Zensur unterliege? Denn Petit war als Pariser an
jene regula gebunden. — Jedenfalls war die Berufung auf die
Machtvollkommenheit des Konzils ein wenig glücklicher Griff.
G. konnte kaum hoffen damit die Opposition gegen das Dekret
niederzuschlagen. Es sollte überhaupt von wenig Nutzen sein.
Nach Sigismunds Abreise entbrannte der Streit um so heftiger.

---

[1]) G. op. II, 273—280.

Soweit das politische Interesse hineinspielte — und es drängte hier jedes andere zurück — war das Ende des Streites unberechenbar, denn über Nacht konnte jenes sich ändern. Noch erfreute sich Gerson der Gunst Sigismunds, noch war er der gefeierte Festredner des Konzils. Aber mit einem nicht geringen Teil der französischen Nation desselben stand er auf gespanntem Fuss; die Regierung seines eigenen Landes gewährte ihm den Rückhalt nicht, den er als Gesandter hätte haben können. Das alles sollte sich ändern. — Der Mann, welchen Gerson »als ewiges Muster und Vorbild aller christlichen Fürsten« gefeiert hatte, dessen Reise er mit heissen Segenswünschen begleitete, auf den er für das geliebte Vaterland nicht geringe Hoffnungen setzte, der wenigstens ernstlich gewillt schien diese Hoffnung nach Kräften zu verwirklichen, — er kehrte als Feind Frankreichs nach Konstanz zurück. —

Personenregister.[1]

---

[1] Die Namen sind so aufgenommen, wie sie in den von mir benutzten
Quellen vorkommen.